GABRIEL CALZADO

FAÇA DE PROPÓSITO!

A partir de agora você vai trabalhar com propósito, de propósito

São Paulo, 2019
www.dvseditora.com.br

FAÇA DE PROPÓSITO!

A partir de agora você vai trabalhar com propósito, de propósito!

Capa: Felipe Cerqueira

Revisão gramatical: Alessandra Angelo

Projeto gráfico e diagramação: Studio Schaffer

Dados Internacionais de Catalogação na Publicação (CIP)
(Câmara Brasileira do Livro, SP, Brasil)

Calzado, Gabriel
    Faça de propósito! : a partir de agora você vai trabalhar com propósito, de propósito / Gabriel Calzado. -- São Paulo : DVS Editora, 2019.

    Bibliografia.
    ISBN 978-85-8289-218-3

    1. Autoajuda 2. Autoconhecimento 3. Autorrealização (Psicologia) 4. Carreira profissional - Administração 5. Coaching 6. Desenvolvimento social 7. Teoria do conhecimento I. Título.

19-28888   CDD-658.4

Índices para catálogo sistemático:

1. Propósito de vida : Administração   658.4

Maria Alice Ferreira - Bibliotecária - CRB-8/7964

GABRIEL CALZADO

FAÇA DE PROPÓSITO!

A partir de agora você vai trabalhar com propósito, de propósito

DVS
EDITORA

www.dvseditora.com.br

AGRADECIMENTOS

"As pessoas felizes lembram o passado com gratidão, alegram-se com o presente e encaram o futuro sem medo."
Epicuro

Ao meu pai Wilson, exemplo de dedicação à família e perseverança em sua missão, iniciou-me ainda muito cedo na jornada do autoconhecimento e autodesenvolvimento, meus primeiros trabalhos (que somente muito mais tarde vim a descobrir serem meus principais trabalhos na vida). Isso foi crucial para que pudesse chegar até aqui, tornando possível esta obra.

À minha mãe Cláudia, por acreditar a todo o momento em mim, independentemente das circunstâncias. Por sempre apresentar uma nova perspectiva acolhedora, mesmo onde antes não havia esperanças. Por me ensinar que família é para se amar, e que o amor demanda sinceridade e ajustes constantes para não se perder.

Aos meus irmãos Felipe e Raquel, pelo apoio incondicional. Por sempre acreditarem em minha capacidade, mesmo quando eu não acreditei. Por me proporcionarem oportunidades de praticar minhas mais ousadas técnicas. Pelos inúmeros feedbacks, tanto pessoais, quanto profissionais.

À Luiza, minha noiva, com quem tenho a honra e o prazer de dividir este caminho pela vida, pelas inúmeras horas de dedicação, paciência, trabalho, amizade, carinho e amor que dedicou e me dedica todos os dias no apoio e suporte em todos os aspectos. Por me ensinar que, assim como o propósito, o amor verdadeiro é construído e manifestado diariamente, em cada ação, em cada escolha, em cada sentimento, em cada desejo, em cada pensamento.

Aos meus amigos Caio, Caio (sim são os dois), Frederico, Igor e Rafael (estão em ordem alfabética porque é impossível estabelecer ordem, preferência), por, além de sempre compartilharem meus pensamentos, ideias e ideais, me acompanharem em toda a jornada profissional e pessoal. Pelo suporte nos momentos de dúvidas e transições, sempre com sinceridade, amizade e se preocupando comigo e por mim. Pela coragem de sempre me dizerem a verdade, no que estava certo e no que estava errado, além do porquê. Isso é amizade, e isso não tem preço.

A todos aqueles que me proporcionaram crescimento, independentemente da forma, quantidade, local, tempo e por qual motivo, saibam que me ajudaram muito, pelo que sou imensamente grato e espero um dia retribuir à altura.

A você leitor, pelo voto de confiança e por dedicar este tempo ao que considero a jornada mais honrada, mais importante e mais desafiadora da vida.

Espero responder à altura da expectativa e entregar os resultados que você merece.

Sucesso!

"Cada um que passa em nossa vida, passa sozinho, pois cada pessoa é única e nenhuma substitui outra. Cada um que passa em nossa vida, passa sozinho, mas não vai só nem nos deixa sós. Levam um pouco de nós mesmos, e deixam um pouco de si mesmos. Há os que levam muito, mas não há os que não levam nada. Essa é a maior responsabilidade de nossas vidas, e a prova de que duas almas não se encontram ao acaso."
Antoine de Saint-Exupéry

SUMÁRIO

O QUE VOCÊ VAI ENCONTRAR AQUI

PREFÁCIO

"Tragédia não é quando um homem morre,
mas quando morre algo dentro de um
homem enquanto ele ainda vive."
Albert Schweitzer

Talvez você já tenha se incomodado com livros, palestras, workshops, cursos e treinamentos em que, depois de muita motivação e algum conteúdo, nada se entrega sobre o "como", a prática em si, do tema em discussão/apresentação.

Não sei você, mas isso me incomoda muito.

Já tive a oportunidade de ler muito e de participar de vários eventos, e posso contar nos dedos os que me agregaram e efetivamente entregaram algo de valor que fosse prático.

Esse livro tem uma proposta diferente.

Minha proposta é entregar conteúdo prático, fornecer o passo a passo e todas as principais ferramentas (que utilizei em mim e em vários clientes), para que você possa realmente colocar em prática e obter tudo o que menciono aqui.

Ou seja, pretendo, em termos técnicos, ajudar você a desenvolver seus recursos internos e externos, mostrando como fazer, para que você possa alcançar suas metas.

Se você se interessou pelo título ou pelo tema do livro, reflita:

Seu trabalho o faz feliz?

Faz outros felizes?

Como você se sentiria fazendo algo que realmente importa?

Para você? Para os outros?

E se você pudesse...

Acordar todos os dias com um bom motivo para levantar da cama?

Usar seus talentos?

Usar seu tempo trabalhando no que você é apaixonado?

Ajudar as pessoas de uma forma que ninguém mais pode?

Viver de suas paixões? De sua vocação?

Viver do que realmente ama?

Construir o seu propósito?

Como isso afetaria as pessoas à sua volta? Seus amigos, sua família, marido/esposa, pais, filhos, etc.?

Quão maior seria o impacto do seu trabalho se fosse alinhado com o seu propósito? Se você fizesse o que ama?

Como o mundo seria diferente se todos pudessem ter isso?

Quanto potencial você está desperdiçando ao viver o propósito de outras pessoas?

Se você não tem um propósito, viverá em função do propósito de outras pessoas e vai trabalhar para torná-los reais.

Isso vale para os sonhos e metas.

Não tem nada de errado em desejar isso, mas, vou lhe dizer uma coisa: "*Eu estava perdido e não sabia*".

Dediquei um capítulo à minha história, onde você descobrirá que eu demorei a compreender "*qual era a minha praia*" e o que "*eu realmente queria para a minha vida*".

Entender tudo isso me fez perceber que fazer o que amamos é certo.

É o certo!

Ser pago para fazer o que você ama é possível e é hora de você começar a ganhar para fazer o que ama.

Você precisa! As pessoas à sua volta precisam! O mundo precisa!

O que você está esperando?

Você tem só uma vida para fazer o trabalho da sua vida.

E se você pudesse passar a sua vida fazendo exatamente isso?

Fazendo o trabalho que ama?

Apareça para o que ama!

Diga não ao que você não é, e sim ao que você é!

Acredite no que você faz, ou não faça!

O maior risco não é tentar e falhar, é não fazer nada!

Não importa quão pequena seja sua ação, faça algo agora que possa levá-lo para mais perto do que deseja.

Você não vai encontrar até entender e acreditar que merece!

E eu estou aqui para lhe dizer: Você merece!

Eu acredito em você!

Eu quero ajudar você a conseguir o que deseja!

O mundo precisa do que só você pode dar a ele!

Você não cria sua vida e depois a vive, você cria a sua vida vivendo!

Se você viver uma vida com propósito, você não precisará procurar por sua paixão, ela encontrará você!

Porque quando o estudante está pronto, o mestre aparece.

Sua vida começa hoje!

"A única possibilidade de descobrir os limites do possível é aventurar-se um pouco além deles para o impossível."
Arthur C. Clarke

INTRODUÇÃO

"O trabalho mais difícil é o trabalho sobre si mesmo."
Kauam Amorim

Você ama o que faz? Sabe qual o seu propósito? Está dando seu 100% no seu trabalho atual? Gostaria de amar o seu trabalho? De chegar à sua aposentadoria ou ao final de sua vida e saber que fez aquilo que realmente queria? Que valeu a pena?

Diversos estudos recentes, como pesquisas da Deloitte EUA, ISMA Brasil, Gallup Brasil, entre tantas outras, apontam que mais de 80% das pessoas do mundo não estão felizes com seu trabalho atual.

Ou seja, 80% das pessoas passam seus dias realizando atividades que não desejavam realizar, pelas quais não sentem nada além de um vínculo econômico, sem qualquer paixão, desejo, realização pessoal ou profissional.

Entretanto, por que eu deveria amar o que faço? Por que preciso saber qual é o meu propósito? Para que serve o propósito? Por que deveria dar 100% de mim ao meu trabalho?

Ao amar o seu trabalho, você estará entre os outros 20% que mencionei. Será muito mais feliz, terá a possibilidade de se realizar na sua atividade profissional e realizará muito menos esforço ao desempenhar suas atividades.

Além disso, todo o seu organismo e suas emoções responderão positivamente e, consequentemente, toda a sua realidade, assim como a realidade daqueles à sua volta será positivamente impactada.

*"Sua realidade é a empresa que você mantém.
Escolha sabiamente."*
Autor Desconhecido

Com o que você já sabe, você diria que, quem se esforça mais?

1. Aquele que vai trabalhar todos os dias se lamentando e desejando estar fazendo outra coisa; ou
2. Aquele que vai empolgado e mal pode esperar de ansiedade pelo que vai realizar naquele dia em seu trabalho?

Qual dos dois têm mais chances de alcançar suas metas? De gerar impactos positivos? De ser o melhor no que faz? Na minha opinião, o segundo.

Agora, por que algumas pessoas são tão boas no que fazem? Por que se destacam?

Além de muito treino e dedicação (o que também é essencial) é notório que fazem o que amam, que tem atividades alinhadas com seu propósito de vida, que entendem que estão realizando a obra de suas vidas.

É possível ser o melhor em algo se não estiver se entregando totalmente?

Acredito que não e, na minha opinião, essa entrega só acontece quando entendemos que estamos realmente fazendo algo que se alinha com nosso propósito de vida.

Falo com propriedade sobre essa questão, pois me deparei com ela há alguns anos e, através do estudo de diversas ciências, desenvolvi instrumentos que me levaram a compreender o que realmente significam trabalho e propósito, assim como estes conceitos se comunicam entre si e se manifestam em nossas vidas.

A partir desses estudos, desenvolvi uma metodologia voltada especificamente à auxiliar as pessoas na construção do propósito e como colocá-lo em prática, através do alinhamento com um trabalho.

Você já deve ter ouvido falar que para encontrar o "propósito" existem diversos métodos e "conselhos".

A grande maioria consiste em encontrar convergência entre aquilo que você ama, o que o mundo precisa, o que lhe pagariam para fazer, o que faz bem, sua paixão, missão, vocação e profissão, entre tantos outros métodos.

Mas eles não são completos. Sabe o que há de errado com eles?

Eles não abordam algumas questões essenciais sobre o propósito, ainda mais quando se pretende manifestá-lo através de uma atividade profissional. A primeira delas é o tempo.

Isso mesmo, o tempo!

O tempo não como conceito, mas como variável.

Ou você acredita que vai fazer as mesmas coisas ao longo de toda a sua vida? Exatamente, não vai, aliás, nem deseja ou ficaria feliz com isso, tenho certeza.

Basta uma rápida análise de suas memórias e poderá comprovar o que agora tento lhe explicar.

Seus gostos mudaram desde a sua infância? Suas atividades de interesse? Sua profissão dos sonhos? O curso que queria fazer? Suas amizades? Os locais que frequenta? Seu local de trabalho? Talvez até sua carreira.

Tudo mudou não é verdade? E vai continuar mudando.

Ora, se tudo o que acontece na sua vida muda com o tempo, por que o trabalho não mudaria também? Por que não o propósito? Por que não a sua visão sobre a obra da sua vida?

É importante não se iludir, pois, assim como o ideal de trabalho, seu propósito de vida também não permanecerá o mesmo. Ele vai mudar, vai evoluir junto com você, com seu amadurecimento, suas experiências e seus pensamentos.

Na mudança constante é que reside a grande dificuldade em encontrar um trabalho que nos complete, que represente mais do que sustento, prestígio profissional e uma utilização adequada do nosso precioso tempo.

Algo que, em sua essência, possamos sentir que estamos realizando o que verdadeiramente nos representa, uma manifestação daquilo que acreditamos ser nosso propósito de vida, a construção de nossa obra neste planeta.

Aliás, quem disse que precisa ser apenas um trabalho? O que impede de seu propósito se manifestar em diversas atividades? Sejam elas simultâneas ou ao longo de toda uma vida?

Antes de mais nada é preciso entender que a construção do propósito, e a manifestação deste em um trabalho que amemos fazer, é também um trabalho.

Exatamente!

Se você está buscando uma fórmula mágica para encontrar seu propósito e, como um bônus encontrar um emprego em que isso se manifeste plenamente, sinto lhe informar, mas isso não existe.

Não existe porque isso não é algo que se encontra em um local distante, embaixo de uma pedra, em algum local escondido, ou em qualquer lugar, porque o propósito é algo que se constrói.

Como assim? Explico, pois esta é uma outra questão que nunca é abordada nesses "métodos".

Deixando de lado a questão da religião, que será abordada mais adiante, podemos dizer que, se o propósito fosse descoberto, então você teria um destino traçado.

Isso mesmo.

Se o seu propósito fosse descoberto ele estaria pronto e não dependeria em nada de você. Não dependeria do que você gosta, do que você quer e de nada mais. Seria algo imposto e imutável.

Não acredito nisso. E não precisa ser assim.

Acredito que você pode construir o seu propósito e aqui vou lhe ensinar como.

Percebeu que sempre utilizei a palavra "trabalho" e não "emprego"? Percebeu que mencionei "propósito" e "manifestação da obra da sua vida" e não "profissão", "vocação" ou qualquer outro conceito pronto?

Pois é, "trabalho" é aquilo a que você se dedica, seja com fins profissionais ou não, enquanto "emprego" compreende uma definição legal, em termos leigos e gerais, horário fixo, chefe, salário e carteira de trabalho assinada.

A obra da sua vida, assim como o propósito de vida, por óbvio, são trabalhos de uma vida.

Isso significa que, para manifestar o propósito de vida em uma obra, por meio do trabalho, você terá muito o que fazer, então vamos lá.

A única maneira de ter uma base para construir o propósito de vida é por meio do autoconhecimento, pois precisaremos unir duas coisas muito importantes: quem você é e o que você quer!

O lado bom disso é que você é uma fonte inesgotável de conhecimento sobre si mesmo. Talvez, o que você pode ainda não saber, é que terá que se tornar um especialista em si mesmo.

Por quê?

É difícil até de se decidir o que quer quando não se sabe quem é. E, se você não fizer isso, se não se conhecer a fundo, melhor do que ninguém, nunca compreenderá o que realmente lhe representa e, muito menos, saberá como construir um propósito e manifestá-lo em um trabalho.

Com o autoconhecimento é que iremos, pouco a pouco, encontrando as peças para montar este quebra-cabeça chamado propósito, e, com ele, direcionar nossas atitudes e escolhas na busca e desenvolvimento de um trabalho através do qual possamos manifestar nossa obra de vida neste mundo.

Entendeu o que quero dizer por "construir" o propósito e não "encontrar" o propósito?

Para trilhar este caminho precisamos primeiro entender onde estamos para então, buscar o que podemos e precisamos fazer para chegar ao resultado que desejamos.

A única forma de se entender onde estamos é nos conhecendo e o interessante disso é que, como vimos, estamos sempre mudando.

Se estamos sempre mudando, ou seja, se "onde estamos" está sempre mudando, nossa meta, nosso "propósito de vida" também está sempre mudando. Essa é outra questão que não é abordada nesses "métodos".

Por isso você precisa se tornar um especialista em si mesmo.

Depois de entendermos onde estamos, é preciso buscar o que se pode e o que é preciso fazer para chegar onde se deseja.

Para isso, precisamos gerar opções de ações. Para começar a gerar opções e, em consequência, assumir ações, proponho vários questionamentos e exercícios ao longo do livro (além de uma coletânea no Capítulo 7), que vão proporcionar o pontapé inicial da mudança em seu interior, apresentando os elementos a serem desenvolvidos para o alcance de sua meta.

Responda aos questionamentos e faça os exercícios, mas os responda e os faça com tempo, sem pressa, em um ambiente tranquilo onde possa realmente refletir sobre cada ponto.

Não se preocupe em responder tudo de uma vez.

Não existem respostas certas e erradas.

É normal que as respostas não venham de imediato, então não se preocupe em deixá-las "amadurecer" por alguns dias quando for o caso ok!?

Geradas as opções e as ações que podem ser assumidas, precisamos exercitar o foco nessas ações.

Ou seja, adotar ações assertivas focadas sempre na solução, nunca em problemas, dúvidas, crenças e limitações, dedicando tempo suficiente para que nossos hábitos mudem.

Assim, o resultado pode ser alcançado.

Lembra-se que disse que seria um trabalho?

Que o propósito seria construído?

Isso tudo dá trabalho, leva tempo, e o tempo é seu.

Saiba que, se está passando por um processo de mudança, de insatisfação, de busca, não está sozinho.

Essa é uma tendência mundial como já mencionei, e você pode estabelecer metas que podem ser alcançadas com sucesso, contanto que você disponha dos instrumentos adequados e dedicação à altura.

Ao invés de focar nos 80% que não gostam de seus trabalhos, façamos uma escolha diferente: Como seria o mundo se 80% das pessoas amassem seus trabalhos?

O que seria diferente? Quanto seria diferente? Como seria diferente?

Espero que os questionamentos, ferramentas e exercícios desse livro possam lhe ser úteis, seja como apoio no seu processo de mudança, na construção do seu propósito e manifestação deste em um trabalho que ame verdadeiramente. Ou ainda para que possa compreender melhor seu estado atual, suas metas, e alinhar tudo com o que faz em sua vida com um propósito.

Por último, vou lhe pedir um favor.

Não prive o mundo de seus talentos, habilidades e contribuições únicas, pois, do contrário, o mundo será muito menos sem você!

Não deixe passar a vida e não deixe de se tornar o melhor que pode ser, de fazer o que ama e deseja!

Só temos uma vida, façamos ela valer a pena!

Vamos construir juntos um mundo em que mais pessoas construam seus propósitos, amem seus trabalhos e realizem as obras de suas vidas!

"Faça o que é certo e não tema ninguém."
Autor desconhecido

Gostaria de deixar claro que, independentemente da ciência, religião, crença, filosofia, doutrina, costume ou qualquer outra linha que você siga, adote ou acredite, o que apresento aqui pode lhe ser útil, apoiando-o na construção prática do seu propósito, ainda que você possa ter uma visão diferente sobre seu conceito.

Espero que aproveite muito esse livro!

Um abraço!

Gabriel Calzado

COMO CHEGUEI AQUI

"Os dois dias mais importantes da sua vida são o dia que você nasceu e o dia que você descobre por quê."
Mark Twain

Ainda na pré-escola, fui convidado pela coordenadora pedagógica daquela instituição de ensino, a falar para 25 alunos da 1ª série sobre o tema "dinossauros".

Naquela época, meu "sonho" era me tornar paleontólogo e estudar esses fascinantes animais que, até então, somente conhecia por fotografias, livros e álbuns ilustrados[1] (além de uma revista semanal[2] que, talvez alguns leitores se lembrem, junto com o exemplar, fornecia uma peça para a construção de um modelo 3D de um Tiranossauro Rex).

Recebi esse convite graças ao meu "amplo" conhecimento no assunto, conhecido e reconhecido por meus pais, amigos, professoras, colegas de sala e, como vim a saber, pela instituição, além da "propriedade" (tanto quanto uma criança nessa idade pode ter) com que falava sobre o tema.

Com o convite, primeiro senti muito medo, depois passei por uma crise de choro, insistindo muito para não fazer a "apresentação".

Considerei faltar na escola no dia em questão.

Meus esforços foram em vão.

Acreditavam muito em minha capacidade e insistiram demais para que eu fosse. Talvez meus pais tenham "me obrigado", não me recordo.

Felizmente, depois de muito reclamar e chorar de medo e nervoso, me surpreendi ao conseguir abrir minha boca e explicar alguma coisa sobre o assunto àquela turma, ainda que com grande ajuda de alguns álbuns ilustrados que completara e da professora daquela turma que, além de me consolar, soube muito bem como conduzir a "palestra".

Minha próxima "grande" apresentação importante somente aconteceria bem mais tarde, ao final da faculdade de direito. Mas logo chegaremos lá.

Minhas aspirações profissionais mudaram muito desde aquela primeira "palestra". Passei por paleontólogo a padre, filósofo a médico, biólogo (com especialização em botânica) a físico, educador físico a psicólogo até finalmente encontrar o direito, mais especificamente a advocacia.

A escolha me surpreendeu de certa forma (e a muitos amigos e parentes também), pois que não havia exemplos na família dessa área, apenas referências muito distantes.

Aliás, somente passei a considerar o direito como uma opção quando um amigo (ao qual sou muito grato), ao me ver sentado no carro dos meus pais, me disse *"cara... você vai ser advogado, eu vi um advogado quando vi você sentado nesse carro"*.

Bom... até o momento da inscrição para o vestibular ainda pairava muita dúvida sobre a escolha: física, educação física, psicologia ou direito? A "visão" do meu amigo era tentadora, mas eu precisava de dados.

Minha única certeza era de que eu não sabia muito sobre nenhum dos futuros nessas áreas, apenas tinha uma pequena e restrita visão de que, no direito (segundo meu pouco conhecimento à época), parecia haver mais vertentes de carreiras possíveis até aquele momento, além de vislumbrar mais facilmente minha evolução pessoal e profissional.

Enfim... como todo jovem em seus 16 a 17 anos, eu não tinha certeza do que estava fazendo e não tinha muito em que me basear também. Faltavam informações, orientações, conhecimento e principalmente experiência da minha parte. Também não sabia ao certo como pedir ajuda, o que perguntar, o que fazer, e decidi "correr o risco" sozinho.

Escolhi o curso de direito.

No direito, após curto período já estava convicto de que seria juiz, mas mal sabia que ainda mudaria algumas vezes mais de opinião, passando por promotor, procurador, até advogado tributarista, carreira da qual estava convicto ao término da faculdade.

Contudo, a vida tinha outros planos para mim.

Durante a faculdade, estagiei em grandes escritórios e empresas, mas sempre em direito civil e suas vertentes.

No último ano optei por estudar e estagiar em um escritório tradicional de minha cidade na área de direito tributário, com o qual já vinha me familiarizando há algum tempo, sendo esta minha área de ênfase nos estudos do último ano na faculdade, além de opção para a segunda fase da prova da OAB (Ordem dos Advogados do Brasil).

Deixei meu estágio nos últimos meses do último ano da faculdade para me dedicar exclusivamente ao TCC (Trabalho de Conclusão de Curso) e estudos para a temida OAB.

O que eu não sabia à época era que, quando de minha defesa do TCC, meu orientador, além de meu ex-chefe, que também havia sido reitor da instituição, estava sendo homenageado por seus 50 anos de formado naquela instituição.

No dia de minha defesa do TCC à banca, ao chegar à faculdade, fui informado de que minha defesa não seria em uma sala privada, como costumavam ser as defesas, mas sim no auditório da universidade.

Ali deveria iniciar os trabalhos com a homenagem ao ilustre professor, a qual já havia sido pré-redigida pela direção da faculdade (um curto texto), cabendo a mim a apresentação.

Quando cheguei ao auditório, me deparei com este lotado de professores, pais de formandos, colegas e acadêmicos, o que me trouxe à tona um grande medo, ansiedade e uma sudorese incrível. O mesmo que senti na minha primeira "palestra" na pré-escola.

Tremi durante a homenagem toda e creio não ter sido muito bom na leitura do discurso (sim, eu li, pois não sentia a menor condição de memorizar qualquer coisa naquele estado).

Felizmente, quando de minha defesa de tese, tive um insight e percebi que, quando temos a oportunidade de falar sobre algo que dominamos, sobre algo que queremos realmente falar a respeito, tudo se torna muito mais fácil, o que possibilitou que a apresentação e defesa de minha tese fossem um sucesso.

Pouco mais de 1 mês depois, estudando cerca de 16 horas por dia, a temida prova da OAB também foi vencida.

Posteriormente, após alguns currículos enviados, o primeiro retornou positivamente e fui chamado a uma entrevista. Lá descobri que os planos de me tornar advogado tributarista não eram os mesmos planos do universo para mim.

Nessa entrevista para a vaga de advogado tributarista, recebi o seguinte feedback de meu então futuro chefe: "*você leva jeito para o direito do trabalho*". Eu pensei: "*por que você me odeia?*", pois até então odiava essa área (dizia aos meus colegas que nunca faria duas coisas: trabalhar com direito do trabalho ou direito de família. Já fiz os dois. Nunca diga nunca.).

Para minha surpresa, mesmo após eu esclarecer que essa não era minha área de ênfase de estudos ("*não era minha praia*") e que estava convicto em relação à minha meta, meus argumentos não tiveram efeito.

Tive então a percepção de que mais uma vez acreditavam mais em mim do que eu mesmo quando ouvi do meu então futuro chefe o seguinte: "*Faremos uma experiência. Fique um mês na trabalhista. Se não der certo, você vai para o tributário.*"

Resumindo... Em 1 mês passei a ser responsável por 3 mil novos processos e estava à frente da criação e desenvolvimento de teses de toda área trabalhista do escritório. Depois de 4 meses fui convidado a auxiliar na reestruturação do departamento jurídico de um dos maiores grupos de transporte do país (com mais de 25 mil empregados e cerca de 4 mil processos ativos), também na área trabalhista.

Lá advoguei, decidi me especializar em direito e processo do trabalho, e fui coordenador jurídico por quase 7 anos.

Mas essas "coincidências" me intrigavam. Por que, quase sempre, eu escolhia e me preparava para algo e acabava "recebendo" outra coisa? Por que era comum as pessoas acreditarem mais em mim do que eu mesmo?

Aos poucos fui tomando consciência de que muitas de minhas escolhas na vida se deram mais por necessidade e oportunidade do que por vontade e intenção, o que dirá por certeza do que queria.

Mas algo era uma constante, a confiança das pessoas em mim, o que curiosamente fazia com que prestassem muita atenção ao que falava, além de confiarem em minhas opiniões e conselhos em geral.

Em um determinado momento, quando o momento profissional e pessoal em que me encontrava permitia que, pela primeira vez, pudesse escolher livremente o que desejava fazer dali em diante, resolvi fazer uma retrospectiva da minha formação.

Foi quando descobri algo notável.

Percebi que durante toda a minha vida me interessei pelos últimos momentos de vida das pessoas. Não pense nisso como algo mórbido, pois não era e não é. Me interessava como essas pessoas lidavam com esses delicados últimos momentos.

Quando está bom? Quando está na hora de partir? O que indica que já fizemos o suficiente? O que precisávamos fazer? Como morrer em paz, sem arrependimentos?

Há diversos estudos sobre esses temas, entre eles a tanatologia (estudo da morte) e a logoterapia (busca do sentido).

O que mais se percebe, em inúmeros relatos, é que pessoas que vivem muito, entendiam (entre tantas outras variáveis) que a vida possuía um sentido, um propósito, além de terem alguns arrependimentos de não terem feito tanto quanto desejavam, mas não se arrependendo tanto de coisas que fizeram (exceto de trabalhar muito).

No meio do direito é muito comum encontrar pessoas insatisfeitas com suas vidas. Uma das razões é o fato de, no Brasil, existirem mais advogados, faculdades de direito e processos judiciais do que o resto do mundo todo junto, o que desencadeia uma concorrência ferrenha e desigual, dada a pouca oferta de boas oportunidades no ramo.

Também, por coincidência ou não, tive muito contato com pessoas que passaram a vida perdidas, sem saber ao certo o que fazer, apenas aproveitando as "oportunidades", sem construir nada.

Eu, particularmente, não quero morrer no meu escritório, nem dormindo. Quero morrer fazendo o que eu acho que é certo, sabendo que aquele é meu último momento, e que está sendo gasto com o que me importa.

Comecei então a perceber um grande mal comum que afligia democraticamente a todos: falta de propósito de vida.

Isso mesmo.

Poucas coisas são tão democráticas quanto encontrar um motivo para levantar de manhã da cama ou ir trabalhar em uma segunda-feira chuvosa.

Atualmente, observam-se cada vez mais suicídios, frustrações, famílias desestruturadas, gerações de pessoas que não se encontram em seus trabalhos e não fazem algo que gostam, seguindo caminhos e conselhos "prontos", sem se questionar, se conhecer e compreender o que tudo isso representa, enfim, pessoas apenas tentando sobreviver e não viver com um propósito, construindo algo maior.

Percebi também que, como toda criança, sempre fiz muito uma pergunta: "por quê?" Logo, o propósito sempre me intrigou muito.

Além disso, temas como autoconhecimento e autodesenvolvimento, frequentemente trazidos à tona em livros classificados como "autoajuda", também sempre me fascinaram.

Li inúmeros livros sobre os mais variados temas e fui um incansável estudioso de mim mesmo através de incontáveis métodos que vim a conhecer ao longo de minha vida.

O que eu não sabia era que estava perdido. Não tinha um propósito claro.

Passei então a aprofundar meus estudos em temas como coaching, mentoring, hipnose, PNL, filosofia, psicologia, religião, pedagogia, entre tantos outros.

Todo esse conhecimento, aliado aos meus valores pessoais, após um longo processo e planejamento, me fizeram decidir mudar de vida e de carreira.

Percebi que tudo o que sempre fiz de alguma forma estava se somando, apontando para uma convergência, ainda que de forma inconsciente. Tudo começou a fazer sentido, a convergir.

Eu queria encontrar um trabalho que eu pudesse fazer por toda a vida. Um trabalho no qual eu pudesse utilizar meus pontos fortes, e que fosse alinhado com meu propósito. Então usei tudo o que aprendi para construir o meu próprio propósito.

Pouco a pouco fui percebendo o quanto poderia contribuir, ajudando pessoas a construir seu propósito de vida e manifestá-lo de forma prática, encontrando um trabalho que amassem fazer, por meio do processo que já vinha criando e utilizando em mim.

Eu tinha uma decisão a tomar: o que fazer com esse método? Guardar para mim, protegê-lo, vendê-lo ou libertá-lo?

Para ser autêntico ao que estava me propondo a fazer só havia uma opção, falar sobre isso, compartilhar.

A minha ideia é que cada pessoa, cada organização, cada país construa o seu propósito e o coloque em prática.

Sou a mesma pessoa, sei as mesmas coisas que sabia antes, não tenho conexões melhores, não me formei nas universidades mais famosas e minhas notas não eram as melhores, porém, com tudo que eu já era, sabia, tinha e fazia, fui capaz de mudar tudo ao meu redor.

A única diferença é que construí um propósito maduro e sei exatamente como ajudar outros a construir os seus próprios propósitos e viver através deles.

A única coisa que eu faço e que a maioria das pessoas não faz é ter aprendido a construir meu propósito de vida, aprimorá-lo e me aperfeiçoar a cada dia, incansavelmente.

Quem me conhece sabe do que estou falando.

Nunca estará bom e nunca será o suficiente. Acabou que o que eu considerava ser um dos meus maiores defeitos, meu perfeccionismo, é uma das razões pelas quais posso me destacar, e uma das razões desse livro existir.

Decidi, então, dividir o conhecimento e experiências que adquiri ao longo de todos estes anos em uma obra que pudesse demonstrar o passo a passo do que pode ser feito para construir o propósito de vida e como torná-lo algo que possa lhe trazer, além de satisfação pessoal e profissional, retorno financeiro, ou seja, como, de forma prática, viver do seu propósito.

Sempre acreditei que a realização é uma possibilidade e um direito, não um privilégio, loteria ou uma sensação daqueles poucos sortudos que podem dizer: "*eu amo o que faço*".

Sempre acreditei que cada um de nós pode acordar inspirado para trabalhar com o que ama, de se sentir seguro, com uma direção, um sentido, e de, ao final do dia, ir dormir com a sensação de que contribuiu para algo maior, que a vida valeu a pena.

Sempre acreditei também que cada um de nós tem um propósito que pode ser construído, a fonte da nossa paixão, inspiração, sentido e realização.

Talvez você ainda não saiba o que é isso, qual é o seu, ou como expressá-lo em palavras, mas você pode construir um. E, se você o fizer, verá as maravilhas que isso fará com você.

Hoje, graças ao caminho a que me dispus a percorrer, acordo todos os dias com uma noção clara do meu propósito, do porquê decidi fazer o que faço e da forma como faço.

Acordo todos os dias trabalhando em como posso me tornar um instrumento melhor para guiar as pessoas em processos de autodescoberta, autoconhecimento e autodesenvolvimento, visando a construção de propósito e manifestação deste em suas obras de vida.

Guio meus pensamentos, sentimentos, decisões e ações por meus valores de defender o que acho certo, fazer a diferença, ajudar as pessoas a serem melhores e encontrarem sentido/propósito, promover e alcançar o autoconhecimento, valorizar e cuidar da família, manter uma conduta de honestidade, uma conduta de lealdade, uma conduta de respeito, uma conduta de fé, fazendo o que é certo e justo a cada dia.

Tudo isso se manifesta em minha vocação de ajudar a clarificar pensamentos, sentimentos, decisões e ações nas pessoas, e por meio de minha paixão de ajudar outros a se encontrar, sentir-se capazes e úteis.

Com isso, quero gerar mais clareza, senso de direção, realização, propósito, amor, respeito e justiça nas pessoas, eliminando sentimentos como o de vazio, falta de direção, medo, frustração, violência, desrespeito e injustiça, criando um mundo com pessoas, empresas e nações que possuam um propósito, e que saibam o porquê e de onde vieram, assim como o porquê e para onde vão.

De qualquer maneira, não sou melhor do que ninguém. Apenas posso ou não ajudar você a depender do que você quer para si mesmo e do que acredita.

Eu também acredito na filosofia oriental do Kaizen, que significa aprimoramento contínuo.

Por isso, o trabalho que faço agora é melhor do que aquele que fazia no mês passado, e o trabalho que farei no próximo mês será melhor do que o que faço agora.

Não estou interessado em negociar o que acredito, embora sempre procure aprender mais e mais sobre mim e sobre como ajudar as pessoas, dentro do que acredito, naquilo que faço de melhor, procurando e aceitando o máximo de feedbacks possíveis, mas nunca me desviando do que acredito, do propósito que construí, da obra que decidi construir em minha vida.

Pensando nisso, estou sempre junto e em busca de pessoas para seguir lado a lado na direção do mesmo propósito. Pessoas que acreditem no que acredito e que desejem trabalhar na construção do propósito, visando sua realização, o bem-estar mútuo e universal, cada dia melhores e que desejem manifestá-lo em suas vidas.

Se você também acredita nisso, a partir de agora trabalhará com propósito, de propósito!

Mas pense por um momento... o que você precisa satisfazer na sua vida para poder começar a construir o propósito?

Para começar a trabalhar na obra da sua vida?

E eis o que posso contribuir para tornar isso possível...

"Há três caminhos para o fracasso: não ensinar o que se sabe, não praticar o que se ensina, não perguntar o que se ignora."
São Beda

Ao contrário do que possa parecer, essa obra não está sendo escrita há pouco tempo, mas há 30 anos, desde o dia 16/03/1988, que é até onde consegui voltar para buscar todo o conhecimento que venho acumulando em minha vida.

Essa obra não é perfeita, mas precisava ser concluída em algum momento.

Amanhã essa obra já será aprimorada, e assim pretendo continuar a aprimorá-la, assim como tudo o que faço, até onde minha capacidade permitir.

CAPÍTULO 1

POR QUE EU PRECISO DE UM PROPÓSITO?

"Se você ainda não achou uma causa pela qual valha a pena morrer, você ainda não achou razão de viver."
Martin Luther King

Antes de começar, quero pontuar algo importante.

Você pode ler esse livro de duas formas:

1. Ler todo o conteúdo e depois utilizar as ferramentas do Capítulo 7.
2. Ler o conteúdo e utilizar as ferramentas nos momentos em que são indicadas.

Acredito que o resultado seja ótimo e proveitoso das duas maneiras, entretanto, depende de como você prefere, da sua pressa, da sua meta com esse livro.

Esse não é um livro apenas para ser lido.

É para ser vivido.

Para ser colocado em prática.

Para ser exercitado, melhorado, aperfeiçoado a cada dia.

Então vamos lá...

As pessoas sempre pensaram, agiram e viveram de modo diverso umas das outras. Contudo, alguém quis saber por que as pessoas eram diferentes, se havia alguma coisa que as faziam diferentes, se isso podia ser alterado ou não, etc.

Essas questões foram vistas de duas principais maneiras ao longo da história.

Uns afirmavam que havia questões físicas para as diferenças, sendo, portanto inevitáveis e inalteráveis (exemplos: protuberâncias cranianas, tamanho e forma do crânio, os genes, etc.). Outros diziam que as diferenças se deviam à formação de cada pessoa, suas experiências, treinamentos ou formas de aprendizado.

Hoje a maioria dos especialistas concorda que desde quando nascemos há um intercâmbio constante entre tudo isso.

Ou seja, os genes e o meio ambiente cooperam entre si à medida que nos desenvolvemos. Não somos imutáveis, nem somente frutos do meio em que vivemos. Somos o que somos, somos influenciados pelo meio e da mesma forma podemos influenciar o meio em que vivemos.

Estamos apenas começando a descobrir que a nossa capacidade para aprender e nos desenvolver é muito maior do que se imaginava, ainda que cada um possua suas próprias características intrínsecas.

Ou seja, podemos ter várias características intrínsecas, mas são as experiências que vivemos, os treinamentos que fazemos e o esforço que despendemos que nos moldam enquanto seres humanos.

Robert Sternberg, psicólogo e psicometrista estadunidense, disse que o principal modo de aquisição de conhecimento especializado "não é alguma capacidade prévia e fixa, e sim a dedicação com objetivo".

Ou seja, nem sempre as pessoas que começam a vida como as mais inteligentes acabam sendo as mais inteligentes. Isso vale para o sucesso e todas as demais áreas da vida, uma vez que a dedicação à meta faz muita diferença.

Mas não são só essas variáveis que influenciam. O que pensamos, sentimos e como agimos também. Por exemplo, a opinião que você adota a respeito de si mesmo afeta a maneira como você leva a sua vida.

Sua opinião sobre si mesmo pode decidir se você se tornará a pessoa que deseja ser, ou, como diz Carol Dweek, professora de psicologia, *"acreditar que suas qualidades são imutáveis cria a necessidade constante de provar a si mesmo o seu valor. Se você possui apenas uma quantidade limitada de inteligência, determinada personalidade e certo caráter moral, nesse caso terá de provar a si mesmo que essas doses são saudáveis"*.

Mas não devemos valorizar essas características intrínsecas?

Sim, mas também temos a opção de pensar que elas constituem apenas o ponto de partida do nosso desenvolvimento. Somos todos diferentes em nossas características intrínsecas, mas todos somos capazes de nos modificar e nos desenvolver por meio de esforço, dedicação e experiência.

Isso quer dizer que qualquer um pode ser ou fazer o que quiser?

Depende. Não basta querer.

O verdadeiro potencial de uma pessoa não pode ser previsto, pois não há como mensurar o que alguém é capaz de realizar após anos de dedicação, esforço e treinamento. Somente a própria pessoa pode mensurar isso depois de passar por toda a dedicação, esforço e treinamento.

Você já deve ter reparado que a sociedade em que vivemos também influencia as nossas habilidades, personalidades e experiências e que, como a sociedade está sempre mudando, isso também muda ao longo das gerações. Por exemplo:

Geração[3]	Características Gerais (gerais porque existem muitas exceções)
Baby Boomers	▪ Geração pós-Segunda Guerra Mundial, 1945 até 1960. ▪ Estabilidade é muito importante. ▪ Uma carreira longa é garantia de sucesso financeiro. ▪ Horários de trabalho definidos. ▪ Casa e trabalho não se misturam.

FAÇA DE PROPÓSITO!

Geração X	■ Nascidos de 1960 ao início dos anos 1980. ■ Primeiros usuários de computadores pessoais. ■ Confiantes, sonhadores, extrovertidos e competitivos. ■ Salário é fundamental. ■ Dificuldade para trabalhar em equipe. São mais individualistas. ■ Ambiciosos, querem crescer e chegar rápido ao topo da carreira. ■ Workaholics, a competição aumentou e a disputa por remunerações altas se associa à quantidade de trabalho.
Geração Y (ou Millenium)	■ Nascidos do início dos anos 1980 ao início dos anos 1990. ■ Tipo de trabalho importa mais que cargo e salário. Associam trabalho, prazer e propósito. ■ Uso da tecnologia é o normal em suas relações de trabalho. ■ Querem aprender e ter liberdade para criar, com autonomia. Não lidam muito bem com hierarquia e organogramas. ■ Gostam de trabalhar em grupo, de colaborar e compartilhar. Necessitam de colaboração e falam o que pensam. ■ Ansiedade, hiperconectados, esperam mudanças e ascensões em velocidade ultrarrápida. ■ Projetos curtos, impacientes, têm dificuldade em se dedicar por muito tempo aos mesmos projetos.
Geração Z	■ Nascidos entre 1992 e 2010. ■ Já nasceram "digitais". A tecnologia é extensão da personalidade. ■ Ligados em internet e tecnologia nos ambientes de trabalho. ■ Acostumados com informações em tempo real e interações dinâmicas, são impacientes. ■ Serão a mola propulsora do mercado de amanhã. ■ Responsabilidade social é fundamental para eles. ■ Propósito no trabalho é mais importante do que para a geração Y. Precisam conectar causa pessoal à da empresa. ■ Plano de negócio é quase um sonho.

26

A finalidade desses exemplos não é fixar características ou estereotipar gerações, mas demonstrar o quanto o meio em que vivemos influencia nossas características e o desenvolvimento.

Fica claro que a satisfação de necessidades mais básicas (ponto que abordarei em detalhes mais adiante) tem feito com que as gerações, pouco a pouco, tenham passado a prestar mais atenção e a se preocupar cada vez mais com realização e propósito do que simplesmente sobreviver, existir e ter uma vida abastada.

A verdade é que o ser humano é um animal com uma capacidade incrível de adaptação. Tão incrível que pode se acostumar a qualquer coisa, por pior que seja.

Isso faz com que, seja isso bom ou não, nos acostumemos com os padrões impostos pelas sociedades, culturas e religiões, sem nos questionar acerca do que realmente queremos e acreditamos.

"EU SEI, MAS NÃO DEVIA

A gente se acostuma a acordar de manhã, sobressaltado porque está na hora, a tomar café correndo porque está atrasado.

A gente se acostuma a ler o jornal no ônibus porque não pode perder tempo na viagem, a comer sanduíches porque não tem tempo para almoçar.

A gente se acostuma a andar nas ruas e ver cartazes, a abrir as revistas e ver anúncios, a ligar a televisão e assistir comerciais.

A gente se acostuma a lutar para ganhar dinheiro, a ganhar menos do que precisa e a pagar mais do que as coisas valem.

A gente se acostuma a morar em apartamentos de fundos e a não ter outra vista que não a das janelas ao redor.

A gente se acostuma a não abrir de todo as cortinas, e à medida que se acostuma, esquece o sol, o ar, a amplidão.

A gente se acostuma à poluição, à luz artificial de ligeiro tremor, ao choque que os olhos levam com a luz natural.

A gente se acostuma às bactérias da água potável, à morte lenta dos rios, à contaminação da água do mar.

A gente se acostuma à violência, e aceitando a violência, que haja número para os mortos. E, aceitando os números, aceita não haver a paz.

A gente se acostuma a coisas demais para não sofrer. A gente se acostuma para não se ralar na aspereza para preservar a pele.

A gente se acostuma para poupar a vida. Que aos poucos se gasta, e que de tanto se acostumar, se perde por si mesma.

A gente se acostuma, eu sei, mas não devia."

Marina Colasanti

Nos acostumamos tanto que esquecemos de nos perguntar.

Esquecemos que podemos responder.

Esquecemos que podemos ouvir a resposta.

Esquecemos que sabemos as respostas.

Esquecemos que não são só as nossas características intrínsecas e o meio que nos definem!

Podemos ser e fazer o que quisermos, contanto que, para isso, nos disponhamos a fazer o que tem que ser feito, mas isso exige reflexão.

E pensar é um trabalho árduo.

A consequência lógica de não pensar é seguir sempre os outros, abrindo mão da capacidade de tomar decisões e traçar o próprio destino.

Além disso, reduzir nossa mentalidade a uma única perspectiva faz com que entremos constantemente em conflito com os que seguem outros caminhos, o que acaba sendo mais uma fonte de estresse, além do grande motivo dos mais sérios problemas da atualidade em todas as sociedades.

Como disse Confúcio, pensador e filósofo chinês: *"Os que se queixam da forma como a bola quica são os que não sabem arremessá-la."*

O fato é que temos preguiça de ser criativos, pois nos conformamos com o que as pessoas ou o mundo já nos oferece prontos.

Não "temos tempo" de nos render à contemplação com muitas coisas e, diante de uma privação ou limitação, tendemos ao desespero e ao desânimo.

Entretanto, esse exercício de questionamento é o motor que faz a vida continuar funcionando, e nos torna mais resistentes e resilientes.

Quando não realizamos esses questionamentos a vida fica estacionada e perde o sentido, fica vazia, o que é matéria-prima para o desenvolvimento de doenças de toda ordem, por isso, precisamos manter a dinâmica na vida.

Agora pense sobre o seguinte: limitar-se, pelas nossas características intrínsecas e do meio, significa o quê?

E se significasse que estamos deixando de utilizar nossos verdadeiros potenciais?

Veja, sua vida não é definida apenas pelo que você é (isso compreende tudo o que compõe você, inclusive suas características). Ela é composta por: o que você é + o meio em que vive + o que você quer.

Quase tudo nessa equação pode ser alterado e desenvolvido de inúmeras formas. Logo, as possibilidades de alteração e desenvolvimento é que são o verdadeiro potencial de alguém. E essas possibilidades são virtualmente infinitas!

Agora eu pergunto: O que faz a cafeteira? Café, certo? Mas o que ela precisa para isso? Pó de café, água, energia elétrica, um pouco de tempo... E o que faz um carro? Também tem sua função e precisa de elementos específicos para executá-la.

Agora, se você colocar gasolina em uma cafeteira, ela vai conseguir fazer café? E se usar café para fazer o carro se movimentar? E se você usar todos os elementos necessários para a cafeteira fazer café, menos a água, vai dar certo? Então por que você acha que daria certo você alcançar algo que deseja sem tudo o que é necessário para isso?

Evidente que somos muito mais complexos que cafeteiras e carros, e que, como já mencionei, ao contrário das máquinas, nosso propósito não é fixo e predeterminado, mas isso deixa claro que, antes de fazer algo, é importante que certos requisitos sejam cumpridos, pois, do contrário, pode nunca acontecer.

Essa analogia também serve para demonstrar quão nítida seria a diferença da quantidade de esforço necessário para realizar atividades relacionadas ao nosso propósito em relação àquelas não relacionadas a ele.

"Não se usa uma bazuca para matar um mosquito."
Autor Desconhecido

Você já se perguntou por que algumas pessoas são tão boas no que fazem? Por que se destacam?

Além de muito treino e dedicação (o que também é essencial) é notório que fazem o que amam, que tem atividades alinhadas com seu propósito de vida, que entendem que estão realizando a obra de suas vidas.

É possível ser o melhor em algo se não estiver se entregando totalmente?

Acredito que não e, na minha opinião, essa entrega só acontece quando entendemos que estamos realmente fazendo algo que se alinha com nosso propósito de vida.

Uma pessoa se comporta de determinada maneira em função da forma como percebe cada situação. E somente as próprias pessoas é que sabem como elas percebem as coisas.

Carl Rogers[4], psicólogo estadunidense, acreditava que as pessoas têm uma única motivação básica: a propensão à autorrealização, que seria *"quando uma pessoa cumpre o seu potencial e se torna plenamente atuante, atingindo o mais alto nível de ser humano"*.

Isso significaria realizar o seu "eu ideal", que nada mais é do que o que a pessoa gostaria de ser, incluindo suas metas e suas ambições (que estão sempre mudando).

A autorrealização poderia ser entendida por meio da metáfora de uma flor. Ela depende de seu meio ambiente e de sementes que, sob as condições certas, conseguirão crescer e atingir seu pleno potencial. Para que a flor consiga crescer e atingir seu pleno potencial, ela depende das condições certas, do meio ambiente, de cuidados e da qualidade da própria semente.

Certamente, os seres humanos são muito mais complexos do que flores. Nós nos desenvolvemos conforme nossas personalidades. Carl Rogers dizia que as pessoas eram boas e criativas desde o início, e só se tornavam destrutivas quando, por questões externas ou um autoconceito ruim, superavam o processo de valorização.

Rogers afirmava que uma pessoa com autoestima elevada, que chegou perto de atingir o seu "eu" ideal, seria capaz de enfrentar os desafios que encontrar na vida, aceitar a infelicidade e o fracasso, sentir-se confiante, positiva e estar aberta aos outros.

Para alcançar uma autoestima elevada e um grau de autorrealização, Rogers achava que a pessoa devia atingir um estado de congruência.

Para Rogers, se o "eu" ideal de uma pessoa é semelhante ou coerente com a sua experiência real, então ela está vivendo em um estado de congruência. Entretanto, quando há uma diferença entre o "eu" ideal de alguém e sua experiência real, haveria uma incongruência.

É muito raro uma pessoa sentir um estado de plena congruência, porém, Rogers afirma que alguém tem maior senso de valor e é mais congruente quando a autoimagem se aproxima do "eu" ideal que está buscando.

Para alcançar tamanha congruência é importante que você aprecie e entenda completamente a si mesmo, o seu propósito, o que deve fazer e o tipo de pessoa que precisa se tornar para realizá-lo.

É importante que você esteja alinhado com seu propósito em pensamentos e ações, pois, do contrário haverá incongruência e você não se sentirá bem, terá dificuldades em suas ações e se esforçará mais do que o necessário para realizar o que deseja. Isso causa toda a sorte de problemas, além de lhe afastar da realização pessoal.

Alinhamento e congruência significam que a pessoa que você está procurando se tornar, é a mesma pessoa que precisa ser para cumprir o propósito de vida que construiu para si mesmo. Ou seja, você deve se tornar a pessoa que é capaz de cumprir o seu propósito de sua vida.

Você já deve ter passado por alguma situação em que não acreditou numa pessoa, mas não sabia ao certo por quê. O que a pessoa dizia fazia sentido, mas você, de alguma forma, acabava não acreditando nela. Seu inconsciente captou alguma coisa que seu consciente não captou.

Por exemplo, quando você fez uma pergunta, a pessoa pode ter dito sim, mas, ao mesmo tempo, a cabeça lentamente se movia dizendo não. Parte dela queria fazer o que você estava pedindo, e parte não queria. A incongruência trabalhou contra aquela pessoa, que estava tentando ir em duas direções ao mesmo tempo. Estava representando uma coisa com suas palavras e outra bem diferente com sua fisiologia.

Pare por um momento e pense nas três pessoas mais congruentes que conhece. Agora pense nas três mais incongruentes. Quais as diferenças entre elas? Como as pessoas congruentes afetam você? E as que são incongruentes?

Todo sistema complexo, seja um instrumento de fábrica, seja um computador ou um ser humano, tem de ser congruente. Suas partes têm de trabalhar juntas, cada ação deve apoiar uma outra ação.

Ter um propósito pode ajudá-lo nos momentos mais difíceis da vida, pois possibilita que você vença a ansiedade ou o desconforto das situações, assumindo uma visão de longo prazo, fazendo o que precisa ser feito para passar por esses momentos e continuar a trabalhar pelo propósito.

Contudo, para isso ocorrer, são necessárias ações, e, para ações, antes são necessários pensamentos e decisões.

Nós tomamos decisões com base no que achamos que sabemos. Uns improvisam, outros tentam reunir dados para poder tomar decisões fundamentadas, entre tantas outras formas. Todavia, independentemente do processo ou das metas, todos queremos tomar boas decisões, corretas e fundamentadas.

Porém, nem todas as decisões são boas ou corretas, não importa quanto tenhamos nos preparado e adquirido conteúdos "suficientes" sobre o assunto. Qualquer que seja o resultado, decidimos com base em uma percepção da realidade que pode não ser a mais correta.

Então como poderíamos melhorar essa percepção e, consequentemente, nossas decisões, mantendo tudo sob controle? Talvez obtendo mais informações ou informações de melhor qualidade?

Acredito que não.

Todos nós já vivemos situações em que possuíamos todas as informações para talvez tomar a melhor decisão, além de bons conselhos, mas mesmo assim as coisas não acabaram bem.

De outro lado, há momentos em que não sabemos o "suficiente", ou optamos por ignorar conselhos e informações para seguir nossa intuição e as coisas vão bem ou até melhor do que o esperado.

Mas então como conseguir repetir as boas decisões? Como prever com certeza?

Simon Sinek[5], autor britânico-americano, palestrante motivacional e consultor organizacional, cita uma história sobre um grupo de executivos da indústria automobilística americana que foi ao Japão para ver uma linha de montagem japonesa. No fim da linha, as portas eram fixadas em suas dobradiças, como se faz também nos Estados Unidos.

Entretanto, nos Estados Unidos, um operário dessa linha pegava um martelo de borracha e batia nas beiradas da porta para garantir que encaixava perfeitamente, enquanto no Japão essa tarefa não existia.

Confusos, os executivos americanos perguntaram em que momento eles garantiam que a porta encaixava perfeitamente. O guia japonês respondeu sorrindo: *"Nós nos asseguramos de que encaixa quando projetamos."*

Ou seja, os japoneses não examinavam o problema e a partir daí acumulavam dados para encontrar a melhor solução, eles decidiam o resultado que queriam e então faziam o que tinha que ser feito para que ele ocorresse. Se algo desse errado era óbvio que o problema estava no resultado que decidiram que queriam.

Há uma clara noção da diferença que um propósito faz nessa situação. Eles não procuravam a congruência e o alinhamento depois que o problema ocorria, tentando consertá-lo.

Eles construíam a congruência e o alinhamento em todos os pontos a partir do propósito, ou seja, antes, na ordem inversa dos americanos, para que o resultado também fosse congruente e alinhado com seu propósito.

Agora, você sabia que a maior parte das empresas não consegue explicar por que seus clientes são seus clientes? E nem por que seus funcionários são seus funcionários?

Como você acha que estas empresas saberão como atrair mais funcionários e incentivar a fidelidade dos atuais?

Toda empresa no planeta sabe "o que" faz, algumas empresas e algumas pessoas sabem "como" fazem "o que" fazem, mas pouquíssimas pessoas e empresas conseguem articular com clareza o propósito de suas ações.

Segundo Simon Sinek, quando a maioria das pessoas ou empresas pensa, age ou se comunica, comunicam "o que" fazem e às vezes "como" fazem, quase nunca dizem "por que" fazem.

Mas esse não é o caso das empresas e líderes inspirados. Estes pensam, agem e se comunicam ao contrário, ou seja, começam dizendo "por que" fazem, depois "como fazem" e por último "o que fazem".

Os que são capazes de inspirar oferecem um sentimento de propósito e de pertencimento e criam um grupo de seguidores, apoiadores, eleitores, clientes, funcionários, que agem pelo bem do todo não porque são obrigados, mas porque assim o desejam. Onde quer que estejam, todos têm um nível desproporcional de influência em seu ramo de atividade.

Quem acorda feliz para ir ao trabalho é um profissional mais produtivo e mais criativo, volta para casa mais feliz e tem uma família mais feliz, trata melhor colegas, clientes e consumidores.

"As probabilidades de se sentir completamente envolvido com seu trabalho aumentam em 250% se você trabalhar com projetos que tenham significado para você."
Tom Rath

Funcionários inspirados contribuem para companhias mais fortes e economias mais robustas. Ter clientes e uma base de funcionários fiéis reduz custos, proporciona paz de espírito e aquele sentimento de *"estamos nisso juntos"*.

Para os funcionários de uma empresa, seu trabalho é um dos "o quês" para o seu propósito, mas eles também querem fazer parte de algo maior, não somente acreditar em um "produto melhor".

Quando as empresas falam sobre "o que" fazem e como seus produtos são avançados, podem ser atraentes, mas não representam necessariamente algo a que vamos querer pertencer.

A área mais nova do cérebro dos seres humanos, o neocórtex, é a responsável pelo pensamento racional e analítico, e também pela linguagem. Já as duas seções do meio do cérebro compreendem o sistema límbico, que é responsável por todos os nossos sentimentos, aprendizado e memória, por nosso comportamento e por nossa tomada de decisão, mas não tem aptidão para a linguagem verbal (apenas corporal).

É essa desconexão que torna tão difícil expressar nossos sentimentos em palavras.

Isso vale para outras decisões. Quando sentimos que uma decisão é a correta, temos dificuldade para explicar o propósito pelo que fizemos o que fizemos. O motivo para as decisões do fundo do coração serem entendidas como certas é que a parte do cérebro que as controla também controla nossos sentimentos.

Quando comunicamos primeiro "o que" fazemos, as pessoas conseguem entender a informação, mas isso não motiva nenhum comportamento. Quando comunicamos o propósito, estamos falando diretamente com o sistema límbico, responsável pela tomada de decisões, logo, motivamos o comportamento.

Nosso sistema límbico é tão poderoso que pode acionar comportamentos que as vezes contradizem nossa compreensão racional e analítica da situação, sendo comum confiarmos no coração mesmo quando a decisão não se sustenta diante de fatos e números.

Quando as pessoas são obrigadas a tomar decisões, usando só a parte racional do cérebro, quase sempre acabam "pensando" demais e levam mais tempo para decidir, resultando em escolhas de pior qualidade (com certa frequência).

Porém, quando agem com base no sistema límbico, decisões do fundo do coração ou intuitivas, tendem a ser mais rápidas e de melhor qualidade.

Nosso sistema límbico é perspicaz e muitas vezes sabe o que deve fazer. É nossa falta de habilidade em verbalizar as razões que pode nos fazer duvidar de nós mesmos ou confiar na evidência empírica, quando nosso coração diz para não fazermos isso ou aquilo.

Companhias que não comunicam o propósito nos obrigam a tomar decisões com base apenas em evidências empíricas, o que faz com que as decisões sejam mais demoradas, pareçam mais difíceis, nos deixem em dúvida e, muitas vezes, nos induzam ao erro.

Nessas condições, estratégias manipulativas que exploram desejos, medos, dúvidas ou fantasias funcionam muito bem. Somos obrigados a escolher sem inspiração, por uma simples razão, as companhias não nos oferecem nada mais do que fatos e números, recursos e benefícios para fundamentar nossas decisões. Não nos comunicam o propósito.

Tomamos decisões o dia inteiro. Muitas delas são impulsionadas pela emoção, sendo rara a reflexão completa de todas as informações necessárias para termos certeza das decisões tomadas. E não precisamos, pois, tudo tem a ver com graus de certeza.

Sempre há um nível no qual confiamos ser guiados por nós mesmos ou pelos que estão à nossa volta. Ou seja, nem sempre precisamos de todos os fatos e números.

Às vezes, simplesmente ainda não confiamos em nós mesmos o suficiente para tomar alguma decisão. Isso pode explicar por que nos sentimos tão incomodados quando outros nos pressionam a tomar uma decisão com a qual ainda não estamos "tranquilos" em assumir.

Se todos fôssemos exclusivamente racionais, ou seja, usássemos somente o nosso neocórtex, não haveria empreendedorismo, pesquisas, experiências, etc. A ação de inspirar começa com a clareza do propósito. Uma vez que você sabe seu propósito, a questão é como você vai fazê-lo se tornar real.

Os "comos" são os valores que o guiam na maneira de dar vida à sua causa. Tudo o que você diz e faz tem que provar aquilo em que você acredita, ou não haverá congruência.

Se as pessoas compram não o que você faz, mas o propósito pelo que você o faz, então todas essas coisas devem ser congruentes, pois, com congruência, as pessoas ouvirão você (o que e como você diz), além daquilo em que você acredita.

Pergunte aos melhores vendedores: *"o que é preciso para ser um bom vendedor?"* A resposta é sempre: *"Acreditar no que se está vendendo."* O que acreditar tem a ver com vender? Quando vendedores acreditam naquilo que estão vendendo, são autênticos, são congruentes, alinhados com suas crenças, com seu propósito.

Roberto Justus, investidor, administrador, publicitário, empresário e apresentador de televisão brasileiro, em uma das edições de "O Aprendiz" pediu que as duas candidatas finalistas, na entrevista final, o convencessem das razões que ele deveria contratar a concorrente e não a outra candidata.

Ambas tentaram "vender" sua concorrente, mas, no final, Justus disse esperar uma resposta completamente diferente. Ele disse: *"Eu esperava e teria dito o seguinte: Roberto, desculpe, eu não vendo o que eu não compro."*

Ou seja, quando existe propósito, o vendedor exala paixão, e é esta congruência que produz os relacionamentos que constroem confiança e, em consequência, fidelidade e engajamento.

Mas isso só ocorre se os propósitos de vendedor e comprador forem congruentes, pois aí o cliente verá os produtos e serviços como maneiras tangíveis de demonstrar algo no qual ele acredita. Quando o propósito, o "como" e o "o que" estão alinhados, há congruência e o comprador se sente realizado.

A capacidade de colocar o propósito em palavras oferece o contexto emocional que falta para as boas decisões. Proporciona uma confiança maior do que *"Eu acho que está certo"*, para *"eu sinto que está certo"*.

Quando você sabe qual é o seu propósito, você *"sabe que é certo"*.

Quando você sabe que a decisão é correta, ela não só parece correta, mas você também é capaz de racionalizá-la e traduzi-la em palavras, além de estar totalmente equilibrada, oferecendo provas do propósito, da congruência e do alinhamento.

O mesmo acontece com a amizade. Não somos amigos de todo mundo, mas sim, daqueles que compartilham nossa visão de mundo, ideias e crenças. Por isso que, quando falamos em pessoas, funcionários de empresas, eleitores, povos, culturas, etc., não há melhores, nem piores, apenas diferentes. Apenas pessoas que acreditam em coisas diferentes.

Por exemplo, racionalmente, a cidade "X" (qualquer uma) não é melhor ou pior do que outras cidades, apenas não é o ideal para todo mundo. Como todas as cidades, só é a certa para aqueles que se adaptam bem a ela. Nos adaptamos melhor em culturas nas quais nos encaixamos, em lugares, trabalhos e com pessoas com as quais combinamos, nos identificamos, percebemos alinhamento e congruência.

Por isso também é mais "fácil" e coerente fazer negócios, contratar pessoas e nos relacionar com pessoas que se identificam com nossas causas, com nosso propósito. Só depois é que vamos "racionalizar" as outras questões.

Grandes empresas não contratam pessoas talentosas e as motivam, elas contratam pessoas motivadas e as inspiram, depois as treinam e capacitam. É um trabalho de lapidação do funcionário e não de construção do funcionário.

Se as pessoas forem sempre lembradas do propósito da empresa e forem estimuladas a buscar caminhos para dar vida àquela causa, farão além do que apenas o esperado no seu trabalho ou no indicado na descrição do seu cargo.

Por isso, assim como no caso das empresas, seu papel é ser claro quanto ao seu propósito e demonstrar como você o faz, e o que você faz, para torná-lo real.

Hoje passamos cerca de 60% de nossas vidas no trabalho.

Viveremos cerca de 30 a 40% a mais do que as últimas gerações.

Veja, se hoje nossa expectativa de vida e o nosso tempo útil de trabalho é maior do que nunca, é ainda mais notório que esse tempo tem que fazer sentido. Por isso que o propósito é ainda mais importante hoje do que nunca antes na história.

Essa bússola interna que nos indica de onde viemos e para onde vamos é o propósito. É com o propósito claro, com os pontos fortes desenvolvidos, que os grandes se tornaram grandes.

Mas o que acontece com quem não tem propósito? Com quem não sabe de onde veio e para onde vai?

O sucesso só pode ser medido se você tem uma meta. Senão não há com o que compará-lo. Afinal, sem direção nada faz sentido.

Simon Sinek, em suas palestras, sugere uma reflexão. Imagine que você está em um dos cantos de uma sala quadrada e eu lhe peço para andar em linha reta até o canto oposto. Quando você começa a andar eu coloco uma cadeira na sua frente.

O que você faz? Dá a volta e continua certo?

Isso prova que o que importa é o destino, que a rota nós ajustamos conforme as necessidades. Agora, imagine que, na mesma sala, eu simplesmente lhe peço para andar em linha reta para onde quiser.

O que você faz? Escolhe algum destino, certo?

Agora, imagine que quando você começa a andar eu coloco uma cadeira na sua frente. O que você faz? A maioria das pessoas simplesmente pararia ou mudaria a direção, sem se importar com o que decidiu antes.

Percebeu o que a falta de uma meta clara pode fazer?

De nada adianta se movimentar se não sabe para onde vai, pois não há como medir o que está sendo feito. Isso só serve para procurar, para entender, para descobrir, não para construir, para evoluir, para ter sucesso.

As incertezas do mundo atual demandam a certeza do propósito.

É por isso que os melhores de cada ramo estão em tal posição. Além de muito treino, dedicação e aprimoramento contínuo, o propósito e o foco em seus pontos fortes é o que faz a grande diferença.

Eles praticam com afinco, têm mais obstinação mental, jogam com mais garra, querem mais, conseguem mais de suas habilidades que quase todos os outros, têm compromisso para com a excelência, como uma força que os dirige para colocar tudo que podem em tudo que fazem.

O verdadeiro sentido de possuir um propósito é aquilo em que ele o transforma, como ser humano, enquanto você o constrói e trabalha para torná-lo real. A maior recompensa é em quem você se transforma no trajeto.

Mas ok, o que é o propósito no final das contas?

"Há uma diferença muito grande entre correr com o coração a toda e os olhos fechados e correr com o coração a toda e os olhos abertos."
Simon Sinek

CAPÍTULO 2
O QUE É PROPÓSITO?

"Se você não se sentir confortável em ser dono de alguma coisa por 10 anos, então não o seja nem por 10 minutos."
Warren Buffett

A palavra "propósito", do latim *propositum*, significa *"aquilo que coloco adiante"*, ou seja, o que se busca. Segundo o dicionário Aurélio[6], na língua portuguesa, o propósito tem como significado: *"grande vontade de realizar ou de alcançar alguma coisa; desígnio; o que se quer alcançar; aquilo que se busca atingir; objetivo; o que se quer fazer; aquilo que se tem intenção de realizar; resolução".*

Assim, considerando as definições, uma vida com propósito seria aquela com razões pelas quais fazemos e não fazemos as coisas.

Agora, imagine uma pílula que é capaz de reduzir os efeitos do Alzheimer em 30%, reduzir a incidência de microderrames em 40%, melhorar as condições de pessoas com demência, ajudar a controlar distúrbios do sono, a dormir melhor, a superar a depressão, os desafios do dia a dia, melhorar seu sistema imunológico, melhorar sua recuperação, melhorar sua felicidade, melhorar sua produtividade, além de acrescentar de 7 a 10 anos à sua vida.

Você compraria essa pílula? Quanto pagaria por ela?

Ela se chama propósito. E sabe quanto custa?

Nada![7]

O propósito, tal qual o sentido da vida e da existência humana, é algo que se busca esclarecer desde o começo da humanidade. Todas as ciências, religiões, crenças, filosofias, doutrinas, costumes e demais modalidades do conhecimento já tentaram explicá-lo.

A química, tal qual a biologia nos explica que a vida decorre de uma série de reações entre elementos químicos. Esses elementos se originaram com o nascimento do universo e suas consequências (nascimento e morte de estrelas e planetas, impactos de asteroides, poeiras cósmicas, etc.).

Suas reações e combinações permitiram o surgimento dos primeiros elementos necessários à vida. Quando estes encontraram um ambiente amigável, superando as barreiras à sua existência e desenvolvimento, surgiram os primeiros micro-organismos.

Isso foi possível graças à uma série de acidentes e "coincidências" que continuaram ao longo do tempo e, após uma série de processos evolutivos, os seres humanos apareceram.

Para estas ciências, o sentido da vida seria se propagar e perpetuar, através do ciclo de nascimento, reprodução e morte, onde, com a morte, a matéria utilizada pelo indivíduo retornaria ao ambiente, possibilitando que o ciclo seja reiniciado, mantendo constante a quantidade de matéria no universo, fazendo girar o ciclo de energia através de suas várias transformações.

A matemática e a física tentam explicar estes mesmos fenômenos, tal qual a sua probabilidade de ocorrência, de forma a verificar se somos ou não os únicos "sortudos do universo". Algumas teorias dizem que não, outras, que sim.

As religiões, que foram as primeiras formas que encontramos para explicar o que não compreendíamos, não apresentam consenso entre si, apresentando cada uma sua vertente.

Passam desde a sobrevivência do espírito após a morte, reencarnação, vidas presentes e passadas interligadas, comunhão eterna e paz com Deus, busca da realização plena da natureza humana através da crença, observância das leis divinas, reverência perante Deus e sua vontade, "necessidade espiritual do ser humano" de encontrar o sentido da vida, que Deus tem um plano para cada um sendo obrigação do indivíduo realizar esta "obra", atingir em vida um estado de independência completa em relação à própria natureza humana, conexão do amor entre os seres humanos, entre tantas outras.

A psicologia também enfrentou muito esta questão, distinguindo a fisiologia (corpo) da psique (mente), passando por acreditar que o ser humano era orientado por prazer, depois pelo poder e por último pelo sentido.

O sentido seria compreendido como responsabilidade de cada um, sendo a razão que cada indivíduo encontra para sua própria existência face à ciência de sua própria mortalidade, abrangendo conceitos como autoconhecimento (decorrente de experiências objetivas ou conscientes, e subjetivas ou subconscientes), valores e a influência da sociedade (meio) sobre os indivíduos.

A filosofia enfrentou esta questão desde os primeiros filósofos até a atualidade, igualmente sem consenso. Inicialmente o sentido da existência era interpretado como a busca da felicidade, diferenciando-se entre as escolas pelo conceito de felicidade e pela maneira por meio da qual ela poderia ser alcançada.

Matthieu Ricard, monge budista conhecido como o homem mais feliz do mundo, nos diz que *conhecimento é só rumor até ser colocado nos músculos*", ou seja, até ser colocado em prática. Ele menciona cinco dicas para a felicidade.

1. Defina o que é felicidade.
2. Seja paciente.
3. Saiba que você pode treinar sua mente.
4. Pratique pouco e com frequência.
5. Não deixe o tédio desencorajá-lo.

"Muitas pessoas têm uma ideia errada do que constitui a verdadeira felicidade. Não é alcançada através da satisfação dos desejos, mas através da fidelidade a um propósito digno."
Helen Keller

Posteriormente, a filosofia passou a reconhecer o sentido da vida no alcance da ética, depois da razão, do próprio pensamento (refletir sobre a existência), do conhecimento da realidade, do conhecimento verdadeiro, da predestinação (a vida de todos seria previamente traçada por Deus e a salvação não dependeria dos próprios humanos, mas da intervenção de Deus), até aqueles que não viam sentido na existência humana e a responsabilidade do ser humano sobre seu destino e no seu livre-arbítrio.

Contudo, nos dias de hoje, duas escolas se destacam pela abordagem, o estoicismo e o existencialismo.

Para o estoicismo, ao seguir os nossos desejos e fugir dos nossos medos, estaríamos agindo como máquinas. Não existiria liberdade se somente seguíssemos nossos impulsos. O sentido da vida seria o autocontrole, o equilíbrio, a firmeza de posição e o aprimoramento pessoal.

Eles poderiam ser alcançados quando o indivíduo através da razão superasse as emoções, tornando-se um pensador claro e imparcial, podendo então compreender a razão universal (logos), encontrando a calma em meio ao caos.

Para o estoicismo era muito importante saber diferenciar claramente o que podemos mudar do que não podemos mudar, evitando esforços desnecessários e preocupações.

Em contrapartida o existencialismo coloca como prioridade a existência sobre a essência, ensinando que todos têm livre-arbítrio, ou seja, escolhas, exclusivas de cada indivíduo com base nas próprias perspectivas, crenças e experiências.

Cada escolha guardaria uma consequência, sendo, portanto, cada indivíduo responsável por suas atitudes. Através das escolhas é que poderíamos descobrir quem e o que somos.

A incerteza quanto ao futuro, e a possibilidade de escolhas é o que faria com que fôssemos responsáveis pela escolha do sentido às nossas vidas. Essas escolhas teriam que ser autênticas e deveriam estar em harmonia com a identidade de cada indivíduo e seus valores.

"O homem não é criação das circunstâncias. As circunstâncias é que são criação dos homens."
Benjamin Disraeli

O existencialismo pressupõe que a vida seja uma jornada de aquisição gradual de conhecimento sobre a essência do ser. Por essa razão ela seria mais importante que a substância humana.

Os existencialistas não creem que o homem tenha sido criado com um propósito determinado, mas sim que ele se construa à medida que percorre sua caminhada existencial.

Soren Aabye Kierkegaard, filósofo, teólogo, poeta, crítico social e autor religioso dinamarquês, antecessor do Existencialismo, encontra seu caminho dentro da Filosofia ao rebater os conceitos de Aristóteles (filósofo grego) ainda presentes nas teorias da época.

Kierkegaard combatia os ideais hegelianos, principalmente sua crença na submissão de todos os fenômenos às leis naturais, o que lhes confere um determinismo providencial e retira das mãos do homem sua liberdade individual.

Kierkegaard legou ao existencialismo a ideia central da liberdade do homem, bem como de sua eterna aflição perante a falta de um projeto que regeria a caminhada humana, o que deixaria o indivíduo à mercê de suas próprias decisões e atitudes.

A importância do tema também se vê nos dias de hoje.

Um exemplo é o que ocorre em Okinawa, no Japão, que sempre deixou pesquisadores intrigados sobre o porquê de sua população ter um considerável número de indivíduos (24,55 para cada 100 mil habitantes) que chegam bem aos 100 anos ou mais de idade.

Isso é muito superior à média em outras regiões do mundo. Entrevistados, seus habitantes atribuem o fato à uma filosofia de vida chamada ikigai.

Ikigai significa "objeto de prazer para viver" ou "força motriz para viver" e, segundo os japoneses, todos têm um Ikigai. Descobrir qual é o seu requer uma profunda e, muitas vezes, extensa busca de si mesmo. Somente a partir dela é que seria possível trazer satisfação e significado para a vida.

Atualmente, a busca pelo sentido na vida está profundamente ligada ao entendimento de quem somos realmente (crenças, habilidades, relacionamentos, cultura, formação, etc.), mas também em boa parte sobre o que fazemos (profissão, vocação, trabalho, lazer, etc.).

Assim, para a maioria dos entendimentos atuais, o propósito dificilmente estará completo sem que exista convergência entre o que somos e o que fazemos.

A proposta da filosofia ikigai é deixar a alienação do trabalho enquanto obrigação social, para uma visão mais humana, na qual poderíamos encontrar sentido e satisfação naquilo que realizamos.

Para Viktor Frankl, médico psiquiatra austríaco, criador da logoterapia, o sentido da vida seria a definição que nós mesmos damos à vida. O termo *logos* é uma palavra grega que significa sentido, portanto, a logoterapia é considerada e desenhada como uma terapia centrada no sentido e na busca deste como principal fonte motivadora, vendo o ser humano como um ser orientado para o significado.

Sigmund Freud, médico neurologista criador da psicanálise, definia o ser humano como um ser voltado para o prazer. Alfred Adler, psicólogo austríaco fundador da psicologia do desenvolvimento individual, definia o ser humano como um ser definido para o poder. Viktor Frankl via o ser humano como um ser dirigido para o sentido.

> *"Encontrei o significado da minha vida ajudando os outros a encontrar um significado em suas vidas. [...] Tudo pode ser tirado do homem, menos uma coisa: a última das liberdades humanas, a escolha da atitude pessoal diante de um conjunto de circunstâncias, para decidir seu próprio caminho."*
> **Viktor Frankl**

Para a logoterapia, o prazer e o poder são consequências de conseguir uma meta, e não a meta em si mesma, ou seja, é por isso que as pessoas que perseguem o prazer e o poder chegam a um estado de frustração em que, ao mesmo tempo, se sentem imersas em um grande vazio existencial.

Independentemente da visão que se tenha sobre o tema, é unânime que a vida contém e conserva um sentido. A divergência ocorre quando dizemos que esse sentido é individual para cada um de nós.

Veja, meu objetivo aqui não é o de esgotar os entendimentos filosóficos, religiosos e científicos sobre o propósito, apenas e tão somente fornecer um panorama abrangente para demonstrar a variedade de entendimentos, a ausência de consenso e a importância do tema.

Por isso as explanações aqui apresentadas são simples e tratam-se de breves menções, apenas para introduzir o tema e a sua relevância.

O fato é que, independentemente da **ciência, religião, crença, filosofia, doutrina, costume ou qualquer outra linha que você siga, adote ou acredite, o que apresento aqui pode lhe ser útil, apoiando-o na construção prática do seu propósito, ainda que você possa ter uma visão diferente sobre seu conceito.**

Para entender melhor o paradigma do sentido, do propósito, é interessante abordar o mito da caverna[8] que é uma conversa entre Sócrates (filósofo ateniense) e o irmão de Platão (filósofo e matemático grego), Glauco (filósofo ateniense), em que Sócrates pede a Glauco que imagine um mundo no qual uma ilusão seja percebida como realidade.

Para apresentar sua questão, ele criou o seguinte exemplo.

Havia uma caverna onde um grupo de pessoas foi feito prisioneiro desde que nasceram. Esses prisioneiros não podiam se mover, tinham pescoço e joelhos acorrentados. Não podiam girar a cabeça nem virar o corpo, só enxergavam o que estava diante deles, uma parede de pedra.

Atrás e acima dos prisioneiros havia uma fogueira e entre o fogo e os prisioneiros havia um muro baixo por onde outras pessoas passavam carregando objetos na cabeça. A luz do fogo projetava sombras dos objetos em movimento na parede em frente aos prisioneiros. Essas sombras eram tudo o que eles podiam ver. O único som que escutavam eram os ecos na caverna.

Como nunca foram expostos a objetos reais, e só conheceram sombras, eles confundiam as sombras com a realidade. Os ecos na caverna eram barulhos emitidos pelas sombras. Se vissem a sombra de um livro, por exemplo, diriam que viram um livro, não uma sombra, porque não conhecem sombras.

Um dia, um dos prisioneiros compreendeu aquele mundo e foi capaz de adivinhar a próxima sombra, sendo elogiado e reconhecido pelos outros.

Agora, imagine que um dos prisioneiros fosse libertado. Se alguém mostrar a ele um livro, ele não será capaz de reconhecê-lo. Para ele, um livro é uma sombra projetada na parede da caverna. A ilusão de um livro parece mais real do que o livro em si mesmo.

E se esse prisioneiro libertado fosse na direção do fogo? Certamente, ele se viraria por causa do excesso de luz e voltaria para o escuro das sombras, que lhe pareceriam mais reais. Contudo, o que aconteceria se o prisioneiro fosse forçado a sair da caverna? Ele ficaria raivoso, estressado e seria incapaz de ver a realidade diante dele, tendo a vista ofuscada pela luz do sol.

Porém, quando sua visão se ajustasse e compreendesse que a realidade dentro da caverna estava "errada", olharia para o Sol e entenderia que o Sol era o que criava tudo que era visível (e, até mesmo, o que ele e os outros prisioneiros viam na caverna).

Ele não teria uma boa lembrança da caverna, pois agora entenderia que não conhecia de fato a realidade. O prisioneiro libertado, então, decidiria retornar à caverna e libertar os outros. Porém, teria que lutar para se adaptar novamente à escuridão do lugar.

Além disso, os outros prisioneiros estranhariam seu comportamento (a escuridão da caverna ainda seria a única realidade deles) e, em vez acreditar, o achariam estúpido e não confiariam nele. Os prisioneiros ameaçariam matá-lo, caso tentasse libertá-los também.

Platão comparava os prisioneiros às pessoas que desconheciam a Teoria das Formas, pois confundiam a aparência do que estava diante deles com a realidade, e vivem na ignorância (porém, satisfeitos porque a ignorância é tudo o que conhecem).

Quando partes da verdade começam a aparecer, a situação pode ser assustadora e as pessoas desejam retornar. Quando alguém não recua e insiste em buscar a verdade, compreende melhor o mundo ao seu redor (e jamais será capaz de retornar ao estado de ignorância, como mais tarde também disse Albert Einstein, físico teórico alemão). O prisioneiro libertado representa o filósofo que busca uma verdade maior fora da realidade percebida.

Segundo Platão, quando as pessoas utilizam a linguagem, elas não estão nomeando os objetos físicos que veem, mas algo que não conseguem ver, e esses nomes se relacionam a coisas que só podem ser aprendidas pela mente.

O prisioneiro acreditava que a sombra de um livro era de fato um livro até que, finalmente, foi capaz de se virar e ver a verdade. A Teoria das Formas de Platão é o que possibilita que a pessoa se vire e descubra a verdade.

Agora, substitua a ideia do livro visto pelo prisioneiro pela ideia de propósito. Em essência, o conhecimento adquirido pelos sentidos e pelas percepções não é um conhecimento real, mas uma opinião. Somente pelo raciocínio filosófico alguém poderia ser capaz de adquirir conhecimento.

Estudos de neurociência e programação neurolinguística nos mostram que a nossa experiência não corresponde exatamente à realidade, como costumamos imaginar. A realidade que nos cerca é composta de 11 milhões de pedaços de informações a cada segundo.

Entretanto, somente "percebemos" e, em consequência, só conseguimos assimilar 40 deles por segundo, devido às nossas características físicas enquanto seres humanos.

Quantas vezes não ouvimos, na história, casos semelhantes ao do prisioneiro que se liberta e tenta mostrar aos demais a "verdadeira" realidade? Em quantas áreas, quantos temas e quantos assuntos, já não tivemos esse tipo de prisioneiro que se libertou na história? Como foram tratados? Chamados de loucos, hereges, entre tantas outras coisas, mas, o que a história mostrou sobre o ponto de vista dele depois? Como hoje são chamados? O que devemos a eles?

Agora proponho uma reflexão, de quantas "realidades" podemos "escapar" até conhecermos a "verdadeira" realidade? A "verdadeira" realidade existe? O que é preciso para ser qualificada como "verdadeira"? O que hoje é o "certo"? O "real"?

Devemos todos criticar nossas próprias habilidades mentais.

Devemos investigar tudo aquilo que nos é familiar, compreender os limites de nosso conhecimento e determinar como nossos processos mentais afetam o juízo que fazemos sobre tudo.

Augusto Cury, doutor em psicanálise, professor, escritor brasileiro e médico psiquiatra, nos diz que não devemos aceitar tudo o que se apresenta no palco de nossa mente. Devemos duvidar, criticar e determinar cada pensamento, sentimento e ação.

"Se quiser buscar realmente a verdade, é preciso que pelo menos uma vez em sua vida você duvide, ao máximo que puder, de todas as coisas."
Descartes

Em vez de especular sobre o universo ao nosso redor, considere que ao olhar para dentro de nós mesmos, podemos encontrar as respostas para muitas das questões filosóficas.

Se a natureza da experiência é individual e particular (por exemplo, cada um de nós vivencia a experiência da visão, audição, olfato, tato e paladar individualmente), então, como pode haver verdades universais a partir da experiência?

Friedrich Wilhelm Nietzsche, filósofo, filólogo, crítico cultural, poeta e compositor prussiano, acreditava que a "verdade", a ideia de que só pode haver uma maneira correta de avaliar algo, é prova de que nosso processo mental se tornou inflexível. Segundo ele, ser flexível e reconhecer que pode haver mais de uma maneira para avaliar uma questão são sinais de uma mente saudável.

Portanto, ter uma mente inflexível é dizer "não" à vida.

Embora as ideias variem entre as ciências, crenças, religiões, filo-sofias, filósofos, etc., existem diversos temas em comum. Um deles é o de que o significado da vida e a descoberta de si mesmo só podem ser atingidos por vontade própria, responsabilidade pessoal e escolha.

Uma pessoa é um indivíduo com a habilidade de pensar e agir de modo independente e deve ser definido por sua vida real. É pela própria consciência individual que os valores e o propósito são deter-minados.

Para os existencialistas, a pessoa deve ser capaz de chegar a um acordo com sua identidade, enquanto impede que seus antecedentes e história tomem parte do seu processo de decisões. As escolhas precisam ser feitas com base nos valores da pessoa, assim, a respon-sabilidade derivaria do processo decisório.

Quando a pessoa não vive em equilíbrio com sua liberdade, ela não é autêntica. É na experiência de inautenticidade que se abre es-paço para o determinismo, acreditando que as escolhas são sem sen-tido e agindo pelo "eu deveria" para persuadir as próprias escolhas.

Outra perspectiva interessante é a fornecida pelo paradoxo clás-sico do Navio de Teseu.[9] Paradoxo, em filosofia, é uma afirmação que começa com uma premissa que parece verdadeira, porém, com mais investigação, a conclusão acaba por provar que a premissa que parecia verdadeira é, na realidade, falsa.

O paradoxo do Navio de Teseu foi publicado pela primeira vez no trabalho de Plutarco, um antigo filósofo grego seguidor de Platão. Ele descreveu como Teseu (o rei fundador de Atenas) retornou de uma longa viagem pelo mar.

Ao longo de todo o percurso, todas as placas velhas de madei-ra do navio foram arrancadas e substituídas por placas de madeiras novas. Quando Teseu e sua tripulação finalmente retornaram da via-gem, cada placa de madeira do navio havia sido trocada.

Mas agora: O navio era o mesmo que partiu, apesar das placas de madeira serem completamente diferentes? E se o navio ainda ti-vesse uma placa de madeira original? E se houvesse duas placas de madeira original? Isso mudaria a resposta?

Uma teoria que pode ser aplicada ao paradoxo é a chamada de Continuidade Espaço-Tempo, que afirma que um objeto pode ter uma trajetória contínua no espaço-tempo, desde que a mudança seja gradual e que a estrutura e a forma sejam preservadas. Isso viabilizaria as mudanças graduais que foram realizadas no navio ao longo do tempo.

O Navio de Teseu trata, na verdade, sobre identidade e o que nos torna as pessoas que somos. Partes de nós mudam com o passar dos anos, mas ainda assim consideramos que somos as mesmas pessoas.

Nossas identidades são as mesmas por causa de nossas estruturas? E se perdermos um membro ou até mesmo cortarmos o cabelo, não seríamos mais nós mesmos?

Seria por causa da nossa mente e dos nossos sentimentos? Se for assim, não seríamos mais nós mesmos se perdêssemos a memória ou tivéssemos uma mudança no amor? Ou seria por causa das partes que nos compõem? Ou da história?

Se todas as células do nosso corpo são trocadas ao longo de cada ciclo de 7 anos, somos as mesmas pessoas de 7 anos atrás?

Seremos as mesmas pessoas daqui a 7 anos?

Quantas vezes, ao longo da vida, não mudamos o que gostávamos, amigos, relacionamentos, trabalhos, etc.?

Isso tudo fez de nós pessoas diferentes? Por quê?

Para Viktor Frankl, se o indivíduo encontra um sentido para sua vida, é capaz de superar a maior parte das adversidades.

Tire tudo do ser humano, o que sobra? A sua capacidade de escolha, de decisão, como vai reagir/agir. Isso não pode ser tirado.

A logoterapia busca, ao invés de trabalhar o passado, explorar o que é possível fazer aqui e agora. Encontrar um motivo, um sentido para a vida. A maioria das pessoas insatisfeitas não costuma pensar em como gostariam que fossem as suas vidas. E a primeira coisa é estabelecer essa meta.

Nietzsche também destacava a importância de se buscar uma "razão de viver". Quando nossa vida se torna plena de sentido, de uma hora para outra os esforços já não são cansativos, e sim passos necessários em direção à meta que estabelecemos.

Bhagavan Sri Râmana Mahârshi, mestre de Advaita Vedanta e homem santo do sul da Índia, sugeria a reflexão: "Quem sou eu?" Dizia assim sobre o autoconhecimento: "*Assim como o pescador de pérolas prende uma pedra na cintura e desce ao fundo do mar para buscá-las, cada um de nós deve se munir de desapego, mergulhar dentro de si mesmo e encontrar sua pérola.*"

Ora, não somos e não podemos nos deixar definir por nossa origem, mas por nosso fim, pelo que somos, pelo que fazemos e pelo que queremos.

Quem sabe onde quer chegar e tem metas é mais realizado e feliz. Afinal buscando, de forma eficaz ou não, nossas metas estamos vivendo em função de algo maior. Como diz o Corão: "*A Deus não importa o que você foi, mas o que será a partir deste momento.*"

Nietzsche destaca essa semente divina que vive no espírito humano, e que nenhuma outra espécie foi capaz de voar aos céus e, ao mesmo tempo, rastrear as profundezas marinhas.

Se conseguimos tudo isso utilizando apenas 10% de nosso potencial cerebral (como afirmam algumas pesquisas), onde seríamos capazes de chegar com 11% de nossa capacidade? E com 100%?

Pense nisso quando estiver se escondendo atrás de suas supostas limitações.

Sun Tzu, general, estrategista e filósofo chinês, em seu livro A Arte da Guerra, diz: "*Se conhecer seu inimigo e a si mesmo, ainda que você enfrente 100 batalhas, nunca sairá derrotado. Se não conhecer seu inimigo, mas conhecer a si mesmo, suas chances de perder ou ganhar serão as mesmas. Se não conhecer o inimigo nem a si mesmo, pode ter certeza de que perderá todas as batalhas.*"

Muitas artes marciais utilizam o mesmo princípio: direcionar a força existente é muito mais efetivo que se opor a ela. Por isso, o lutador de judô acolhe a força e os golpes do oponente e canaliza essa energia em benefício próprio, em outras palavras "*se o empurrarem, puxe, se o puxarem, empurre*".

Por isso é importante, diante de uma grande meta, saber graduar os passos, que devem ser conquistados pouco a pouco, conduzindo o percurso, adaptando o curso conforme as necessidades.

Para alcançar uma meta é preciso ser otimista desde o início, mas também pessimista na hora de se prevenir de futuras dificuldades e realista para administrar os esforços que, dia após dia, levarão em direção à meta.

Valentin Louis Georges Eugène Marcel Proust, escritor francês, afirmou que *"a verdadeira viagem de descobrimento não consiste em buscar novas paisagens, mas sim em ter novos olhos"*.

Trata-se de uma capacidade compartilhada por filósofos e artistas: saber encontrar o novo no velho. Aplicando-se esse conceito ao mundo dos negócios, o empreendedor é aquele que enxerga uma oportunidade onde os outros não veem nada. Essas pessoas têm uma visão mais renovada do mundo e isso lhes permite perceber o que a maioria, com o olhar domesticado pela monotonia, deixa passar.

A questão é saber olhar o mundo sem filtros, estimulado pela curiosidade.

Em "A lição final", Randolph Frederick Pausch, professor de ciência da computação, interação homem-computador e design estadunidense, diz: *"O que você faria se tivesse poucos meses de vida? Que sonhos ainda quer realizar? O que o impede de fazê-lo agora?"*

Dizem também que Christopher Wren, arquiteto encarregado da construção da Catedral de Londres, querendo saber sobre como andavam os trabalhos, ficou pensativo observando três operários. Um trabalhava mal, outro, de forma correta, o terceiro, com muito mais força e dedicação. Wren aproximou-se do primeiro e perguntou:

"Boa tarde. O que o senhor faz?

Eu? Trabalho de sol a sol, num serviço muito cansativo. Não vejo a hora de terminar."

Depois fez a mesma pergunta ao segundo:

"Boa tarde. O que o senhor faz?

Estou aqui para ganhar dinheiro a fim de sustentar minha mulher e meus quatro filhos."

E ao terceiro:

"Boa tarde. O que o senhor faz?

Estou construindo a Catedral de Londres, cavalheiro."

Qual deles parece ter um propósito? Qual deles parece saber quem é? De onde veio? Para onde vai?

Aliás, das três perguntas existenciais mais comuns: *"Quem somos? De onde viemos? Para onde vamos?"* Já se perguntou por que a da identidade vir primeiro?

Porque se não sabemos quem somos, dificilmente conseguiremos determinar o que deixamos e para onde vamos. Não podemos assim nos definir pelo que fizemos e pelo que temos. E sim pelo que somos, fazemos e queremos.

Construir o propósito é um trabalho de uma vida toda. E, por si só, já permite responder à pergunta: *"Para onde vamos?"*

Tich Nhat Hanh, monge budista, pacifista, escritor e poeta vietnamita, disse que:

> *"Quando pensamos no passado podemos experimentar sentimentos de arrependimento ou de vergonha, e, ao pensar no futuro, sentimentos de desejo e medo. Mas todos eles surgem no presente e o afetam. Quase sempre, o efeito que nos causam não contribui para nossa felicidade nem para nossa satisfação. Temos que aprender a evitar esses sentimentos. O mais importante é saber que o passado e o futuro se encontram no presente e que, se nos ocuparmos do presente, seremos capazes de transformar o passado e o futuro."*

Richard Leider, coach, palestrante, treinador, fundador da Inventure – The Purpose Company e escritor estadunidense, uma das maiores autoridades em propósito, diz que o propósito é um mindset. É o que mantém tudo conectado em nossas vidas. É quem nós levamos (ou quanto nós levamos de nós mesmos) para tudo o que fazemos.

Não é a meta, mas a mira, o sentido da ação, a direção, a trajetória e o significado.

Ele diz que sem isso as pessoas morrem. Quantos não se aposentam e falecem em poucos meses ou anos? Afinal, lhes falta motivação, propósito para continuar.

Para Richard, propósito tem a ver com crescer e contribuir. Ou seja, trazer o melhor de quem você é através da compaixão e fazer o melhor para os outros.

Ele diz que você primeiro precisa TER (satisfazer suas necessidades), para depois FAZER (crescer e dar) para então SER (sua melhor versão), pois, quando se tem o que precisa se pode fazer o que quiser e, ao fazer o que se quer, pode ser quem deseja.

Para desbloquear o propósito, Richard diz ser necessário: Escolha (Por que você acorda de manhã?) + Curiosidade (Sobre si, sobre o crescimento, sobre contribuir, sobre o mundo. Olhar sobre novas perspectivas. O que o deixa acordado à noite? Como você pode crescer? Como pode contribuir?) + Coragem.

O que se identifica de comum em todos os aspectos do sentido da vida e do propósito é que:

- É universal, todos possuem um propósito.
- Possui um significado, o sentido da vida é ter uma vida significativa, cumprir o seu propósito.
- Existe uma fonte, e essa fonte é interna e inerente a cada ser vivo.
- É fundamental, a ciência agora pode explicar que o propósito é fundamental para a saúde, cura, felicidade, longevidade, para o bem-estar e para a sociedade.
- É um paradoxo, o propósito deve vir do "interior", mas deve ser manifestado no "exterior".
- É uma escolha.
- É um verbo, ou seja, é ativo e aspiracional.

Todavia, a verdade é que nesta vida ninguém sabe nada ao certo e de ninguém é a certeza ou a razão. Mesmo os cientistas não têm certeza de que qualquer coisa seja "verdadeira", seja "a realidade". A ciência só pode nos dizer o que, em um determinado período, não se pode provar estar errado.

A verdade é que todos viemos ao mundo sem nada e sem nada o deixaremos. Por isso tudo é uma questão de escolha. A escolha do que fazer neste intervalo de tempo entre nascer e morrer.

Afinal, podemos ou não tentar entender o propósito, construí-lo e dar-lhe alguma utilidade.

Como já mencionei, se você está buscando uma fórmula mágica para encontrar seu propósito e, como um bônus encontrar um emprego em que isso se manifeste plenamente, sinto lhe informar, mas isso não existe.

Não existe porque isso não é algo que se encontra em um local distante, embaixo de uma pedra, em algum local escondido, ou em qualquer lugar.

O propósito é algo que se constrói.

Afinal, se o propósito é descoberto então você tem um destino traçado.

Isso mesmo.

Se o seu propósito é descoberto ele está pronto e não depende de você. Não depende do que você gosta, do que você quer e de nada mais. É algo imposto e imutável.

Se você não acredita que está criando seu mundo, sejam seus sucessos ou fracassos, então está à mercê das circunstâncias. As coisas simplesmente acontecem com você. Você é um objeto, não um sujeito.

Agora, se você pensar em uma perspectiva de tempo, é possível chegar à conclusão de que o propósito é construído.

Imagine que o tempo possa ser alterado, seja voltando ao passado ou indo ao futuro.

Se isso fosse verdade, significaria que o que acontece agora não faz diferença, estando fixo em um momento no tempo, tanto que você poderia ir para trás ou para frente nessa linha fixa. Não acredito que isso seja verdade, pois, se o tempo pudesse ser alterado, duas coisas poderiam acontecer:

1. Imagine que o tempo é único, uma linha temporal apenas. Nessa hipótese, alterar o tempo significaria alterar a sequência de fatos que, consequentemente, por um paradoxo, impediria que o tempo fosse alterado em um primeiro momento. Ou seja, voltar e alterar o passado impediria que aquele futuro (em que se "voltaria no tempo" para alterá-lo), deixasse de existir. Logo, o tempo não poderia ser alterado.

2. Agora, imagine que alterar o tempo significaria criar uma nova linha do tempo a partir da alteração. Nessa hipótese o tempo também não foi alterado para quem permaneceu na linha "antiga", apenas para quem passa a existir na "nova linha" (independentemente de a linha anterior deixar de existir). Na prática, mudou algo apenas para quem "alterou" o tempo.

Nas duas hipóteses, teorias mais aceitas pela física moderna, o tempo é uma constante, uma linha fixa, porém, é imutável quanto ao passado. Ela não existe no futuro, apenas no presente, sendo construída a cada dia. O futuro da linha depende da existência e do que é feito no presente.

Contudo, mesmo que o tempo fosse uma linha fixa imutável e pudéssemos andar sobre ela (para frente ou para trás), isso também não significaria que não temos escolhas. Mesmo nessa "linha fixa", em algum momento tudo foi decidido. Ou seja, mesmo assim existiriam escolhas.

O tempo é relativo, como bem concluiu Albert Einstein em sua teoria da relatividade. Isso significa que o tempo passa de maneiras diferentes quando comparado em locais e momentos de localização, velocidade e gravidade diferentes.

Em todo caso, não pode ser alterado, apenas observado por perspectivas diferentes, sendo, contudo, o mesmo tempo.

Logo, não haveria destino. Não haveria predefinição do que deve ou não ocorrer na sua vida, uma vez que o tempo "real" é o aqui e o agora, não existindo nem passado nem futuro, apenas o presente.

O passado seria fixo, eis que já finalizado. O futuro seria possível de ser moldado pelas ações que tomamos no presente.

Isso confirmaria que possuímos "livre-arbítrio", ou seja, o direito, dever e responsabilidade de decidir o que fazer, a cada momento, como também defendem os existencialistas, a logoterapia e tantas outras ciências e religiões já abordadas.

Não acredito que o propósito seja predeterminado e imutável.

Afinal, todos os dias escolhemos o que vamos fazer de nossas vidas e, assim como o tempo, o propósito só existe em nossas escolhas.

Portanto, acredito que você possa construir o seu propósito.

O passado, além de não poder ser alterado, pode ser sempre acessado pelas lembranças em sua memória, ainda que esta não seja arquivo fiel, como tratarei melhor em outro capítulo.

O futuro também não pode ser alterado porque ainda não está acontecendo. Ele será diferente a depender de cada um de nossos pensamentos, estados emocionais, comportamentos, atitudes e ações no presente, a cada dia, a cada momento. Ou seja, o futuro é construído.

Logo, se queremos construir algo, ou mudar, ou simplesmente continuar a existir, isso só pode acontecer no presente.

O presente, o agora, é a única realidade com a qual podemos trabalhar. É nossa única oportunidade de fazer algo a respeito de qualquer coisa. É no presente que podemos começar a moldar o futuro que queremos para nós.

Se temos escolha, então o propósito não é descoberto, mas sim construído.

Você pode "descobrir" algo incrível sobre você. Algo que ame fazer, por exemplo. Pode também "descobrir" algo incrível no mundo, algo que queira realizar. Pode também se identificar com um impacto que deseja causar, uma causa para defender, etc.

Isso tudo é descoberta.

Mas isso não é propósito.

A escolha que você faz, de perseguir isso, de como, quando, onde e com quem vai fazer alguma coisa é uma escolha, uma construção.

O que você decide perseguir, fazer, defender, é uma escolha, uma construção.

E isso tudo é o propósito.

Mais uma vez reitero: o passado é fixo e o futuro moldável pelas ações que tomamos no presente. Isso confirma que possuímos "livre-arbítrio", ou seja, o direito, dever e responsabilidade de decidir o que fazer, a cada momento.

E aí é que entra a construção do propósito.

O propósito pode ser construído através da análise de nosso passado + a visualização do que queremos em nosso futuro, para que, após encontrarmos um denominador comum, possamos agir no presente para construí-lo.

Se você não se conhecer a fundo, melhor do que ninguém, nunca compreenderá o que realmente lhe representa e, muito menos, encontrará uma forma de se manifestar através de um trabalho.

Com o autoconhecimento é que iremos, pouco a pouco, encontrando as peças para montar este quebra-cabeça chamado propósito, e, com ele, direcionar nossas atitudes e escolhas na busca e desenvolvimento de um trabalho, através do qual possamos manifestar nossa obra de vida neste mundo.

Entendeu o que quero dizer por "construir" o propósito e não "encontrar" o propósito?

Para trilhar este caminho precisamos primeiro entender onde estamos para então buscar o que podemos e precisamos fazer para chegar ao resultado que desejamos.

A única forma de entender onde estamos é nos conhecendo, e o interessante disso é que, como vimos, estamos sempre mudando.

Se estamos sempre mudando, ou seja, se "onde estamos" está sempre mudando, nossa meta, nosso "propósito de vida" também está sempre mudando.

Por isso você precisa se tornar um especialista em si mesmo.

A grande confusão que se faz sobre esse tema é tentar estabelecer uma equação fixa. Dessa forma, teríamos os elementos fixos da equação, cujos valores (variáveis) seriam específicos para cada um.

Então, aplicando-se a cada pessoa a fórmula, preenchendo as lacunas com seu "autoconhecimento", encontraríamos o propósito de cada um.

Porém essa equação não existe e não é possível de ser estabelecida, eis que os próprios elementos do propósito também são variáveis, ou seja, nem todas as pessoas constroem um propósito que possa se encaixar nos mesmos elementos e variáveis.

> *"A vida é uma sequência de encontros inéditos que não se deixam traduzir em fórmulas de nenhuma espécie."*
> **Clóvis de Barros Filho**

Além disso, cada pessoa encontra os elementos e variáveis para a construção de seu propósito de uma forma e em momentos diferentes da vida e do processo. Logo, cada um constrói o seu próprio propósito à sua própria maneira.

Por isso, para mim, o sentido da vida, ou propósito, é muito mais como um quebra-cabeças individual e único que cada um de nós precisa montar, mas não possui todas as peças e nem caixa, ou seja, não possui a referência de como deve ficar.

Nós começamos nossas vidas com algumas peças (nossas características inerentes ou intrínsecas) e, ao longo da vida, vamos encontrando peças com partes da imagem final, e algumas outras em branco.

As com partes da imagem final são partes do que somos e viremos a ser um dia, que estamos descobrindo ou desenvolvendo.

As peças em branco são o que queremos ser, ou seja, são escolhas que podem ser "moldadas".

Às vezes nós também encontramos peças que só fazem parte do quebra-cabeças por um tempo, até encontrarmos outras que se encaixem melhor, ou até que decidamos que outras "merecem" mais aquele espaço no quebra-cabeças por qualquer razão.

Outras vezes encontramos algumas peças que não fazem e nunca farão parte do nosso quebra-cabeças, por nossas próprias escolhas.

"Se ainda não vê a beleza em você, faça como um escultor de uma estátua. Cuspa no mármore, refine-o, retire o supérfluo até encontrar a verdadeira beleza dela. A verdadeira beleza não está na matéria, no corpo. O material é feio, é o mal. Dirige o seu olhar para o seu interior e, através da reflexão e lógica, faça com que a sua alma seja bela. Porque quando a alma reflete ela se torna mais linda. Mas quando não o faz é apenas uma escrava do corpo."

Plotino

Meu objetivo é ensinar você a construir um quebra-cabeças tridimensional que chamaremos de propósito. Tridimensional porque ele será montado ao longo do tempo.

Nietzsche dizia que *"você deve levar o tempo que for para achar a sua praia, mas, depois que achar, não a abandone em nenhuma hipótese."*

Para mim, o importante é que vida valha a pena ser vivida. A minha, a sua, a de todos. Para isso, existe um lugar, um momento, uma forma, uma coisa e um propósito. Tudo para que você sinta, ainda que por um instante de vida, que valeu a pena viver. Que sinta ter encontrado um lugar que é o seu. A sua praia.

Não é questão de ser bom, de fazer bem, é questão de ser feliz fazendo, de valer a pena viver para fazer isso, através disso, por isso.

Para Nicolau Maquiavel, filósofo, historiador, poeta, diplomata e músico de origem florentina, o ser humano que poderia comandar e conduzir as pessoas (o príncipe), era aquele que juntava a virtude à fortuna (ocasião, circunstância), ou seja, "*o homem certo, no lugar certo, na hora certa*".

E como isso é possível? Alguém ser a pessoa certa, no lugar certo, na hora certa?

Vamos usar a engenharia reversa neste ponto.

"O homem certo" significa aquela pessoa que possui um propósito alinhado com a atividade que irá realizar, e está preparada para ela.

"No lugar certo" significa a atividade para a qual a pessoa tem um propósito alinhado e está preparada para exercer.

"Na hora certa" significa o momento em que propósito e preparação se encontram, materializando-se na realidade.

Entendeu?

Mas o propósito não é só isso.

Na minha opinião, **o propósito é sermos a nossa melhor versão a cada dia, sendo o melhor que podemos ser naquilo que nos propomos a fazer na vida.**

O propósito é um mindset, uma escolha, um caminho, único para cada um de nós, que nos permite ser "*a pessoa certa, no lugar certo, na hora certa, fazendo a coisa certa (ação), para a finalidade certa (para outros, com compaixão), da melhor forma possível, cada dia melhor (continuamente, mantendo-se sempre curioso)!*"

Isso nos proporcionará realização e sucesso.

Nós nascemos com condição humana, mas temos que morrer com condição divina.

Isso só é possível pelo aprimoramento contínuo, que, em última instância, permitirá que façamos o melhor que podemos fazer, da melhor maneira possível, cada dia melhor.

Porém... **ter um propósito claro é apenas umas das etapas**, e de nada adianta se você não viver do seu propósito, se a sua vida, escolhas, pensamentos, sentimentos, decisões e ações não estiverem alinhadas e congruentes com ele.

O sucesso depende de você alinhar seu propósito e suas ações.

Isso implica em alinhar sua energia, sua mente, seus olhos, seu coração, tudo o que você é, na mesma direção.

O que quero dizer é que seu propósito é apenas começo.

Você ainda precisa entender "o quê" fazer com ele, "como" fazer "o quê" vai fazer com ele, "quando", "onde" e "com quem" vai fazer "o quê" vai fazer com ele. Isso porque, do contrário, nunca o colocará em prática. Para exemplificar o que falta, de forma visual e didática temos:

Agora sua jornada começa a ficar interessante...

"Às vezes vale a pena viver por aquilo que você morreria."
Filme "Hero Wanted" 2008

CAPÍTULO 3

COMO CONSTRUIR O MEU PROPÓSITO?

E se você parasse de procurar o sentido da vida? Ao invés de procurar algo pronto, já pensou que a vida é que esteja esperando algo de você? Que a vida talvez esteja esperando que você lhe dê um sentido? Um propósito? Pare de procurar o sentido da vida e de tentar descobrir o seu propósito. Escolha um sentido! Construa o seu propósito!

Antes de saber "como" fazer "o quê" vai fazer, "quando" vai fazer, "onde" vai fazer e "com quem" vai fazer é preciso entender o propósito por trás de fazer algo. Neste caminho são necessários alguns recursos, os quais passo a explicar.

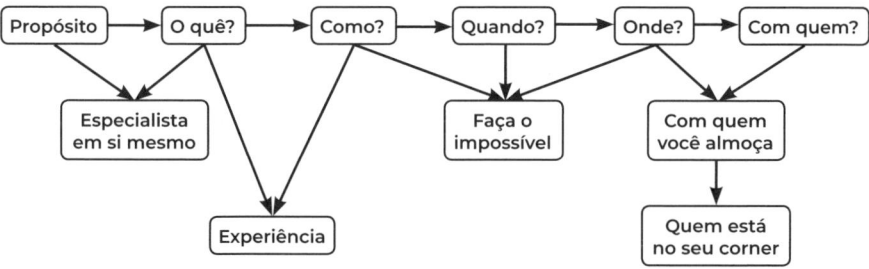

Para entender o "propósito" e "o quê", como já mencionei, é importante que você se torne um "especialista em si mesmo". Só assim poderá se conectar com sua essência, com suas predisposições, além de compreender melhor seus pensamentos, sentimentos, emoções, recursos internos, externos e a sua experiência.

Se você não fizer isso, se não se conhecer a fundo, melhor do que ninguém, nunca compreenderá o que realmente lhe representa e, muito menos, encontrará uma forma de se manifestar através de um trabalho.

Com o autoconhecimento é que iremos, pouco a pouco, encontrando as peças para montar este quebra-cabeça tridimensional chamado propósito, e, com ele, direcionar nossas atitudes e escolhas na busca e desenvolvimento de um trabalho através do qual possamos manifestar nossa obra de vida neste mundo.

Para entender completamente "o que" fazer e "como" fazer é impreterível que você adquira "experiências", afinal, não se editam páginas em branco. Esse é o ponto de maior necessidade de ações, as quais levarão você cada vez mais próximo dos insights que necessita.

Para entender completamente "como", "quando" e "onde" fazer é necessário que você "faça o impossível". O que quero dizer com isso é que você precisará caminhar por caminhos não explorados, fazer coisas que normalmente não faria, se expor a estímulos e circunstâncias novas para que compreenda tudo o que envolve a realização do seu propósito na sua vida.

Por fim, para entender melhor "onde" e "com quem" é importante que você analise "com quem você almoça" e "quem está no seu corner". O que quero dizer com isso é que é muito importante avaliar em que meio você se encontra, com quem se relaciona, quem costuma lhe aconselhar, ajudar, motivar, desmotivar, etc.

Isso tudo porque somos a média das cinco pessoas com quem mais convivemos. Isso quer dizer que, gostando ou não, você influencia, e muito, as pessoas ao seu redor e, igualmente é influenciado por elas.

Como já disse antes, não somos imutáveis, nem somente fruto do meio em que vivemos. Somos o que somos, somos influenciados pelo meio em que vivemos e podemos influenciar o meio em que vivemos.

Agora, explicado o macro, vamos esclarecer cada um dos pontos que serão analisados, e como chegar às respostas para cada um deles. De uma forma visual e um pouco mais didática, eis o que precisa acontecer:

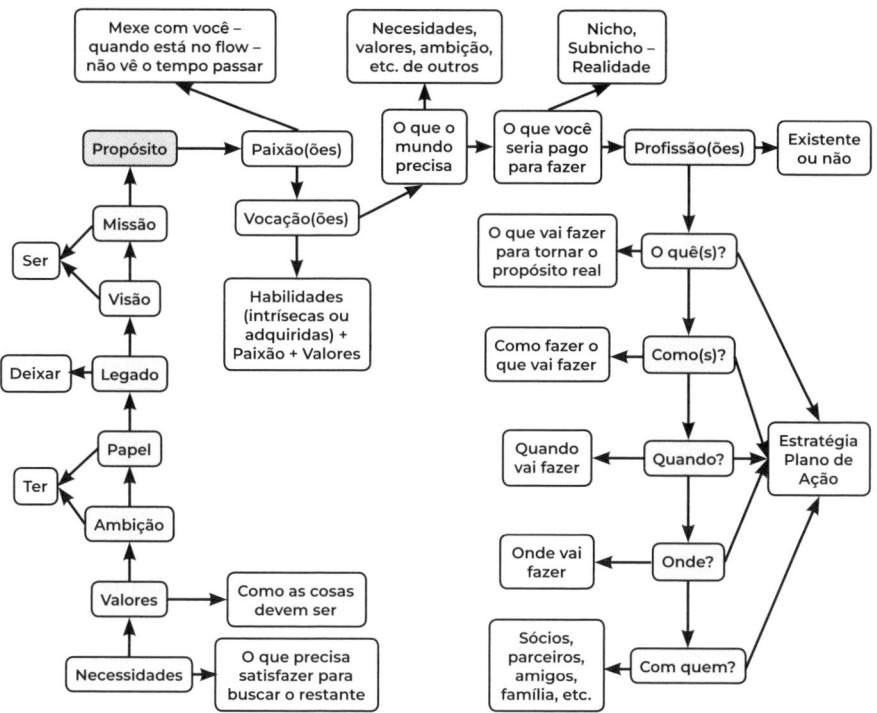

Para encontrar o seu propósito é necessário antes, como mencionei, tornar-se "especialista em si mesmo", passando por um aprendizado que consiste em avaliar suas "necessidades, valores, ambição, papel, legado, missão e visão de vida", para então, munido desse conhecimento, ter clareza suficiente para construir o seu propósito.

Esses elementos lhe proporcionarão um ganho de consciência e clareza gradual e crescente, de forma que, ao final, você possua todos os elementos necessários à construção do seu propósito, permitindo que, posteriormente, possa colocá-lo em prática.

Para conseguir o que quer, você deve olhar além do que você vê. Não pode se esquecer de quem você é. Por isso, olhe para dentro de você. Você é muito mais do que pensa que é! Lembre-se de quem você é!

Antes de pensar em ajudar outras pessoas é importante se ajudar. Em aviões, os comissários de bordo, ao explicar as regras de segurança, sempre mencionam que, se houver alguma despressurização, *"máscaras de oxigênio cairão sobre suas cabeças"* e que você deve colocar primeiro a sua, para somente então ajudar outras pessoas.

Por que isso? É egoísmo?

Não... porque se você estiver sem ar, não conseguirá ajudar ninguém. A própria Bíblia, no livro de Mateus, Capítulo 7, Versículo 5, nos diz que *"Hipócrita, tira primeiro a trave do teu olho, e então cuidarás em tirar o argueiro do olho do teu irmão."*

Contudo, advirto você.

Tome cuidado com o autoconhecimento!

Não porque ele não seja necessário, muito pelo contrário como já fundamentei, mas porque ele pode o limitar.

Como assim? Explico.

Ao nos conhecermos, tornamos claro aquilo que somos, o que acreditamos, pensamos, sentimos, possuímos e como temos nos comportado nas mais diversas situações.

Há um risco de, ao fazer isso, pensar *"ah... eu sou assim então não há o que fazer"*, aí é que mora o perigo.

Você não é assim, você era assim. Tudo o que você encontra é resultado daquilo que você foi e vinha sendo.

Essa é uma das armadilhas quando se fala em propósito. Muito se fala que o propósito é "descoberto" e não "criado". Mas pouco se aborda sobre o que se encontra quando olhamos para dentro.

Além da questão temporal, que já abordei, essa questão interna é essencial, pois somente conhecendo nosso interior é que poderemos manifestá-lo no exterior.

E a forma como faremos isso é uma escolha. Escolha de cada um. Mais um motivo pelo qual o propósito é construído e não descoberto.

Importante ressaltar que o que escolhemos fazer hoje resultará em quem seremos amanhã, ou seja, estamos sempre mudando. Logo, o que encontramos ao nos autoconhecer não nos define, pois assim éramos e não precisamos continuar da mesma forma.

Da mesma maneira, não deixe que tomar ciência de quem e como você é, limite você. Você pode, e deve continuar evoluindo e mudando, de preferência para melhor. Não há nada que não possa ser melhorado, que não possa ser otimizado, que não possa ser aprendido.

Literalmente não há limites para quem você pode se tornar, para o que pode fazer. Basta que decida isso e aja de acordo com isso, utilizando a metodologia e dedicação corretas.

O autoconhecimento serve, sobretudo, porque não há como editar uma página em branco, ou seja, é preciso nos conhecermos para sabermos onde estamos em relação a quem desejamos nos tornar! Ou seja, o autoconhecimento deve ser funcional, com um propósito.

Quando nos desligamos do mundo por algumas horas, nos conectamos com nossa essência, em direção a nós mesmos. Isso pode assustar quem não tem esse costume.

Muitos têm medo de estar sozinhos consigo mesmos pelo costume às inúmeras interferências externas. Para fugir desse medo, procuram distrações e toda a sorte de desculpas.

Mas distrair de quê? De quem? Por que ter medo? Medo de quê? De quem?

Talvez seja medo do que pode ser encontrado, uma vontade de não pensar, de evitar perguntas que precisamos fazer a nós mesmos, afinal, mudar assusta e o isolamento é a porta de entrada para esse mundo que possibilita as mudanças mais significativas.

Segundo John William Gardner, que foi secretário de saúde, educação e bem-estar de Lyndon Johnson, político norte-americano e o 36º presidente dos Estados Unidos:

"O que se aprende na maturidade não são coisas simples, como adquirir habilidades e informações. Aprende-se a não voltar a ter

condutas autodestrutivas, a não desperdiçar energia por conta da ansiedade. Descobre-se como dominar as tensões e que o ressentimento e a autocomiseração são duas das drogas mais tóxicas. Aprende-se que o mundo adora o talento, mas recompensa o caráter. Entende-se que quase todas as pessoas não estão a nosso favor nem contra nós, mas absortas em si mesmas."

Nietzsche disse que: "*Somente quando o homem tiver adquirido o conhecimento de todas as coisas poderá conhecer a si mesmo. Porque as coisas nada mais são que as fronteiras do homem.*"

Ou seja, não há nada mais difícil que o autoconhecimento, tarefa que levou filósofos, místicos e ermitãos ao isolamento. Muitos, sem sucesso.

O próprio Oráculo de Delfos, de onde vem toda a filosofia grega dizia "*Conhece-te a ti mesmo*". O mesmo conselho é dado na Bíblia, por tantas outras religiões, crenças, ciências, pensadores e filósofos ao longo da história.

Logo, o autoconhecimento nada tem a ver com egoísmo. Mais prudente seria compará-lo a um inventário de possibilidades.

Faço a seguinte analogia: se você vai viajar de carro, geralmente faz uma revisão antes (ou pelo menos deveria).

Conhecer o veículo, que o levará do ponto "A" ao ponto "B" é essencial para saber do que ele é capaz, do que ele necessita, quais são suas limitações, defeitos, pontos fortes, oportunidades, etc.

Carl Gustav Jung[10], psiquiatra e psicoterapeuta suíço que fundou a psicologia analítica, acreditava que o propósito de todas as pessoas na vida era ter o consciente e o inconsciente plenamente integrados, de modo que pudessem se transformar no seu "verdadeiro eu", que ele chamou de "individuação".

Para Jung, ao ouvir as mensagens encontradas na imaginação e nos sonhos, conseguiríamos entender, expressar e harmonizar as muitas partes de nosso ser para alcançar nosso "verdadeiro eu".

Dentro do inconsciente haveria imagens primordiais (intrínsecas, hereditários, universais e inatos, não aprendidas, tais como os instintos), que ele chamou de "arquétipos", que são reflexos de temas e padrões universais, que ajudariam a organizar nossas experiências.

Eles também existiram no inconsciente coletivo e ajudariam a organizar a forma como experimentamos coisas particulares.

Existem também muitas outras teorias sobre os perfis comportamentais, entre elas: "I Ching", Hipócrates, Robert Moore, Douglas Gillete, William Moulton Marston (DISC), etc.

Não entrarei em detalhes por não serem objeto deste estudo.

O que acontece é que, independentemente do perfil comportamental ou das características inatas (ou intrínsecas) de qualquer pessoa, todos podemos alcançar aquilo que nos propomos se nos dedicarmos o suficiente utilizando as ferramentas corretas.

Evidente que, para um ser humano de dois metros de altura, uma atividade como jogar basquete demanda naturalmente menos esforço (devido à altura) do que a atividade de jóquei (que favorece aqueles de baixa estatura), por exemplo.

Agora, imagine plantar uma goiabeira na Antártida. Não vai funcionar certo? Agora, imagine plantá-la em um solo fértil, com temperatura, irrigação e demais elementos favoráveis. Faz muito mais sentido não?

Mas veja, se você tem o solo, e todas as outras características favoráveis, pode plantar o que quiser. E se você não tem, pode fazer o necessário para conseguir o que precisa para isso.

Mais uma prova de que tudo se resume a escolhas e construção.

Assim, alinhar características naturais àquilo que demande tais características, exige muito menos esforço de nós do que quando estamos nos propondo a fazer algo para qual não temos características inatas ou intrínsecas.

Entretanto, salvo limitações físicas intransponíveis, o que fará a diferença serão o propósito, a motivação, a dedicação, o treino, o método, o aprimoramento contínuo, a experiência e a persistência na busca da meta.

Afinal, até as árvores podem ter o crescimento moldado. Já viu bonsais? Eles são moldados para ficar daquela maneira.

O que quero dizer é que o autoconhecimento não deve limitar você. Não se rotule e não permita que outros o rotulem também. Ninguém pode dizer a você que você é de uma forma ou de outra, que tem um perfil ou uma tendência, que tem esse ou aquele nível de capacidade.

Só você pode se conhecer o suficiente para fazer qualquer afirmação sobre a sua própria identidade. Assim como somente você pode se conhecer o suficiente para formular qualquer avaliação de sua capacidade.

Da mesma maneira que, quando olhamos para as estrelas, quando olhamos no espelho estamos olhando para o passado, como já mencionei.

O que quero dizer com isso é que o que o trouxe até aqui não o leva para onde deseja ir.

Não o leva ao próximo passo.

Como assim?

O autoconhecimento é essencial, mas não é útil se não for feito com uma finalidade. Ou seja, ele tem que ser feito com um objetivo e deve ser colocado em prática.

Não basta apenas ter ciência, é preciso agir.

Do contrário, nada acontece.

Minha sugestão para você é a seguinte:

Construa sua vida de trás para frente.

Do final para o agora.

O que você precisa fazer agora, para que o final seja possível?

Para que o caminho que imaginou aconteça?

E amanhã?

E depois de amanhã?

E assim por diante até o final.

E pare de ficar esperando o resultado e esquecendo do agora.

Viva o agora.

Faça o que tem que ser feito hoje.

Não espere a certeza, o raio de iluminação que nunca chega, faça algo e agora.

E para agir, antes é preciso saber o que fazer...

3.1 – Necessidades

A primeira e principal razão de alguém fazer algo, em geral, é com a finalidade de satisfazer alguma necessidade.

Em 1943, Abraham Harold Maslow[11], psicólogo americano, apresentou ao mundo sua hierarquia de necessidades, comumente demonstrada através de uma pirâmide:

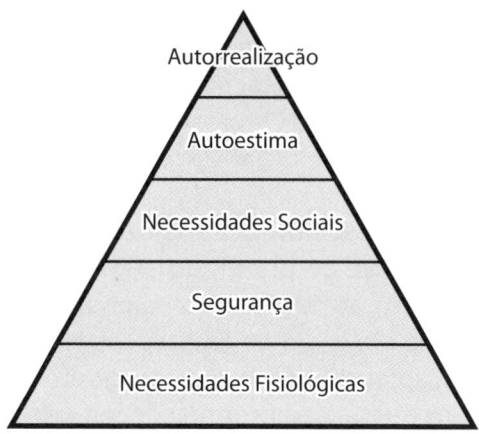

De acordo com Maslow, as necessidades desempenham papel importante na motivação, o que faz com que as pessoas se comportem de determinadas maneiras.

Quanto mais essencial é uma necessidade, mais baixa ela está na pirâmide, e, quanto mais complexa a necessidade, mais no alto. As necessidades na parte inferior da pirâmide são mais físicas, e na parte superior, se tornam mais psicológicas e sociais.

Para subir na pirâmide, os níveis precisam ser preenchidos de baixo para cima, ou seja, para que você passe a se preocupar com os itens de cima da pirâmide, antes precisa satisfazer os de baixo.

Lembra-se o que comentei no Capítulo 1 sobre as gerações? Essa é a razão de tamanhas diferenças entre elas.

Cada geração conseguiu superar, no geral, um nível de necessidades, permitindo que as gerações seguintes pudessem começar a "se preocupar" com os níveis seguintes.

As necessidades são as seguintes:

- Fisiológicas: consideradas mais essenciais e vitais para a sobrevivência, incluem comida, água, ar, sono, homeostase e reprodução sexual.
- Segurança: também são importantes para a sobrevivência, mas não são tão fundamentais como as necessidades fisiológicas, incluem segurança pessoal, financeira e saúde.
- Necessidades Sociais: incluem o desejo de pertencer, ser amado, sentir-se aceito e não ser solitário, satisfazendo-se em amizades, relacionamentos amorosos e família, bem como por se envolver em grupos e organizações religiosas, sociais ou comunitárias.
- Autoestima: ser respeitado e valorizado por outros, ter uma sensação de estar contribuindo para o mundo. Exemplos: participações em atividades profissionais, equipes esportivas, passatempos e por meio de realizações acadêmicas.
- Autorrealização: tudo aquilo o que alguém é capaz de se tornar. Cada um possui seu próprio conceito de autorrealização.

Mais tarde, após a morte de Maslow, seu trabalho que já estava em revisão em vida foi revisto e atualizado, acrescentando ao topo da pirâmide o propósito, junto à autorrealização.

Em resumo, as necessidades são uma espécie de bússola interior, que nos mostra o que estamos tentando satisfazer com nossas ações, ou seja, o que se busca ao agir.

Nossas ações geralmente visam satisfazer as nossas necessidades, portanto, conhecer nossas necessidades é primordial para entender por que fazemos o que fazemos.

Para conhecer suas necessidades há uma ferramenta específica no Capítulo 7, item 7.12.

O comportamento é sempre motivado... Identifique o motivo e você compreenderá o comportamento. Satisfaça ao motivo e você administrará o comportamento.

Agora vou lhe dar uma dica. As necessidades não são somente compreendidas e descobertas, elas podem ser criadas ou escolhidas. Você pode estabelecer as necessidades que deseja ter, pelas quais deseja trabalhar para satisfazer.

O segredo aqui é colocar suas metas como necessidades, assim, estará sempre trabalhando nelas e para elas, como o faz para satisfazer suas necessidades mais básicas (como vimos na pirâmide acima).

3.2 – Valores

Podemos definir os valores como uma percepção histórica/temporal da consciência humana sobre como as coisas deveriam ser. Parece complexo, mas na prática é possível entender de uma maneira bem simples.

O valor é diferente de valia (expressão econômica), e é diferente da coisa valorada. O valor não é, o valor vale. Não deve ser entendido pela razão, e sim, sentido/percebido pela emoção.

Quando podemos explicar algo, isso significa que o que estamos explicando está sujeito à causalidade (relação causa *versus* efeito), ou seja, não é algo que se sente, mas algo que existe.

Lembra-se do que falei sobre o Neocórtex no Capítulo 1?

Agora, o que só podemos compreender, tal como os valores, somente podem ser percebidos, não explicados, ou seja, não existem, são percebidos, sentidos.

Lembra-se do que falei sobre o sistema Límbico no Capítulo 1?

Como o valor é atemporal, seu conteúdo somente pode ser "percebido" ou "interpretado" em um conceito histórico (espaço/tempo).

A ideia de valor é percebida pelo indivíduo ou pela sociedade em relação a algo, em um momento histórico (relação tempo *versus* espaço), evoluindo ou se transformando ao longo da história.

Assim, podemos conhecer mais o valor conhecendo melhor a nós mesmos, uma vez que o valor não pode ser explicado, e sim compreendido.

Os valores servem de referência, tal como uma bússola, ou seja, uma referência para onde as coisas "devem ir" para se tornarem o que elas "devem ser".

Eles também podem ser graduados em uma hierarquia (escala de valores) interna, ou seja, nós sentimos todos os valores, mas "escolhemos" alguns valores para nos guiarmos mais do que outros.

Contudo, assim como os valores, existem os desvalores, que são o seu contrário. Podemos ter tanto valores, quanto desvalores.

Algumas das maiores perguntas que você pode se fazer tem a ver com valores. Valores trazem energia e direcionamento, a essência da motivação e, quando entendemos nossos valores, podemos atuar no mundo de uma forma congruente, encontrando realização.

Em contrapartida, quando agimos em desacordo com nossos valores, estamos sendo incongruentes, e não nos sentimos bem. A identificação dos valores é o catalizador para que deixemos de fazer o que pensamos que devemos, para agirmos conforme o que realmente queremos.

Nossos valores, assim como nós, também podem e mudam ao longo do tempo. Para que sejam eficazes, os valores devem ser verbos. A formulação de nossos valores como verbos nos dá uma ideia clara de como agir em qualquer situação Exemplos:

– Ao invés de "integridade", use "fazer sempre a coisa certa".

– Ao invés de "honestidade", use "sempre dizer a verdade".

Em resumo, eles são uma espécie de bússola interior, que nos mostra o que está por trás de nossas ações. Quais valores estamos satisfazendo com nossas ações. Nossas ações geralmente visam atender os valores que temos. Portanto, conhecer nossos valores é primordial para entender por que fazemos o que fazemos e por que não fazemos o que não fazemos.

Para conhecer mais a fundo seus valores há uma ferramenta específica no Capítulo 7, item 7.13.

Por último, assim como as necessidades, os valores não são somente compreendidos e descobertos, eles podem ser escolhidos (não criados pois eles existem independentemente de você, como já vimos, sendo apenas reconhecidos por você, ou não).

Você pode estabelecer os valores que deseja ter, que determinaram a maneira pela qual você conduz a sua vida, como e por que faz o que faz e como e por que não faz o que não faz. O segredo aqui é conhecer a sua hierarquia de valores e compará-la com suas metas.

Se não estiver de acordo com o que você necessita para alcançá-las, deverá estabelecer uma nova hierarquia, mais adequada à finalidade, e, então, trabalhar para alinhar seus valores com ela.

3.3 – Ambição e Papel

A ambição e o papel têm a ver com o que você quer ter na sua vida, materialmente.

É importante que você esclareça para si o tipo de vida que deseja criar, o status que deseja alcançar e o tipo de desempenho que deseja ter no caminho.

Além disso, é importante que você tenha clareza do papel que vai desempenhar na sua vida, o tipo de pessoa que você precisa ser para criar a vida que você quer.

As competências essenciais que você precisa adquirir para se tornar a pessoa que deseja ser.

Para conhecer sua ambição e papel há uma ferramenta específica no Capítulo 7, item 7.14.

3.4 – Legado

O legado tem a ver com deixar. Não é para você, é para os outros e para o mundo.

Antes de saber para onde ir é importante ter uma imagem clara do que gostaria de deixar para seus descentes, para sua família, para a sociedade e para o mundo.

Lembra-se que sugeri que construísse sua vida do final para o começo? Ao contrário?

O que desejamos deixar após a morte, ou seja, como desejamos viver nossa vida para que o que desejamos deixar aconteça.

Como seria possível construir algo sem essa percepção? Como podemos alcançar algo que não sabemos com o que se parece?

Para refletir sobre o seu legado há uma ferramenta no Capítulo 7, item 7.16.

3.5 – Visão e Missão

A visão e a missão têm a ver com o ser, com a pessoa que você pretende ser.

É importante que você tenha clareza do que quer criar na sua vida através de você, que está além de você.

Do que quer que esteja mais presente e menos presente na sua vida. De qual mundo quer pertencer.

Além disso, é importante que você tenha clareza de qual será sua contribuição exclusiva para fazer a sua visão acontecer.

De quais dons, recursos (internos e externos), capacidades, habilidades e ações você tem à sua disposição ou fará para alcançar a sua visão.

Para conhecer sua visão e missão há uma ferramenta específica no Capítulo 7, item 7.15.

3.6 – Propósito

O propósito é essa bússola interna que nos indica de onde viemos e para onde queremos ir. Essa segunda parte é uma decisão pessoal de cada um, uma construção.

O Norte dessa bússola é você quem decide. E ele é construído de uma forma não intuitiva.

Uma metáfora de sua representação seria um quebra-cabeças em 3D que precisamos montar, mas não possuímos todas as peças e nem a referência de como deve ficar.

Nós começamos nossas vidas com algumas peças (nossas características inerentes ou intrínsecas) e, ao longo da vida, vamos encontrando peças com partes da imagem final, e algumas outras em branco.

As com partes da imagem final são partes do que somos e viremos a ser um dia, que estamos descobrindo ou desenvolvendo.

As peças em branco são o que queremos ser, ou seja, são escolhas que podem ser "moldadas".

Às vezes nós também encontramos peças que só fazem parte do quebra-cabeças por um tempo, até encontrarmos outras que se encaixem melhor, ou até que decidamos que outras "merecem" mais aquele espaço no quebra-cabeças por qualquer razão.

Outras vezes encontramos algumas peças que não fazem e nunca farão parte do nosso quebra-cabeças, por nossas próprias escolhas.

Mas não pense que, porque você está seguindo seu propósito, não terá problemas e desafios. Eles vão ocorrer, mesmo no caminho, e serão muitos. Aprenda com eles, reavalie, ajuste a rota, persista e alcance.

A jornada importa.

Se eliminássemos a distância entre onde estamos agora e as nossas metas, eliminaremos a jornada e, consequentemente, todo o aprendizado.

Isso significaria que, na próxima vez que esse conhecimento se fizesse necessário, ele não estaria disponível, o que por si só já justifica o caminho, o aprendizado.

O aprendizado, a jornada, é o fim em si mesmo.

Dispor-se a construir o seu propósito, e viver em função dele, é o melhor que se pode esperar de qualquer um. Então não caia na armadilha do tempo, da velocidade, das conquistas rápidas.

Aproveite a jornada.

Aproveite o aprendizado e, talvez, se surpreenda com o que vai encontrar no caminho.

"Há duas coisas a almejar na vida: a primeira, conseguir o que se quer; e, depois disso, aproveitá-la."
Logan Pearsall Smith

Trate a sua vida como uma empresa. Ofereça planejamento, organização, performance, faça ter lucro, dar frutos, para você e todos à sua volta, e desfrute de cada momento.

O processo de viver o seu propósito é uma escolha que você faz todos os dias, em cada pensamento, sentimento, decisão e ação.

Construir o seu propósito é certamente mais rápido e mais fácil do que vivê-lo, mas a alegria e a realização estão em viver seu propósito.

Não basta apenas ter ciência, é preciso agir. E para agir, antes é preciso saber o que fazer...

A tabela abaixo recapitula os principais aspectos mencionados anteriormente sobre necessidades, valores, ambição, papel, legado, missão, visão e propósito:

Necessidades	■ São o que precisa ser satisfeito para que possamos almejar outras coisas. ■ São uma espécie de bússola interior, que nos mostra o que estamos tentando satisfazer com nossas ações. São importantes indicadores que nos trazem muito das razões do que fazemos o que fazemos. ■ Podem ser: Fisiológicas, de Segurança, de Amor e relacionamento, de Estima e de Autorrealização.
Valores	■ São uma percepção histórica/temporal da consciência humana sobre como as coisas devem ser. ■ Conhece-se mais o valor conhecendo-se mais a si mesmo uma vez que o valor não pode ser explicado, e sim compreendido. ■ São aespaciais e atemporais. ■ Não podem ser quantificados ou medidos. ■ Não são neutros em relação a um juízo de valor. ■ Tem sua interpretação pela subjetividade. ■ Servem de referência (bússola, uma referência para onde as coisas "devem ir" para se tornarem o que elas "devem ser"). ■ O valor (objetivo) é diferente da preferência (subjetivo). ■ Como os valores são atemporais, seu conteúdo somente pode ser "percebido" ou "interpretado" em um conceito histórico (espaço/tempo), ou seja, a ideia de valor é percebida pelo indivíduo ou sociedade, em relação a algo, em um momento histórico (relação tempo *versus* espaço), evoluindo ou se transformando ao longo da história. ■ Possibilidade de graduação hierárquica (escala de valores). Sentimos todos os valores, mas "escolhemos" alguns valores para nos guiarmos mais do que outros (priorizamos valores). ■ Incomensurabilidade (valores não podem ser medidos). ■ Inexaurabilidade (seu conteúdo é atemporal, ou seja, não acaba ou se exaure no tempo). ■ Exigibilidade (o ser humano sente os valores). ■ Realizabilidade (os valores podem ser realizados em algo, os valores "indicam" como as coisas "devem ser"). ■ Bipolaridade (valores *versus* desvalores, também existe o contrário dos valores).

Valores	<ul><li>Implicação recíproca (inter-relacionados, um valor "lembra" o outro, um implica nos outros).</li><li>Trazem energia, motivação e direcionamento.</li><li>Podem e vão mudar ao longo do tempo.</li><li>São uma espécie de bússola interior, que nos mostra o que está por trás de nossas ações. Quais valores estamos satisfazendo com nossas ações. São importantes indicadores que nos trazem muito do porquê fazemos o que fazemos e dos motivos pelos quais não fazemos o que não fazemos.</li><li>Para que sejam eficazes, devem ser verbos.</li></ul>
Ambição	O que desejamos alcançar em nossas vidas.
Papel	Quem precisamos nos tornar para alcançar o que desejamos em nossas vidas.
Legado	O que desejamos deixar após a morte, ou seja, como desejamos viver nossa vida para que o que desejamos deixar aconteça, seja possível.
Visão	O que desejamos criar em nossas vidas, através de nós, que está além de nós. O que desejamos que esteja mais presente e/ou menos presente em nossas vidas. A qual mundo desejamos pertencer.
Missão	Qual a nossa contribuição exclusiva para fazer a nossa visão acontecer, ou seja, quais dons, recursos (internos e externos), capacidades e ações que temos ou faremos para ajudar alcançar a nossa visão.
Propósito	<ul><li>É universal, ou seja, todos possuem um.</li><li>Possui um significado.</li><li>Tem uma fonte interna.</li><li>É fundamental em todos os aspectos, para a saúde, cura, felicidade, longevidade, para o bem-estar e para a sociedade.</li><li>É um paradoxo. Vem do "interior", mas deve ser manifestado no "exterior".</li><li>É uma escolha.</li><li>É construído conforme nossas escolhas e desejos.</li><li>É um verbo, ou seja, é ativo e aspiracional.</li><li>É um fim que guia um caminho.</li></ul>

Propósito	■ Começa a ficar mais claro quando satisfazemos as necessidades e agimos conforme nossos valores, seguindo nossas ambições, papéis, missão, visão e legado.
	■ Tem como indicador o esforço que realizamos em cada atividade, assim como se gostamos ou não (na essência) do que estamos fazendo.
	■ Sentimos que é o certo quando o estamos seguindo, fazendo o caminho parecer natural.
	■ Uma metáfora de sua representação seria uns quebra-cabeças em 3D que precisamos montar, mas não possuímos todas as peças e nem a referência de como deve ficar.
	■ Pode mudar e evoluir, assim como nós.
	■ Só faz sentido quando se aborda em relação ao tempo. Ou seja, o propósito é investigado no passado, com foco no futuro, para ser construído com ações no presente.

O propósito é um mindset, uma escolha, um caminho, único para cada um de nós, que nos permite ser "*a pessoa certa, no lugar certo, na hora certa, fazendo a coisa certa (ação), para a finalidade certa (para outros, com compaixão), da melhor forma possível, cada dia melhor (continuamente, mantendo-se sempre curioso)!*"

Neste ponto, é interessante que vá direto ao Capítulo 7 e faça todas as ferramentas desde o início até a ferramenta "Propósito", conforme explicações, sempre focado em construir o seu propósito como meta. Sempre que se mencionar "meta", entenda esta como sendo a forma como construir o seu propósito.

Observações:

* Não vá direto à ferramenta "Propósito". Apesar de parecer que vai lhe encurtar o caminho, não vai. É necessário que antes você adquira clareza e maturidade sobre vários pontos para que essa ferramenta seja efetiva. Confie em mim e siga a ordem que elaborei para você, ela não foi criada à toa, ela foi estudada e testada diversas vezes.

* Deixe as ferramentas "Canvas", "Effectuation", "Gerando uma boa ideia", "Alavancagem" e "Uma ajudinha para você encontrar o(s)

seu(s) o quê(s)" para quando você for estruturar seu(s) "o quê(s), "como(s)", "onde", "quando" e "com quem".

Eu indicarei mais adiante o momento. Fará muito mais sentido dessa forma.

Mais uma vez peço que confie em mim e siga a ordem que elaborei para você, ela não foi criada à toa.

Depois de finalizar esta etapa, é hora de definir o que fazer com seu propósito...

"Comece por fazer o necessário, depois o possível,
e às tantas, terás feito o impossível."
São Francisco de Assis

CAPÍTULO 4

E DEPOIS QUE EU CONSTRUIR O MEU PROPÓSITO, "O QUÊ" EU FAÇO?

"Observe seus antecessores, e os que os sucederam, procure um denominador comum e serás um bom rei."

Autor Desconhecido

Como mencionei, é importante que neste ponto você já tenha feito as ferramentas para construir o seu propósito. Caso tenha decidido ler o livro inteiro primeiro, sem problemas. Mas, caso pretenda utilizá-lo de forma prática, faça as ferramentas do Capítulo 7, até a ferramenta "Propósito" antes de iniciar este capítulo.

Até o propósito estávamos falando basicamente de autoconhecimento. A partir de agora, estamos falando de autoconhecimento e prática, ou seja, manifestar o interior no exterior, através do autodesenvolvimento, desenvolvimento e conhecimento externo.

4.1 – O(s) seu(s) o quê(s)?

"Primeiro você decide com precisão o que quer, segundo, decide que pagará o preço para fazê-lo acontecer, e então, paga esse preço."

Bunker Hunt

Para encontrar o seu "o quê" fazer é necessário antes, como mencionei, tornar-se "especialista em si mesmo" e adquirir "experiências", passando por um aprendizado que consiste em avaliar suas "vocações, paixões, o que o mundo precisa, o que lhe pagariam para fazer e os possíveis caminhos das profissões".

Você já parou para pensar quão pequeno é o seu conhecimento de possíveis trabalhos? Já percebeu que isso pode ocorrer por causa da influência inútil de novelas, filmes, revistas e livros, que focam nas mesmas carreiras, tais como médico, advogado, engenheiro, etc.?

A palavra "trabalho" vem do latim *labor*, mas também de *tripalium* que era um instrumento de tortura. Nesse sentido, os filósofos antigos menosprezavam atividades manuais e muitas sociedades utilizavam trabalho escravo para realizá-los.

Na era medieval a relação era de senhor e servo, substituindo a ideia de trabalho pela de servidão. Algumas religiões também abordam o trabalho como punição ou penitência. Mais tarde, o capitalismo instituiu a relação de patrão e empregado.

"Você não está estudando? Sabe o que vai ser na vida? Você não vai ser ninguém!" Quantas vezes já não ouvimos isso? A maior parte das pessoas ainda pensa no trabalho como algo ruim, tanto que é comum ouvir: *"Quando eu parar de trabalhar, eu vou fazer... vou terminar... vou começar..."*

Mas você não deveria parar de trabalhar.

Calma, não estou falando de trabalho como emprego, mas da manifestação do seu propósito em sua vida. Como eu já disse antes, assim como o autoconhecimento, esse é um trabalho para a vida toda.

O que você precisa é não depender de um trabalho que não goste. A percepção de que o trabalho pode ser realizado não apenas para ganhar dinheiro, mas também para o alcance da felicidade e realização somente começou a se popularizar há poucas décadas.

E não é de se assustar que possam haver problemas para se alcançar esse objetivo.

O propósito, apesar de muito comentado, é pouco levado em consideração na escolha do que fazer em nossas vidas, seja por desconhecimento, seja por uma crença que limite a escolha ou mesmo por "ser muito complicado".

Em todo caso, a escolha de um trabalho tende a ser uma combinação de medo e pressa, mas deveria ser de autoexame, autoconhecimento e paciência.

Algo que tende a influenciar bastante essa decisão é a temida "morte". Apesar de assustar, a morte é um excelente motivador para a produtividade. Muitas vezes nos tranquilizamos em relação à expectativa média de vida, imaginando que ainda temos muito tempo, protelando, assim, decisões, atitudes e ações. Mas essa não é lá uma ideia muito boa.

> *"Tanto Alexandre, o Grande quanto seu cuidador de mulas, foram trazidos ao mesmo lugar pela morte."*
> **Marco Aurélio**

Uma vida média tem cerca de 600 mil horas de duração. Mas e se nos dissessem que temos muito menos tempo do que imaginávamos? Como seriam nossas vidas se tivéssemos só mais 6 meses de vida?

Muito provavelmente faríamos algo, e rápido.

Contudo, a nossa capacidade de ver que as coisas não são um fim em si mesmas, ou seja, que existem razões mais importantes do que o imediato aqui e agora, que aquilo que fazemos tem um propósito é o que nos faz decidir de forma mais adequada sob tantas variáveis.

Já mencionei muito sobre as mudanças que sofremos e provocamos em nós mesmos ao longo de nossas vidas. Isso implica, inclusive, em mudar os interesses e até mesmo o propósito que se tenha sobre o trabalho.

No entanto, muitas pessoas passam a vida toda presas a algumas escolhas que fizeram de maneira apressada quando tinham entre 16 e 18 anos, pouquíssimo conhecimento e experiência de vida (como foi o meu caso, conforme mencionei no Capítulo "Como Cheguei Aqui").

Enquanto isso é só um desconforto, tudo bem. O problema aparece quando temos as famosas "crises" (dos 20, 30, 40, 50, 60 e assim por diante). Essas "crises" podem ser agravadas pela sensação de que nossos talentos não são reais, a menos que nos tragam dinheiro, sejam explorados em tempo integral e não sejam apenas "hobbies". Nada mais absurdo, embora real e, muitas vezes, difícil de superar.

Poucas coisas na vida geram tanta dúvida, insatisfação e insegurança quanto o trabalho. É difícil escolher o certo, o que queremos. Sabemos com certeza o que não queremos. É comum aquela sensação de "*vazio interior*".

Para Richard Leider a satisfação no trabalho seria uma combinação de desafio + atitude positiva + estilo de vida balanceado + saber suas opções + conhecer a si mesmo + propósito + variedade.

Todos estes elementos são possíveis de serem alcançados, mas, nem sempre, nas mesmas atividades.

No fundo, o que queremos é que a vida tenha sentido, que valha a pena ser vivida, e que não se esgote neste ou naquele momento, neste ou naquele trabalho. Que tenha propósito.

É comum ouvir, ou mesmo dizer (eu mesmo já disse) que não nos "vemos" ou nos "identificamos" com aquilo que fazemos. Que ainda não "encontramos a nossa praia".

É fácil perceber quão mais difícil é desempenhar um trabalho que não se gosta, com o qual não se identifica, quando comparamos a algo que gostamos muito de fazer.

Isso vale para a falta de propósito. Sem uma razão, um propósito claro, o trabalho não gera identificação, engajamento e, consequentemente, se faz custoso, penoso.

Qual a diferença entre banqueiros e bombeiros? Sem querer estereotipar, nem menosprezar nenhuma classe, profissão ou indivíduos, a noção de propósito é muito mais clara no segundo caso (embora ambos possam tê-lo sem problemas).

Óbvio que existem interferências nesse "senso" de propósito, como carga horária, remuneração, relacionamentos, etc. Não é porque existe um propósito, que tudo serão flores, mas fica claro que quando se quer chegar ao castelo, atravessar o fosso passa a ser mera etapa, mero inconveniente e não uma pena, um esforço tremendo, um fim em si mesmo.

Ninguém trabalha apenas por salário, mas permanecer no trabalho demanda reconhecer o propósito naquilo que se faz. Esse é o grande desafio das empresas nas últimas décadas: retenção de talentos. Sem engajamento, sem um senso de propósito, ninguém quer ficar, e com razão.

Na hora de escolher o que fazer, sempre ficamos com aquele dilema (me incluo porque isso aconteceu comigo): fazer o que se gosta, ou aquilo em que vislumbramos uma perspectiva profissional? Devo seguir aquele que parece ser um caminho claro para "ganhar a vida"? Focamos no hoje (certo) ou no amanhã (incerto)?

Karl Marx, filósofo, sociólogo, jornalista e revolucionário socialista da Prússia, dizia que só é possível chegar ao reino da liberdade quando o reino da necessidade está absolutamente resolvido, o que também foi abordado mais tarde por Abraham Maslow em sua pirâmide, como já vimos.

Quando as suas necessidades estão satisfeitas, você começa a se tornar livre para escolhas. Agora, se você precisa fazer algo, porque isso permitirá que, mais tarde possa fazer o que gosta, então precisa "virar a chave" e passar a "pagar o preço" para realizá-la. Afinal, esse algo é apenas uma etapa necessária para obter uma coisa melhor e, então, aceitamos melhor a necessidade de fazê-la.

O problema é que nem sempre isso fica claro, tornando o caminho bem mais difícil, estressante e cansativo. Principalmente pela falta de propósito.

Quantas vezes não perguntamos: "*Por que eu tenho que estudar isso?*" e quantas vezes não ouvimos: "*Um dia você vai entender*" e esse dia nem sempre chega. Isso é custoso e estressante porque não possui um senso claro de propósito.

Essa é a maravilha de processos como o coaching, por exemplo, pois tudo o que é gerado no processo, a título de opções e ações, vem de dentro do próprio indivíduo e é construído dentro de uma lógica que faça sentido não só para a realização, como para o trajeto, e de onde aquilo surgiu. Ou seja, todo esse "estresse" e falta de sentido não ocorre neste tipo de abordagem.

Uma pena que nosso sistema de ensino e modelos de trabalho ainda estejam longe de abordagens semelhantes.

Além da dificuldade de escolha de carreira, de identificação e das famosas crises, ainda temos o medo do novo, da mudança. Nós só abraçamos as mudanças quando percebemos os ganhos, as vantagens, o propósito, mas nem sempre esses aspectos são claros. E pouco sabemos sobre como torná-los claros.

Evidente que não estou aconselhando que pule de cabeça em qualquer oportunidade, muito menos que não tenha medo. O medo é bom e é uma forma do seu próprio corpo lhe proteger. Ele nada mais diz do que "tome cuidado". Ele nunca diz "não faça".

Quando sentir medo procure avaliar a situação, reavaliar, pensar em novas abordagens, pesquisar, procure ajuda, faça tudo que estiver ao seu alcance para que o medo não seja ignorado, mas seja sanado.

Isso é coragem. Enfrentar o medo de forma racional: não se jogar de cabeça sem pensar antes no que fazer e na melhor forma de fazer.

Então tenha coragem.

Aproveite as oportunidades, seja audacioso, porém, faça com método, com cautela, com estrutura, de forma planejada. Não seja aventureiro e imprudente.

O medo e as incertezas são ótimos indicadores de que estamos no caminho de aprender algo. Aproveite a oportunidade e aprenda.

"Avalia-se a inteligência de um indivíduo pela quantidade de incertezas que ele é capaz de suportar."
Immanuel Kant

Mas mudanças nem sempre "aparecem". Se queremos realmente "mudar de vida", conquistar ou alcançar algo, temos que ir atrás. Temos que ser capazes de antecipar, utilizar nossa capacidade de proatividade e planejamento para usar os métodos adequados e não apenas esperar para reagir.

> *"Conheço muitos que não puderam quando deviam porque não quiseram quando podiam."*
> **François Rabelais**

Se você não construir o seu propósito, ninguém o fará por você. Se você não decidir manifestá-lo em sua vida e não trabalhar para que isso ocorra, ele não vai se realizar nunca.

Você tem uma escolha: trabalhar por trabalhar, para sobreviver, ou trabalhar para construir o seu propósito e manifestá-lo em sua vida, em sua obra, mudando o mundo ao seu redor.

O que você vai fazer?

"Eu só quero fazer o que eu gosto." Legal, mas nem sempre isso vai ser possível.

Sempre há partes que não gostamos naquilo que fazemos, mesmo quando estamos seguindo nosso propósito, construindo nossa obra da vida. Eu mesmo não gosto de fazer algumas coisas, mas tenho que fazê-las (eis que não são possíveis de ser delegadas), pois fazem parte do todo, da engrenagem. Do contrário, o todo pode não se realizar.

Aliás, em relação às coisas que "não gosto tanto" de fazer, sinto que eu não seria nem mesmo congruente comigo e com meu propósito se não as fizesse. Entendeu como fazem parte e são importantes?

Por isso, o importante é entender que, para seguir o propósito, também é necessário passar por etapas que podem ser não muito agradáveis, mas que são necessárias para se chegar a um bem maior.

Agora tome cuidado na hora de identificar "o que você gosta". Clóvis de Barros Filho, jornalista brasileiro e professor livre-docente na área de Ética, sempre cita um exemplo em suas palestras quanto a esse ponto. Ele diz para você se imaginar parando o carro, após uma longa viagem, faminto, em um local onde se vende pamonhas na estrada. Imagine-se comendo a primeira. Ela lhe sacia a forme e é prazerosa.

Logo, é fácil imaginar-se sendo bom em comer pamonhas, ou dizer que "ama pamonhas". Mas isso é um erro. Isso foi algo incidental. Se você comer 10 pamonhas passará mal.

O mesmo pode acontecer com qualquer atividade e/ou trabalho. Você pode achar que gosta, que se identifica, mas, conhecendo um pouco mais, percebe que se enganou. Daí a necessidade de se conhecer realmente e investigar a fundo o que se está fazendo.

Lembre-se que o caminho importa. E inerente ao caminho há a necessidade de esforço, como já mencionei. Ele será um indicador muito importante para saber se você está ou não seguindo o seu propósito.

O que tem a ver com o propósito demanda muito menos esforço do que o que não tem a ver com ele. Isso também vale para as coisas não tão agradáveis, eis que passamos a encará-las sob outra perspectiva, a de etapa, não de fim, como já abordei.

Uma outra abordagem possível é a seguinte, citada por Alan Weiss, autor, orador público e empresário americano, em "A bíblia da consultoria": *"Você trabalha como meio de gerar combustível (dinheiro) para criar riqueza (tempo livre)."* Nessa citação ele trata o tempo livre como sendo a meta. Nada de errado com isso, afinal, quem não quer tempo para fazer o que quiser?

Agora imagine que você pode utilizar o seu tempo, de forma útil, estruturada, planejada, com o mesmo empenho e dedicação que usa para o trabalho, somente com a finalidade (propósito) diferente.

Nesse caso, a meta não seria a obtenção de tempo livre, mas sim, usufruir do tempo que já possui de maneira melhor e condizente com o que você acredita.

Mário Sérgio Cortela[12], filósofo, escritor, educador, palestrante e professor universitário brasileiro, cita o pianista Arthur Moreira Lima que, após um concerto, foi abordado por um jovem que disse: *"Gostei demais do concerto, eu daria a vida para tocar piano como o senhor."*

Arthur, respondeu: *"Eu dei. Foram quarenta anos de dedicação, de nove a dez horas diárias de esforço."*

Ou seja, *"no pain, no gain"* (sem dor, sem ganho).

Para Cortela nós fazemos o trabalho, mas em certo sentido, ele também nos faz, pois ajuda a moldar as nossas habilidades e competências. Ou seja, as atividades que realizamos contribuem para formar a nossa identidade profissional.

Em todo caso, os caminhos que tomamos são fruto de escolhas. E escolhas demandam decisões, que demandam priorizações, que demandam renúncias e exclusividade. É preciso pensar em que se deseja focar, o que se deseja fazer a cada momento, isso implica em deixar de fazer e focar em muitas outras coisas.

O que vai guiar você nessas escolhas, decisões, priorizações, renúncias, exclusividade e foco?

Seu propósito.

Veja, se você ainda está indeciso sobre algo, é porque ainda não deu poder para nenhuma das opções. Portanto, não se iluda. As escolhas terão seu custo. Não se esqueça disso.

Haverá necessidade de esforço, uso de tempo, da vida, de tudo o que dispõe. Do contrário, não seria trabalho, não seria da vida, e não seria seu propósito.

Gosto muito da imagem abaixo.[13] Ela deixa claro, de uma forma visual e didática, como funciona o processo para construir qualquer coisa, alcançar qualquer meta.

THE EMOTIONAL JOURNEY IS **INEVITABLE** AND PERHAPS NECESSARY

O processo começa apenas como um sonho, uma ideia, passando pelos obstáculos que, se superados, resultarão em algo incrível. Aqui estão as fases desta jornada:

1. "Esta é a melhor ideia de todas!" (Quando pensou em alguma ideia e está animado com ela).
2. "Isso vai ser divertido" (Quando você começa).
3. "Isso é mais difícil do que eu pensava" (Depois de dar os primeiros passos).
4. "Isso vai ser muito trabalhoso" (Quando você começa a entrar no meio das coisas).
5. "Isso é uma droga, eu não tenho ideia do que estou fazendo" (Quando cai a ficha de que isso é realmente mais difícil do que você imaginava no começo).
6. "#% @} !!!!!!!!!!!" (Quando você atinge o ponto em que você investiu muito tempo e energia nisso, e as coisas não estão indo do jeito que você gostaria e imaginava no começo).
7. "Ok, mas ainda é uma droga" (Quando você começa a ver algum tipo de resultado do trabalho que vem fazendo, uma luz no fim do túnel).
8. "Rápido, vamos encerrar o dia e dizer que aprendemos algo" (Quando você está naquele ponto entre querer avançar e se lamentar por todo o esforço que já teve).
9. "Hum..." (Quando os resultados começam a chamar mais atenção do que o esforço passado).
10. "Ei!" (Quando os resultados começam a ficar interessantes).
11. "Uau" (Quando seu processo começa a empolgá-lo de verdade).
12. "Esta é uma das coisas de que mais me orgulho" (Quando você finalmente alcança sua meta e percebe que valeu a pena o esforço).

Seu "o quê" tem que permitir que você se sinta você mesmo fazendo. Mas cuidado, no começo, por muitas vezes ser algo diferente do que julgamos ser "trabalho", costuma ser estranho. Então dê uma chance ao menos.

O que vou lhe apresentar agora é um funil que facilitará seu processo de encontrar o seu "o quê". Esse funil começa com "Paixão(ões)", seguido por "Vocação(ões)", depois "Aquilo que o mundo precisa" e, por fim "Aquilo que lhe pagariam para fazer".

O resultado será encontrar uma ou algumas profissões, que não se confundem com empregos, pois aqui o foco é trabalho (já expliquei a diferença), mas explicarei melhor tudo isso mais adiante.

"Onde há uma vontade, há um meio!"
Napoleão Bonaparte

Para seguir adiante, é interessante que você tenha em mãos a tabela que criará (que ensino a fazer no começo do Capítulo 7) preenchida com os resultados que encontrará a partir das ferramentas do Capítulo 7. Foque especificamente nos resultados que colocará na coluna do(s) "o(s) quê(s)". Ela é quem alimentará os pontos a seguir.

Deixarei claro que não vou discorrer muito sobre estes pontos, eis que o objetivo, neste momento, é apresentar os conceitos, delimitar as etapas e clarificar o processo. As ferramentas é que permitirão que você, por conta própria, construa os seus próprios passos e faça as escolhas dentro de cada uma das etapas.

Contudo, para todos os pontos em que não estou me aprofundando, deixei sugestões de leituras complementares ao final do livro.

"Só existe um sucesso: ser capaz de viver à sua própria maneira."
Christopher Morley

4.2 – Paixão

"Quanto mais exploramos toda a diversidade de talentos na vida cotidiana, mais produtivos e felizes nos tornamos."
Abraham Harold Maslow

Paixão é um termo aplicado a um sentimento muito forte em relação a uma pessoa, objeto ou tema. É uma emoção intensa, convincente, um entusiasmo ou um desejo sobre qualquer coisa.

É um sentimento de excitação incomum ou de forte emoção, um vívido interesse ou admiração por um ideal, causa ou atividade.

A paixão é algo pelo qual seu interesse é fora do comum quando comparado a outros temas. Para a maioria das pessoas, identificar suas paixões e compreendê-las não é simples e também demanda muito autoconhecimento.

A boa notícia é que no Capítulo 7 separei ferramentas que podem lhe apoiar nesse processo.

A paixão é curiosidade, interesse é o que mexe com você, com suas emoções, com seu sistema límbico, que o coloca no Flow, aquilo que faz você perder a noção do tempo quando está fazendo.

Logo, como a paixão tem a ver com interesse e curiosidade, não há caminho melhor para encontrá-la do que se expor a estímulos diferentes e adquirir experiências. Seguem então algumas dicas:

- Fale com pessoas desconhecidas (em qualquer lugar, a qualquer hora, sobre qualquer coisa. Aproveite para perguntar: "*O que você gostaria de ter sido? De ter feito?*")
- Crie um grupo (no Facebook ou qualquer outro local, se for presencial melhor ainda) e estimule debates sobre qualquer coisa que tenha interesse. Nessa hora, a perspectiva de outras pessoas pode ajudar muito.
- Procure grupos ou fóruns (online ou presenciais), além de encontros, reuniões e eventos de discussão sobre temas de seu interesse e também de temas que normalmente não lhe interessariam. Entre e acompanhe os debates.
- Organize o seu tempo e as suas finanças.
- Faça um trabalho voluntário em alguma instituição.
- Ajude as pessoas com qualquer coisa.
- Procure aulas com temas que lhe atraiam e faça algumas.
- Procure aulas com temas desafiadores (aqueles que não têm facilidade ou que não costuma ter interesse) e faça algumas.
- Crie um site ou blog e escreva sobre qualquer coisa que tenha interesse.
- Vá a uma livraria (física ou online) e compre algum livro que chame a sua atenção (seja ou não de um tema que você conhece ou tem interesse). E leia o livro.
- Faça um processo de Coaching, terapia, ou algum outro que lhe desafie o suficiente a se autoconhecer e se desenvolver.

- Escreva um livro. Sim... eu sei que não é tão simples assim. Crie o hábito de anotar seus pensamentos, ideias, ideais, crenças, sentimentos, sonhos, etc., em pouco tempo terá muito material. Comece então a escrever uma frase por dia. Não se preocupe em conectá-las. Depois que tiver muitas frases, tente desenvolver cada uma em um parágrafo. Depois tente desenvolver cada parágrafo até formar uma página. Mesmo que não tenham relação ou conexão entre si. Aos poucos, comece a ver como cada uma poderia ser organizada, em qual sequência, em qual momento. Depois você me conta o que tem conseguido e se é assim tão difícil quanto parecia quando começou.
- Assista Ted Talks sobre qualquer tema (disponíveis no YouTube ou no próprio aplicativo do TED). Sugeri vários que me inspiraram ao final do livro.
- Medite (no Capítulo 7 ensino uma das formas de fazer isso, por meio de um exercício simples).
- Faça Terapia (não, isso não é só para quem tem "algo" a resolver, é para tudo e para todos).
- Fale com amigos sobre o trabalho deles e as suas ideias. Seja investigativo e pergunte também a eles: *"O que você me vê fazendo?"*, *"Se não me conhecesse, diria que eu faço o quê?"* (no Capítulo 7 deixei um exercício mais estruturado, feedback 360°, caso prefira fazer dessa forma).

Vá a lugares diferentes, tome caminhos diferentes, fale com pessoas diferentes, exponha-se a estímulos que nunca teve e assim, pouco a pouco, vai ter ideias que nunca teve e conhecerá mais sobre o que lhe chama ou não a atenção.

> *"Não pense com desonestidade. O caminho está no treinamento. Trave contato com todas as artes. Conheça o caminho de todas as profissões. Aprenda a distinguir ganho de perda nos assuntos materiais. Desenvolva o julgamento intuitivo e a compreensão de tudo. Perceba as coisas que não podem ser vistas. Preste atenção até ao que não tem importância. Não faça nada que de nada sirva."*
> **Myamoto Musashi**

Talvez você já tenha visto esse jogo:[14]

Ou talvez não. Já tem mais de 30 anos.

Enfim... ele funciona de forma bem simples, possui algumas letras, ou partes de imagens e, para formá-las, é preciso movimentar as peças.

E isso só é possível graças a um espaço em branco, ou seja, a ausência de uma peça.

Ele serve de analogia ao que pretendo explicar, pois nos mostra que, para criar algo, é preciso abrir espaço para o desconhecido, colocar a mão na massa e se arriscar ou nada vai mudar.

"Às vezes encontramos nosso destino no caminho que tomamos para evitá-lo."
Provérbio Chinês

Mas não serei hipócrita aqui.

Quem me conhece sabe que esse foi o passo mais difícil que eu tive que dar para chegar até aqui.

Para mim foi um desafio imenso superar esse ponto, seja por costume de não agir assim, seja pela minha timidez, por ser muito cauteloso, perfeccionista, não enxergar valor nessas ações a princípio, pelo fato de ter ideias fixas, preconceitos, etc.

Inúmeros pontos que, um a um, tive que trabalhar e superar para que tudo isso fosse possível.

Como eu fiz isso?

Por meio de várias técnicas que aprendi ao longo da vida.

Resumi o máximo que pude e incluí as de maior impacto no Capítulo 7 para que você também possa, se assim o quiser, utilizá-las para superar todos os pontos que o limitam em relação à sua meta.

"O que sabemos fazer aprendemos fazendo!"
Aristóteles

4.3 – Vocação

Vocação é um termo derivado do latim *vocare* que significa "chamar". É uma inclinação, uma tendência ou habilidade que leva a pessoa a exercer uma determinada carreira ou profissão.

Ela estimula as pessoas para a prática de atividades que estão associadas aos seus desejos de seguir determinado caminho.

Vocação é uma espécie de talento, aptidão natural, uma capacidade específica para executar algo que vai lhe dar prazer.

Assimila-se às características intrínsecas que já mencionei. Trata-se de uma tendência, algo que aponta em uma direção.

Contudo, isso deve ser desenvolvido pois ninguém nasce pronto a fazer nada, aprendemos tudo.

E, como você já sabe, só desenvolvemos o que escolhemos desenvolver.

Para algumas poucas pessoas isso é algo muito claro, que dispensa esclarecimentos. Para outras, demandará muito autoconhecimento.

A boa notícia é que no Capítulo 7 separei várias ferramentas que podem lhe apoiar a identificar a(s) sua(s).

Para Richard Leider, a vocação é o resultado de:

Habilidades (intrínsecas ou adquiridas) + Paixão + Valores.

Já estudamos o que são valores e o que é paixão.

Também já expliquei que somos compostos por predefinições, ou seja, características intrínsecas a nós mesmos, que nasceram conosco.

E, além dessas características intrínsecas, possuímos outras que fomos adquirindo e moldando ao longo de nossas vidas.

Viktor Frankl trata a vocação utilizando-se do seguinte exemplo gráfico:

Frankl nos diz que o trabalho apenas, em geral, seria aquele no qual possuímos menos sucesso e realização pessoal, ou seja, em que vemos menos sentido de estar.

Em contrapartida, a carreira ofereceria melhores condições de sucesso, embora não de realização.

A missão seria uma maneira de encontrar mais realização, mas não sucesso, por lhe faltar os elementos que abordarei nos próximos tópicos. Enquanto a vocação seria a melhor maneira de aliar realização e sucesso.

Agora, conhecer todos estes aspectos é o que lhe permitirá ter a consciência de qual é a sua vocação.

Contudo, não se limite no trajeto e não foque de forma obsessiva em encontrar suas vocações.

O conjunto, aliado ao seu propósito, é que determinará o que faz mais sentido seguir.

Se utilizarmos como exemplo o mesmo gráfico de Viktor Frankl, teremos que, o que faz uma pessoa passar de trabalho para carreira, de carreira para missão, de missão à vocação é justamente o propósito.

Ter um propósito claro construído é o que vai lhe permitir identificar o que pode ser feito para que ele se torne real, através de sua vocação.

Entretanto, de nada adianta conhecimento, se este não for colocado em prática. De nada adianta uma oferta que não possui demanda, por isso você precisa saber o que o mundo precisa antes de oferecer algo a ele.

"A vida é um grande livro, mas que pouco ensina para quem não sabe ler."
Augusto Cury

4.4 – Aquilo que o mundo precisa

Uma vez que você conseguiu identificar sua(s) "paixão(ões)" e "vocação(ões)", agora é hora de refinar um pouco mais.

Você não vai conseguir trabalhar com algo que não seja de interesse de uma significativa parcela de pessoas (essa quantidade de pessoas é bem relativa). Isso é uma questão óbvia porque, em última instância, seja lá o que você fizer, você é um vendedor, seja de produtos, serviços, força de trabalho, tempo, ou qualquer outra coisa.

Isso quer dizer que você precisa refletir, dentre as opções que você já identificou ter interesse (paixão(ões) e vocação(ões)), quais representam uma necessidade significativa para outras pessoas. Seja, por exemplo, uma carência de um novo produto (ainda que você não saiba qual exatamente), serviço, uma oportunidade para estudar um tema específico, uma vaga de emprego, um trabalho voluntário ou qualquer outra oportunidade que puder verificar.

Afinal, vivemos satisfazendo nossas necessidades e seguindo nossos valores, conhecendo eles ou não. Então, se o que você faz atende às necessidades de outras pessoas, além de ser congruente com os valores delas, você tem um negócio.

Se esse negócio, além de atender suas necessidades e ser congruente quanto aos seus valores, também o é quanto ao seu propósito, então você encontrou um trabalho para amar.

Se esse trabalho para amar atende às necessidades de outros, é congruente com os valores dessas pessoas e gera engajamento por comunicar seu propósito antes de qualquer coisa (como mencionei no Capítulo 1), então você tem um excelente negócio.

Mas de nada adiantaria toda essa congruência se não houver pessoas dispostas a "pagar" pelo que você tem a oferecer. E isso não se aplica só à questão financeira.

4.5 – Aquilo que lhe pagariam para fazer

Uma vez que você conseguiu identificar sua(s) "vocação(ões)" e "paixão(ões)", e já fez o primeiro filtro relacionado ao "o que o mundo precisa", agora é hora de pensar "o que lhe pagariam para fazer".

Parece óbvio pelo que já expliquei antes. Se há demanda, então há pessoas querendo pagar por isso, certo?

Certo, embora talvez não necessariamente em número suficiente para que isso faça sentido.

Contudo, não foi isso que eu quis dizer.

Essas pessoas que têm essa demanda agora, neste exato momento, pagariam a VOCÊ, no estado em que VOCÊ se encontra AGORA, para atender essa demanda?

Quero dizer que você pode ter identificado algo para o qual você já possua os prerrequisitos, a expertise e até experiência.

Contudo, pode ser que não.

Pode ser que tenha que fazer algum curso, capacitação, formação, enfim... algo que o qualifique ou o coloque em condições para tanto.

O que você precisa fazer para poder atender essa demanda e poder ser pago para exercer o que verificou?

Não quer dizer que precise ser algo para o qual você já está pronto. Não há nada de errado em se qualificar. Aliás, é uma oportunidade para fazer isso certo desde o começo.

Mas não seria ótimo identificar que tudo o que você viu até agora se alinha com algo que você já é capaz de fazer?

Se não for o caso, não se preocupe. Ainda posso lhe ajudar.

4.6 – Profissão

Depois de identificar sua(s) "vocação(ões)" e "paixão(ões)", "o que o mundo precisa" e "o que lhe pagariam para fazer", você provavelmente chegou a uma ou mais profissões.

Se não chegou não se preocupe. Pensando nisso também deixei outros exercícios e ferramentas no Capítulo 7 que podem lhe ajudar a identificar uma ou mais ideias sobre o que fazer.

Profissão é um trabalho ou atividade especializada, geralmente exercida por um profissional. Considera-se profissional aquele com a capacitação para tanto.

O conceito de profissão tem a ver com ocupação, ou seja, a atividade produtiva que o indivíduo desempenha perante a sociedade onde está inserido.

Algumas atividades requerem estudos sobre um conhecimento específico, outras dependem de habilidades práticas, mas todas demandam alguma preparação.

As profissões se dividem em algumas principais vertentes: Voluntário, Empregado, Autônomo e Empreendedor.

Cada uma delas apresenta inúmeras ramificações, inúmeros nichos e subnichos a serem explorados. Alguns existentes, outros ainda serão criados (estudos mostram que 82% das profissões de 2030 serão totalmente novas).

Quem sabe seu propósito não vai se manifestar em um nicho ou subnicho que você vai criar? Ou mesmo em algo já pronto? Talvez até "tradicional"?

Minha sugestão para você agora é: pare de pensar em trabalhos que você poderia ter feito ou no que poderia ter acontecido, etc.

Isso não o levará a lugar algum.

É fácil imaginar que tudo foi feito e tentado.

A verdade é que nós ainda mal arranhamos a superfície em relação às nossas possibilidades de vida e trabalho. Há centenas de anos de invenção e criatividade deixados pela humanidade que podem ser utilizados e ordenados de inúmeras formas, gerando possibilidades quase infinitas de coisas para fazer.

E se pudéssemos mudar o passado não haveria futuro, apenas pessoas tentando mudar o passado.

"Se eu pudesse mudar o passado
você jamais apareceria na minha História!"
Walnice Anita

Hoje, há mais de 500 mil tipos de trabalhos diferentes. Isso sem mencionar os inúmeros outros trabalhos que são criados todos os dias graças aos avanços exponenciais da tecnologia e do conhecimento humano.

Quantos destes trabalhos você já tentou (tentou de verdade, não na sua imaginação) para dizer que não tem opção?

Passe a querer fazer e comece a pensar em qualidades nos trabalhos. Ao invés de pensar em "arquiteto", "designer de interiores" ou "professor", pense em adjetivos como: criatividade, liderança, significado, calma, espírito de equipe, etc.

Que adjetivos gostaria que seu trabalho tivesse? Em qual das vertentes acima aparece mais? Sob qual aspecto? Em qual nicho? Em qual subnicho?

Nossas vidas de trabalho são como bonecas russas, há pelo menos cinco "eus" de carreira possíveis dentro de cada um de nós. Temos tantas capacidades diferentes e curiosamente nos limitamos a uma única, dentre mais de 500 mil opções de trabalho existentes no mundo e ainda não nos damos o luxo de errar, cansar ou de querer mudar de opção.

Quando o trabalho for significativo, ganhar um salário mínimo não fará diferença (não que seja o caso, ou que seja sua meta ok?!), mas quando você sabe que não faz sentido, milhões não lhe trarão satisfação alguma.

Cada momento de infelicidade é, potencialmente, um novo negócio esperando para nascer. É totalmente aceitável ter "perdido" tanto tempo em busca de algo que deseje fazer de verdade.

Costumamos julgar os trabalhos pelo início de seu exercício e acabamos desprezando algumas carreiras por supostamente não satisfazerem nossos anseios iniciais, enquanto valorizamos demais algumas outras.

O que quero dizer é que o que a carreira parece nos primeiros cinco anos (às vezes até nos primeiros dias) pode não ser o que parece depois. Muitos dos melhores trabalhos (isso é relativo a cada um) não têm começos que parecem ser bons começos (isso também é relativo a cada um).

Nós costumamos depositar nossas esperanças de felicidade no amor e no trabalho e, em relação a ambos, nos recusamos a parar, planejar, organizar, treinar, nos entender bem e fazer algum tipo de terapia ou coaching antes de agir.

Louco, não é?

Nós adoramos agir instintivamente, ainda mais com as coisas, momentos, locais e pessoas erradas.

Todos os nossos parentes involuntariamente (ou não – sempre tem um que faz de propósito) criam a sensação de que certos trabalhos não são possíveis para nós. Alguns dizem que são muito difíceis, muito fáceis, simples, complexos ou simplesmente porque *"nossa família não faz isso"*.

Muitas vezes também deixamos de fazer mudanças em nossas carreiras porque estamos obcecados por enormes e disruptivas transformações, ignorando o papel das evoluções.

É o que eu digo em relação à necessidade de dividir a meta em etapas. Por exemplo, uma nova carreira pode começar com uma matrícula em uma aula noturna uma vez por semana. Não precisa ser um salto direto, uma mudança brusca, um "cavalo de pau" na sua vida profissional.

Pode ser simples, gradual e planejado. Praticamente indolor.

Aliás, pode e deve ser prazeroso.

Como já disse, o trajeto importa. Portanto, aproveite-o.

Olhe para as ideias mais "ridículas" de um negócio ou trabalho que você já teve. Elas podem não ser tão ridículas assim.

Já pensei em muitas coisas loucas, que imaginava serem impraticáveis. Mas depois descobri que outras pessoas também pensaram nelas, e, inclusive, estavam ganhando (ou ganharam) muito dinheiro com elas. Isso não faz de mim um gênio, pois tenho certeza que você já passou e passa por isso também, só talvez não tenha dado o devido valor e crédito às suas ideias.

A mudança começa quando o medo de agir ultrapassa o medo de cometer um erro.

Bronnie Ware[15], autora, compositora e palestrante motivacional australiana, em seu livro *"Os cinco principais arrependimentos de pacientes terminais"*, elencou os cinco principais arrependimentos de pessoas em leito de morte quando trabalhava como enfermeira:

1. "Eu gostaria de ter tido coragem de viver uma vida fiel a mim mesmo, e não a vida que os outros esperavam de mim."
2. "Eu gostaria de não ter trabalhado tanto."
3. "Eu gostaria de ter tido coragem de expressar meus sentimentos."
4. "Eu gostaria de ter mantido contato com meus amigos."
5. "Eu gostaria de ter me deixado ser mais feliz."

Ou seja, se arrependiam de não ter feito o que queriam ("Eu gostaria que... de..."), não do que fizeram (exceto trabalhar muito)!

Então não se repreenda por estar preocupado com o seu futuro profissional, isso é normal e saudável. Não deixe que os outros descrevam a ansiedade como neurótica ou que a classifiquem como patologia.

Dê à sua ansiedade o tempo que ela precisa. Mas não a deixe totalmente solta. Faça o que tem que ser feito para saná-la aos poucos (assim como quando falei do medo).

Prepare-se para passar ao menos uma hora todas as noites ou, pelo menos, quatro horas por semana dedicado a isso (se não tiver esse tempo, use o tempo que tiver, mas use).

Afinal, você não quer um trabalho que possa amar? Alinhado com seu propósito? Quem lhe disse que construir isso não vai dar trabalho? Que não vai ser um trabalho?

Está achando muito? Difícil? Complicado?

Esse é o trabalho da sua vida. Se você não o fizer, ninguém o fará.

Que preço está disposto a pagar por ele? O que está disposto a fazer? Se não por isso, pelo quê? Se não por si mesmo, por quem?

Um trabalho que você ama não significa que há apenas um trabalho que você poderia amar.

Afinal, quem disse que precisa ser apenas um trabalho? O que impede de seu propósito se manifestar em diversas atividades? Sejam elas simultâneas ou ao longo de toda uma vida?

Podem ser vários.

Já ouviu falar de plantas híbridas?[16] A partir das mesmas raízes, da mesma base, com uma técnica chamada enxertia, várias espécies diferentes de plantas (em termos leigos, plantas que se "dão bem entre si") podem se desenvolver, florescer e dar frutos.

Parece um pouco com uma pessoa, não é? Em um mesmo corpo, em uma mesma vida, poder fazer tantas coisas diferentes. Basta escolher fazê-las.

Portanto, é normal e razoável que você erre ou se arrependa de algum ou de alguns deles no caminho.

Tenha em foco principalmente o seguinte: procure pelo trabalho que você faria se não precisasse de um trabalho.

Agora vamos esmiuçar um pouco cada uma das vertentes do que pode ser o trabalho. Abaixo apresento uma visão geral sobre cada uma de suas vertentes.

"Faça o que pode, com o que tem, onde estiver."
Theodore Roosevelt

4.7 – Voluntariado

O voluntariado é o conjunto de ações de interesse social e comunitário em que a atividade é empreendida a favor do serviço e do trabalho com objetivos de escolaridade, cívica, científicos, recreativos, culturais, etc.

Não visa o recebimento de qualquer remuneração ou lucro, mas ajudar a quem precisa, contribuindo para um mundo mais justo e mais solidário.

Pode ser desempenhado com ações mais permanentes, que implicam em maiores compromissos ou com ações mais pontuais, esporádicas.

O trabalho voluntário tem se tornado um importante fator de crescimento das organizações não governamentais, componentes do Terceiro Setor, e, até mesmo, requisito em alguns processos seletivos.

Proporciona que uma pessoa veja como dela um problema que geralmente veria como distante.

O trabalho voluntário é exercido de forma séria e necessita de especialização e profissionalismo, já que são realizados em locais com demandas reais e precisam do auxílio de profissionais de diversas áreas, mas também de pessoas com muita vontade de ajudar.

Existem diversas formas de atuação para um trabalho voluntário, que variam de presenciais ou a distância, através de ações individuais, participação de campanhas, criação de grupos para apoio ou suporte, trabalho em organização social, em projetos públicos com o objetivo de melhoria nas cidades, em conselhos como os de pais e mestres de escolas, ou escola da família e projetos semelhantes dentro de escolas públicas ou privadas.

Existem infinitas outras formas que você pode ajudar com o que só você pode oferecer, nem que seja somente o seu tempo (até porque é possível fazer isso até mesmo online a distância).

Uma das coisas que considero fazer bem é ser coach. Assim, aliando algo que gosto muito de fazer e minha habilidade nessa área, passei a oferecer periodicamente alguns processos de coaching *pro bono* (voluntário e gratuito) a indivíduos e instituições com as quais me identifico, seja apoiando na definição de metas, propósito ou auxiliando na identificação do caminho de desenvolvimento que pretendem ou necessitam trilhar.

Você também pode utilizar suas habilidades para ajudar de inúmeras formas. Basta encontrar uma com a qual se identifique.

Atualmente existem diversas organizações que se apoiam no trabalho voluntário de milhares de pessoas no mundo todo, como, por exemplo:

- Cruz Vermelha - http://www.cruzvermelha.org.br
- UNICEF - https://www.unicef.org/brazil/pt/
- ONU – https://nacoesunidas.org/vagas/voluntariado/
- ATADOS - https://www.atados.com.br/
- MAKE A WISH - http://www.makeawish.org.br/
- TECHO|TETO - https://www.techo.org/brasil/
- Lions Clubs International - https://lionsclubs.org/pt

- Rotary International - https://www.rotary.org/pt
- Médicos Sem Fronteiras - https://www.msf.org.br/
- AFS Intercultural Programs - https://www.afs.org.br/
- Engenheiros Sem Fronteiras - https://esfsaopaulo.org/#/
- Serviço Voluntário Internacional do Brasil - https://exchange-dobem.com/
- Centro de Valorização da Vida - https://www.cvv.org.br/inscricao-para-novos-voluntarios/ (atendimentos por telefone 188, chat ou presencial).
- Entre inúmeras outras.

Se você quer fazer de propósito, esse talvez seja um bom começo.

4.8 – Emprego

Empregado é a pessoa contratada para prestar serviços para um empregador, numa carga horária definida, mediante salário, de forma subordinada, que pode ser realizado por horas trabalhadas ou trabalho entregue, nos termos do Artigo 3 da Consolidação das Leis do Trabalho (CLT).[17]

Há diversas modalidades de emprego, muitas com benefícios e legislações específicas.

O emprego parte de uma oferta de um empregador, cabendo àquele que pretende a vaga, a candidatura.

Em alguns casos, bons profissionais são "pescados" no mercado, recebendo convites ao invés de agir ativamente em suas candidaturas, muitas vezes por meio de *head hunters* ou agências especializadas.

É verdade que há muito o que você pode fazer entre tantas possibilidades, mas a minha sugestão é: não seja passivo.

Aja de forma proativa e vá de encontro ao que procura. Trate a sua vida, sua profissão, seu emprego, como se fosse a sua empresa, ou seja, seja o proprietário do seu emprego, não um mero locatário. Siga as mesmas dicas que deixo à frente para estruturá-la.

Então, quando *"a pessoa certa estiver no lugar certo, na hora certa"* as coisas vão acontecer.

4.9 – Autônomo

Autônomo é quem trabalha por conta própria sem vínculo empregatício, podendo ou não estar registrado em uma ordem ou conselho profissional. O autônomo (quando não trabalha associado a outros) é o único que pode exercer determinada atividade, o que o deixa com uma responsabilidade maior pelo produto de seu trabalho.

Entram na lista: engenheiros, médicos, enfermeiros, advogados, jornalistas, dentistas, psicólogos, entre tantos outros. Esses mesmos profissionais também podem atuar como empregados, dependendo exclusivamente da modalidade escolhida e das oportunidades que se apresentam.

A minha sugestão, para você que deseja seguir esse caminho, como eu mesmo fiz, também é tratar a si mesmo como uma empresa.

O autônomo não é alguém que decide não ter um emprego e troca o patrão pelo cliente, ele é uma empresa de uma pessoa só.

Logo, tudo o que digo abaixo sobre o empreendedor se aplica também ao autônomo, razão pela qual tratarei dos detalhes no tópico abaixo.

4.10 – Empreendedor

O empreendedor é aquele que escolheu seguir seu caminho através da constituição de uma empresa, iniciando algo novo, saindo da área do sonho, do desejo e partindo para a ação, pura e simplesmente.

Ser empreendedor significa ser um realizador que produz novas ideias através da congruência entre criatividade e imaginação. O empreendedor geralmente é motivado pela autorrealização e pelo desejo de assumir responsabilidades e ser independente. Considera irresistíveis os novos empreendimentos e propõe sempre ideias criativas, seguidas de ação.

A autoavaliação, a autocrítica e o controle do comportamento são características do empreendedor que busca o autodesenvolvimento.

Segundo Flávio Augusto da Silva, grande empreendedor e escritor de sucesso brasileiro, as principais características que um empreendedor deve ter para alcançar o sucesso são: visão, coragem e competência. Cada um desses elementos pode e deve ser desenvolvido para que o empreendedor atinja o tão sonhado sucesso.

Há várias formas de se empreender, não somente criar um negócio do zero. Você pode, por exemplo, utilizar o sistema de franquias, que permite que você adquira um modelo já pronto, consolidado e testado, reduzindo sensivelmente os "riscos" de se empreender.

Outra forma é o que se chama de "intraempreendedorismo" que nada mais é do que empreender dentro do seu próprio trabalho, dentro da empresa em que já atua como empregado. Isso vai desde projetos, invenções, novos "braços" do negócio, produtos, serviços, etc. Tudo pode ser feito, contanto que alinhado com os superiores.

Esse formato também reduz sensivelmente os "riscos" de empreender, uma vez que, muitas vezes, se está usando o dinheiro, tempo e demais recursos do empregador em prol de algo que beneficiará a ambos, dividindo os riscos.

Seguem algumas dicas sobre como encontrar um produto e/ou serviço para um possível negócio (ainda que você seja um empregado ou autônomo):

1. Gerando ideias (algumas alternativas para sua criação):
   - Pense no que mais incomoda e pense em soluções. Liste sem medo.
   - Pense em coisas que já viu em outros países, mas que nunca viu por aqui.
   - Pense em algo que já existe e você sabe que pode fazer melhor.
   - Pense em um produto não perecível que gostaria de desenvolver (isso reduz os seus riscos de perda de estoque, por exemplo, além do custo inicial para criar o negócio).

- Pense em um produto escalável (isso aumenta exponencialmente as chances de você faturar mais com o mesmo esforço. Exemplo: Infoprodutos).
- Pense em um produto que seja possível de ser terceirizado em todas as etapas de produção (isso permite que, caso não tenha a expertise para alguma das etapas, possa terceirizá-la, ou ainda, terceirizar todo o negócio, dividindo entre vários fornecedores/produtores).
- Pense em um produto com alta margem de lucro (quanto maior a margem, menor o risco quando se erra, o que não dispensa um rígido controle e planejamento).
- Pense em um produto que lhe proporcione receita recorrente (nada melhor do que a certeza da venda e uma previsão clara de quanto irá faturar).
- Que conhecimentos você já têm e pode recombinar para usar melhor? Você não precisa começar um incêndio, coloque mais gasolina no fogo.

2. Pense nos melhores mercados para cada uma das ideias.
3. Pense nas necessidades e interesses desses mercados.
4. Agora escolha um nicho para algumas das alternativas que listou. Para escolher o nicho, liste seus: Medos, Hobbies, Problemas e Paixões. Responda: Faz alguma dessas coisas fora do trabalho? Gosta ou já gostou de fazer isso? Amigos pedem ajuda sobre alguma dessas coisas? Que assuntos que domina? Sobre quais assuntos gosta de conversar? Se não existisse dinheiro, o que gostaria de fazer? Veja, segundo as respostas, em quais das alternativas seria possível fazer algo.
5. Agora, dentro do nicho escolhido, escolha um subnicho.
6. Faça agora uma triagem segundo critérios e viabilidade (orçamento, possibilidade, realismo, etc.).
7. Procure, dentre as opções, a convergência entre paixão pelo nicho e subnicho + viabilidade de atuação + interesse no assunto do possível público (para isso faça uma pesquisa completa e ampla. Pesquise palavras referentes ao seu nicho e se há muitos livros sobre o assunto).
8. Faça um orçamento de quanto será necessário para começar e continuar o negócio. Faça o Canvas (use essa ferramenta do

Capítulo 7 para ajudar na estruturação). O que é a minha oferta (produto ou serviço) e o que ela faz? Como a minha oferta resolve um determinado problema? Em que ela é diferente de outras ofertas? Quem a comprará? Quem serão meus clientes? Por que eles a comprarão? Como a minha oferta poderá será promovida e vendida/oferecida? Qual o custo do problema do cliente para o cliente? Qual será o valor da minha oferta (deve ser menor do que o custo do problema para o cliente)? Como seria possível escalar a minha oferta? Como seria possível gerar receita recorrente com a minha oferta? Como seria possível aumentar o valor da minha oferta? Como seria possível aumentar a margem de lucro da minha oferta? Como seria possível terceirizar em todas as etapas de produção da minha oferta?

9. Estabeleça a persona/avatar de seus clientes. Quais são seus valores? Quais são seus sonhos? Idade? Onde mora? Profissão? Mora com quem? Livros, filmes e programas preferidos. O que consome? Qual a sua rotina? O que acessa na internet? Quais são suas dores? Quais seus maiores medos? Como seu negócio pode ajudar? Público alvo, hábitos, desejos, necessidades, medos, dores e problemas. Valores? Metas? O que faz? Marcas que consome? Como posso impactar essa persona de uma forma positiva?

10. Faça uma análise de mercado. Seu produto/serviço resolve algum problema das pessoas? Sim ou Não (Pense como você pode ajudar a vida das pessoas com esse tema). Existem muitos materiais gratuitos resolvendo esse problema? Sim ou Não (Pense como você pode agregar valor ao seu produto/serviço, fazendo dele algo atrativo e que possa ser vendido). Mapeie todos os possíveis concorrentes do seu produto/serviço (diretos e indiretos).

11. Faça um teste de conceito (em um grupo de possíveis consumidores).

12. Crie o mínimo produto viável (isso vale para o serviço), aquele que demanda o mínimo esforço possível para ser construído e permite que você comece a comercializá-lo, ainda que seja um protótipo, ou ideia, mas que seja viável de ser materiali-

zado. Faça o Effectuation (use essa ferramenta do Capítulo 7 para ajudar na estruturação).

13. Comece e a criar e usar estratégia de marketing: Descreva o tamanho, a estrutura e o comportamento do mercado em que você irá trabalhar. Analise o preço previsto para o produto/serviço, a estratégia de distribuição e o orçamento de marketing para o primeiro ano. Tenha todos os números em mãos para saber o que realmente irá precisar. Descreva as metas de vendas e de lucros a longo prazo para seu produto/serviço. Use e abuse de gatilhos mentais (mas, não se esqueça, o que engaja é o propósito, nunca se esqueça do propósito pelo qual você está fazendo isso. Entregue mais do que o pedido "overdelivery" (exemplo: compra 1 ganha 5).

14. Estruture a sua Estratégia de crescimento e expansão. Faça um plano de negócios (Use tudo o que já criou, em especial o Canvas e Effectuation).

15. Crie uma estratégia de saída do negócio.

16. Crie o produto ou serviço.

17. Comece a divulgação.

18. Mantenha o produto (atualização e aprimoramento contínuo).

19. Pense em gamificar (é uma tendência muito forte e gera muito engajamento).

20. Use e abuse de técnicas de vendas[18] (alguns exemplos básicos): *"O que eu posso fazer para você comprar, sem reduzir ainda mais o preço?"; "O conforto e a segurança da sua família têm preço? Vale a pena procurar o produto mais barato ou o nosso, que seu amigo indicou?"; "Agradeço a sua visita em nossa loja, mas, antes de ir embora, gostaria de entender: onde falhei para você sair sem comprar o produto de que tanto gostou?"; "Do que você precisa para realizar o sonho de comprar este produto?"; "Percebi que você é uma pessoa de decisão. Alguma vez você já perdeu uma oportunidade como esta?"; "Os dois produtos de que você gostou são maravilhosos. Como posso ajudá-lo a levar ambos agora e não apenas um?"; "Reparei que está usando a máquina copiadora de nosso concorrente. Estou curioso. Qual foi a primeira coisa que o fez querer comprar essa máquina? Foi*

alguma coisa que viu ou leu sobre ela? Ou alguém lhe falou a respeito? Ou foi como se sentiu em relação ao vendedor, ou ao próprio produto? Estou curioso porque quero realmente satisfazer suas necessidades".

21. Use e abuse de técnicas de negociação (algumas dicas básicas): Esteja preparado o tempo todo. Não seja ingênuo. Mesmo que um acordo seja benéfico para os dois lados, cada um tem interesses específicos mais vantajosos para si. Use informação como arma sutil, trace um plano antes de encontrar a pessoa com quem vai negociar. Descubra o que ela deseja, do que tem medo, e trabalhe esses pontos na conversa para envolvê-la. Seja amigável, mas não muito, quando o outro lado se sentir amigo, você poderá aumentar a pressão sobre ele e propor uma saída conciliadora que seja do seu interesse. Pesquise a origem da outra parte, cada um tem enraizado na mente muitos dos costumes e hábitos de seus antepassados. Incorpore personagens, em determinadas situações, é preciso incorporar um personagem para descontrair o ambiente, ganhar tempo ou pressionar a outra parte para que tome uma decisão. Demostre calma e paciência, não mexa os pés ou as mãos, evite tiques nervosos e faça olhos de jogador de pôquer, ou seja, use o olhar para observar e não para expressar sentimentos.

22. Trabalhe bem as receitas resultantes das vendas dos seus produtos ou serviços: Qualifique-se cada vez mais. Quanto mais preparado estiver, melhor vai enxergar o todo e mais oportunidades poderá aproveitar. Gaste de forma inteligente e eficiente (um bom planejamento tributário, ajuda muito nisso, além de incluir as despesas de forma correta). Reinvista seus lucros e maximize seu potencial. Invista (no próprio negócio, em outros negócios, etc.). Pense em novos negócios.

23. Como você pode acabar com seu próprio negócio? É melhor você mesmo descobrir uma forma de se reinventar a cada dia do que a sua concorrência, não é?

24. Comece de novo e aprimore a cada dia.

25. Nunca se compare, mas também não utilize sua condição como desculpa para não agir. Sempre vai ter alguém com

muito menos do que você, em qualquer área (às vezes até em todas), e fazendo muito mais.

Alguns desses conceitos podem ser estranhos a você, e isso é normal. Pesquise, estude, planeje e estruture. Use e abuse das ferramentas. Prepare-se e, depois, faça o que tem que ser feito.

Não é necessário entender tudo para ser capaz de utilizar tudo. Empreendedores muitas vezes tem um conhecimento elaborado sobre uma porção de coisas, mas frequentemente tem pouco domínio de cada detalhe de seu empreendimento. Contudo, sempre sabem o que é essencial e o que não é.

Você pode passar todo o seu tempo estudando as raízes, ou pode aprender a colher os frutos.

Agora que você tem condições de compreender e escolher o que fazer, precisa esclarecer "como", "quando", "onde" e "com quem" fazer "o que" vai fazer.

"Existe um número infinito de possibilidades. Existe um número limitado de dias. Portanto, por que fazer com que um desses dias seja destruído por uma impossibilidade."

Autor Desconhecido

CAPÍTULO 5

OK, MAS COMO VIVER DO MEU PROPÓSITO?

"O que quer que você faça, faça bem-feito. Faça tão bem-feito que, quando as pessoas te virem fazendo, estas queiram voltar e ver você fazer de novo e queiram trazer os outros para mostrar o quão bem você faz aquilo que faz."
Simon Sinek

5.1 – O(s) seu(s) como(s)?

Antes de encontrar o seu "como" é necessário tornar-se um "especialista em si mesmo" e adquirir "experiências", como já lhe mostrei. Para entender completamente o seu "como" é necessário, além da "experiência", que você "faça o impossível".

O que quero dizer com isso é que você precisará caminhar por caminhos não explorados, fazer coisas que normalmente não faria, expor-se a estímulos e circunstâncias novas para que compreenda tudo o que envolve a realização do seu propósito na sua vida.

Para fazer isso, você pode usar muito do que já ensinei quando tratei da paixão no capítulo anterior. Todavia, mais importante do que tudo aquilo, é começar a experimentar.

Uma vez que você já identificou "o quê" fazer, ou ao menos algumas opções, é hora de começar a testar e, pouco a pouco, verificar o quanto se sente à vontade com cada uma das opções.

Em todo caso, é tempo de começar a fazer uma projeção futura de cada um de seus "o quê(s)".

Faça uma pesquisa de como funcionam essas profissões, mas não apenas sobre o que é necessário para entrar no mercado. Pesquise como é a rotina de quem trabalha dessa forma, remuneração, tempo, relação trabalho *versus* vida pessoal, amizades, repercussão social, aposentadoria, como seria permanecer nessa profissão por 5, 10, 15, 20, 30 anos, etc., para que você tenha uma ideia de como seria percorrer esse caminho.

Depois de realizar essa pesquisa, sugiro que, para cada uma das opções, faça o exercício de Visualização e Autossugestão do Capítulo 7. Tente obter informações sobre como seria permanecer nessa profissão por 5, 10, 15, 20, 30 anos. Anote tudo o que conseguir sobre o resultado desse exercício.

Como se sentiu? Por quê? O que gostou? O que não gostou? Por quê? Qual opção parece mais plausível? Por quê?

Você pode chegar à conclusão de que terá que abordar pessoas que já estejam percorrendo o caminho que está considerando, ou até mesmo que precisa de mais informações para o exercício acima.

Vá e as encontre. Use tudo o que estiver ao seu alcance para isso. Hoje é possível encontrar e contatar qualquer pessoa. Só não deixe de cumprir esta etapa, ou perderá uma parte muito importante do processo.

A partir do momento que você fez a pesquisa, conversou com pessoas que já seguiram este caminho, fez o exercício de Visualização e Autossugestão, é hora de começar a elaborar seu plano. Como você fará para seguir este caminho?

Explico em detalhes como elaborar esse plano no início do Capítulo 7. Sugiro, então, que siga à risca o método de elaboração da estratégia lá descrito. Nesse ponto, é interessante que você elabore as ferramentas "Canvas" e 'Effectuation" do Capítulo 7.

Caso esteja com dificuldade para realizá-las, refaça algumas das ferramentas do Capítulo 7, mas, agora, não mais tendo como meta o propósito, e sim, a opção de seu(s) "o quê(s)" identificados.

Note que, provavelmente, não será necessário refazer as ferramentas Necessidades, Valores, Ambição e Papel, Visão e Missão e Propósito, pois dificilmente apresentarão resultados diferentes nessa segunda vez.

Verá como ficará muito mais fácil tomar qualquer decisão depois de finalizar esta etapa. Esse é o momento mais importante do processo. Os demais são apenas mais filtros dentro do mesmo processo.

5.2 – Quando?

"Nada de esplêndido jamais foi realizado, exceto por aqueles que ousaram acreditar que algo dentro deles era superior às circunstâncias."
Bruce Barton

Para entender completamente "quando" fazer, é necessário que você "faça o impossível". O que quero dizer com isso é que você precisará caminhar por caminhos não explorados, fazer coisas que normalmente não faria, expor-se a estímulos e circunstâncias novas para que compreenda tudo o que envolve a realização do seu propósito na sua vida.

Não é só o propósito de vida, a obra da sua vida. Todos também têm um lugar e um momento certo para acontecer.

Quando é a hora certa de tentar? Devo esperar minhas férias para começar a estudar? Para testar um trabalho voluntário? É o melhor momento de deixar meu trabalho atual?

*"A melhor época para plantar uma árvore foi há 20 anos.
A segunda melhor hora é agora."*
Provérbio Chinês

Você verá que para este ponto não separei uma ferramenta específica. E talvez, mesmo fazendo as ferramentas, você não encontre muitas peças de "quando". Mas isso é esperado.

O quando não é algo que se descobre. Não será um estalo, uma certeza absoluta. Isso porque o "quando" é uma opção, é uma decisão. E a noção que se tem de tempo nunca está correta. Afinal, quando é a hora certa? As condições nunca serão perfeitas.

Você encontrará muitos elementos, oportunidades, tendências, padrões, etc., mas, no fundo, caberá a você a decisão sobre quando fazer algo a respeito.

E você só vai tomar essa decisão quando se sentir pronto para tomá-la. Você se sentirá pronto quando tiver desenvolvido seus recursos e souber, dentro de si, que fez tudo em seu poder para alcançar o que deseja.

Se você já assistiu ao filme "A Última Cruzada" verá uma analogia ao que pretendo explicar. O personagem principal Indiana Jones, interpretado por Harisson Ford, ator norte-americano, está procurando o Santo Graal (que teria propriedades capazes de curar seu pai) seguindo as dicas deixadas por seu pai em um caderninho.

Spoiler Alert (se você não assistiu ao filme, me perdoe).

No final, já próximo do Graal, Indiana Jones tem que enfrentar três provas para mostrar seu mérito. Na terceira prova ele tem que chegar ao Templo onde está o Santo Graal, mas há um abismo separando o local em que ele está e a entrada do Templo. É impossível pular devido à distância. Ele está tão perto de sua meta e, ao mesmo tempo, tão longe.

Ele olha de novo para o caderninho e lá vê um desenho explicando como ultrapassar o abismo: um homem atravessando o desfiladeiro, caminhando no invisível, enquanto os homens sem fé caem no abismo. No desenho ainda se lê "_apenas aquele que tem fé passará_".

Ele então coloca a mão direita no coração, fecha os olhos e coloca o pé direito na direção do vazio. Quando seu corpo começa a fazer um movimento de queda, ele pisa em algo. Nesse momento percebe que havia uma "passagem", mas uma ilusão de ótica fazia parecer que não existia nada, somente o abismo. Então ele passa pelo abismo e encontra o Santo Graal que salvaria a vida de seu pai.

Sören Kierkegaard dizia que o "salto da fé" é uma expressão utilizada para explicar a ruptura do estado ético para o estado religioso da existência. O ser humano que se encontra no estado ético se depara com o arrependimento e com a certeza da morte.

Por meio da autoanálise, no entanto, torna-se possível o salto. Chama-se salto, pois é uma ruptura de uma antiga atitude perante a vida (ética), para outra (religiosa). E não apresenta nenhuma garantia racional para o indivíduo, por isso mesmo seria sua salvação.

Meu objetivo aqui não é dizer a você que deve se apegar à religião neste momento, nem que não deve. O que quero dizer é que não há receita ou momento certo para escolher o "quando" adequado para "saltar". Nem mesmo há um *checklist* do que fazer para chegar nesse momento.

Somente você saberá quando estará preparado, quando fez tudo o que deveria e está pronto a dar o seu próprio "salto de fé" e caminhar em direção a sua meta.

"Não arriscar nada é arriscar tudo!"
Cesare Cantú

5.3 – Onde?

Para entender completamente "onde" realizará o propósito da sua vida é necessário que você "faça o impossível", como já mencionei. É também importante que você analise "com quem você almoça" e "quem está no seu *corner*".

O que quero dizer com isso é que é muito importante avaliar em que meio você se encontra, com quem se relaciona, quem costuma lhe aconselhar, ajudar, motivar, desmotivar, etc.

Isso tudo porque somos a média das cinco pessoas com quem mais convivemos. Isso quer dizer que, gostando ou não, você influencia, e muito, as pessoas ao seu redor e é igualmente influenciado por elas.

Não é só o propósito de vida, a obra da sua vida. Todos também têm um lugar e um momento certo para acontecer. Um lugar que é o seu. A sua praia.

O "lugar certo" significa a atividade para a qual a pessoa tem um propósito alinhado e está preparada para exercer, mas também onde esta atividade vai se desenvolver.

Isso é uma questão de escolha, além de aliar conveniência e oportunidades. Conveniência são as características, suas e do local, enquanto a oportunidade pode tanto aparecer, quanto ser encontrada e construída.

As ferramentas do Capítulo 7 certamente lhe fornecerão várias peças para construir o seu "onde".

5.4 – Com quem?

"Encontre as pessoas que fizeram o que você sonha em fazer. Depois, faça tudo o que estive ao seu alcance para modelar o que torna isso possível."
Autor Desconhecido

Por fim, para entender melhor "com quem" é importante que você analise "com quem você almoça" e "quem está no seu *corner*", como já mencionei.

É importante ter clareza de quem pode lhe ajudar e lhe atrapalhar em sua jornada. Para quem pode ajudar, como fazer para que lhe ajudem efetivamente? E para quem pode lhe atrapalhar, como fazer para que não lhe atrapalhem?

Siga os passos do início do início do Capítulo 7 para elaborar essas estratégias.

Você precisa de pessoas boas e com qualidades que possam agregar às suas metas. Já expliquei muito sobre os perfis e habilidades e é importante você ter clareza de que nunca dominará tudo. Nunca será especialista em tudo e acredito que nem queira isso.

"Nenhum de nós é tão inteligente quanto todos nós!"
Provérbio Japonês

Além de focar no desenvolvimento de seus pontos fracos (que podem e devem ser trabalhados), é importante que você dê mais ênfase aos seus pontos fortes. Para isso, você pode se juntar a pessoas que possam agregar com seus próprios pontos fortes, "completando" as suas próprias habilidades.

Ou seja, se temos habilidades diferentes que se complementam, não precisamos nos preocupar tanto quanto costumamos nos preocupar com nossos pontos fracos, pois os pontos fortes dos outros nos apoiarão nestes quesitos, complementando nossas habilidades, assim como as nossas complementarão as dos outros.

Isso otimizará muito seus resultados.

Não estou dizendo para não trabalhar seus pontos fracos, nem para não prestar atenção às ameaças, mas sim para reforçar ainda mais seus pontos fortes, aproveitar as oportunidades e "associar-se" (aqui como termo genérico, mas pode ser qualquer modalidade de parceria, até amizades) a pessoas cujos pontos fortes "completam" os seus pontos fracos e ameaças.

Imagine uma lesão física. Um tornozelo ou joelho torcido. Faz mais sentido insistir no fortalecimento daquele local lesionado ou fortalecer outras musculaturas que lhe darão suporte?

É isso que eu quero dizer. Evidente que você tratará a lesão, e depois fortalecerá a região se assim o desejar, mas antes, a fisioterapia foca em "tirar o peso" do local lesionado, fortalecendo outras áreas, permitindo a recuperação da lesão, sem "forçá-la".

Além de complementar pontos fracos, é fato que pessoas de culturas e países diferentes pensam diferente. Isso vale para religiões, classes sociais, etc. Duas pessoas podem ver a mesma coisa e chegar a conclusões diferentes. E essas múltiplas perspectivas podem trazer muitos ganhos a todas as partes.

"Ah, mas eu não conheço ninguém que possa me ajudar."

Você sempre pode fazer sozinho.

Esse foi o caso de David Eric Grohl, músico e compositor norte-americano, fundador, vocalista e guitarrista da banda Foo Fighters, ex-baterista das bandas Nirvana, Queens of the Stone Age e Them Crooked Vultures. Em 1994, após a morte de Kurt Cobain e o fim da banda Nirvana, David se juntou a Tom Petty & the Heartbreakers para uma série de apresentações onde foi convidado para assumir as baquetas.

David inicialmente aceitou o convite, mas depois apresentou para Tom Petty algumas músicas que tinha composto desde os tempos do Nirvana. O próprio Tom Petty admitiu que ele tinha um belo futuro pela frente liderando uma banda própria.

A partir de então, David se juntou com seu amigo Barret Jones e, em um estúdio profissional, gravou algumas músicas que mais tarde dariam origem ao primeiro CD do Foo Fighters.

Ele gravou todos os instrumentos, fez cem cópias da fita e mandou para amigos. **Em pouco tempo, várias gravadoras se interessaram**, David assumiu os microfones e formou o Foo Fighters junto a outros músicos talentosos.

Ou seja, é possível fazer tudo sozinho, como fez David no começo (embora depois tenha se juntado a muitos amigos talentosos). Mas, sem dúvida, dá muito mais trabalho, o resultado nem sempre é o esperado, além de demorar muito mais e, em alguns casos, pode não resultar em nada.

"Se quer ir rápido, vá sozinho. Se quer ir longe, vá em grupo."
Provérbio Africano

Entretanto, se quiser encontrar alguém que possa lhe ajudar, talvez eu possa lhe dar um insight. Já ouviu a expressão *"seis graus de separação"*? Se já ouviu, pode agradecer a Stanley Milgram[19], psicólogo estadunidense, por isso.

Na década de 1950, o cientista político Ithiel de Sola Pool e o matemático e PhD em física Manfred Kochen, propuseram algumas questões: Qual seria a probabilidade de dois estranhos completos terem um amigo em comum? E se não houvesse um amigo em comum? Qual seria o tamanho da cadeia de conhecidos para um chegar até o outro?

Posteriormente, Stanley Milgram conduziu um experimento conhecido como "Experimento do Mundo Pequeno" em um esforço para responder a essas questões. Ele deu 300 cartas com instruções para pessoas das cidades de Omaha, Nebraska, e Wichita, Kansas, e estabeleceu um "alvo" em Boston, Massachusetts.

As 300 pessoas foram orientadas a postar a carta no correio para um(a) amigo(a) que acreditavam estar mais perto do alvo (com o qual tivessem intimidade para chamar pelo primeiro nome, o que é considerado intimidade nos Estados Unidos) e esse amigo recebia as mesmas instruções, criando uma cadeia.

Milgram recebia um postal a cada postagem no correio e registrava a relação entre remetente e destinatário. Milgram descobriu que em quase todos os casos as cadeias tinham aproximadamente cinco ou seis elos que conectavam quaisquer duas pessoas.

Milgram trouxe uma grande, e talvez assustadora, descoberta para a humanidade de uma forma que muitos nunca tinham visto antes. Seu experimento conseguiu mostrar a interconectividade e a proximidade que as pessoas compartilham.

Isso mostra que, independentemente de quem possa ajudar você, ainda que você não conheça essa pessoa, ela pode ser encontrada e contatada sem muita dificuldade. Ainda mais nos dias atuais.

Tanya Menon[20], professora, palestrante, escritora e consultora estadunidense, em seu Ted Talk diz que o segredo para as grandes oportunidades é justamente a pessoa que você ainda não conheceu.

Se pararmos para pensar, cada nova ideia e cada nova pessoa é uma porta para um mundo novo, com novas possibilidades.

Se você fez as ferramentas da forma como aconselhei, sabe do que estou falando. Uma única provocação pode fazer com que você entre em reflexões profundas, considere opções que nunca havia

pensado antes e tome ações que nunca imaginou que fossem necessárias para que a sua meta fosse possível.

Se você observar, verá que seus hábitos são muito parecidos com
os de seus amigos mais próximos. Isso vale para os amigos mais próximos deles também (além de você é claro). Ter hábitos e cumprir
rotinas é eficiente porque você acaba tendo domínio de suas ações,
além de boa organização. No entanto, a rotina pode levá-lo sempre
aos mesmos resultados.

Faça uma experiência. Mapeie seus passos e atitudes diariamente, por uma semana, e verá que sempre faz as mesmas coisas, gerando dificuldades de encontrar o "novo", de conhecer pessoas "novas",
de ter ideias "novas".

Precisamos fazer coisas diferentes para poder conhecer outras
pessoas e aprender coisas novas. Permita-se ser ineficiente às vezes,
faça coisas diferentes, force-se a ir a lugares diferentes, a falar com
pessoas que normalmente não falaria.

Vá a "centros sociais" (como cafeterias, locais públicos, eventos,
etc.) porque não há como prever quem você vai encontrar nesses lugares, além de favorecer a "ineficiência" e a possibilidade de expor-se
a algo realmente novo.

Pense também o seguinte: com quem você aprende? Com seus
pais? Professores? Patrões? Amigos?

Se for o caso, o limite do seu aprendizado será o mesmo limite
deles. Aprenda a aprender sozinho e seu limite será você. Não se limite a locais e ciclos sociais que já conhece.

Exponha-se a estímulos constantes e seu limite de insights e
aprendizado aumentará exponencialmente, eis que, aprendendo a
aprender, extrairá o máximo de todos com quem mantiver contato.

Escolha o meio que vai estar, pois ele muda você, assim como
nós mudamos o meio também. Aos poucos, nos tornamos o meio,
e acabamos por nos limitar também pelo meio. Por isso não se acomode.

Apresento abaixo algumas dicas sobre como "ser ineficiente" e
se relacionar melhor com qualquer pessoa:

- Saiba quem você é, o que você quer na sua vida e seja você mesmo.
- Viva uma vida interessante (sob o seu ponto de vista).
- Seja grato e diga obrigado, além de pedir desculpas.
- Seja bem-humorado (ou pelo menos tente não ser mal-humorado) e aberto à conversa (isso implica em, às vezes, começá-la também).
- Acompanhe tudo o que acontece à sua volta, prestando atenção a tudo, a todos e aos detalhes.
- Preocupe-se com as pessoas e se lembre dos nomes.
- Faça das pessoas uma prioridade de vez em quando e alegre o dia de alguém.
- Mostre suas paixões (fale sobre elas).
- Conte histórias (qualquer uma).
- Descubra o que importa para os outros.
- Acredite nas pessoas, crie confiança (ela começa com você dando o primeiro passo, confiando).
- Não veja seus amigos como estranhos, eles não são seus amigos por acaso.
- Encontre terrenos comuns e crie coincidências.
- Veja oportunidades nos outros.
- Acompanhe, acompanhe, acompanhe e conduza (isso implica em ouvir muito antes de falar e, quando falar, não se esqueça do que ouviu, use exemplos e aproveite o que já ouviu para conectar os assuntos).
- Conecte-se com as pessoas muito antes de querer algo delas, e, quando quiser, deixe claro e peça por favor, ofereça-se a retribuir também de forma justa, permitindo que ambos ganhem.
- Seja um conector, conecte pessoas a pessoas, pessoas a metas, metas a pessoas.
- Seja mentor e aprendiz. Todos são melhores do que você em alguma coisa. Entenda isso e aprenda a aprender com todos.
- Persista e melhore tudo o que faz continuamente.

A forma mais fácil de fazer algo que você não imaginava que fosse possível é se cercar de pessoas que já fizeram o que você gostaria de fazer. E você não está sozinho!

"Nunca senti um desejo desenfreado de fazer tudo sozinho!"
Michael Dell

Por fim, vou deixar mais uma dica, crie sua equipe, seu *corner*.

Os membros dessa equipe não precisam saber que são membros dela. Minha sugestão é que você tenha um time para lhe assessorar.

Esse time poderá lhe proporcionar diferentes perspectivas sobre os mais variados temas, contanto que, para isso, você se proponha a perguntar.

Esse time funciona bem se for composto por pelo menos uma pessoa mais velha que você, uma mais nova, e por alguém que possa lhe ouvir e aconselhar sempre que precisar, ou seja, alguém mais próximo e mais disponível. Ou seja, mínimo essas três pessoas. Mas sugiro encontrar pessoas com formações, experiências, perspectivas, classes sociais e idades diferentes.

Mas nada disso vai adiantar se você não fizer o mais importante.

5.5 – O mais importante

"Todos os caminhos da ação são arriscados, então a prudência não está em evitar o perigo (o que é impossível), mas em calcular o risco e agir decisivamente. Cometa erros de ambição e não erros de preguiça. Desenvolva a força para fazer coisas fortes, não a força para sofrer."
Nicolau Maquiavel

O mais importante é a AÇÃO, mas para que ela aconteça são imprescindíveis alguns elementos, que devem seguir necessariamente esta ordem:

1. Motivação.
2. Organização.
3. Método.
4. Foco.

5. Performance.
6. Persistência.
7. Desenvolvimento contínuo.

Vamos destrinchar cada um desses pontos.

5.5.1 – Motivação

O que o motiva? O que o faz acordar de manhã? Pelo que você luta diariamente? Por que você faz tudo o que faz, da forma que faz, quando faz, onde faz, a quem faz, com quem faz?

> *"Motivação é uma porta que só abre pelo lado de dentro."*
> **Autor Desconhecido**

A motivação é sua. Você a controla, acreditando nisso ou não.

Quando tratei sobre o que é o propósito, especialmente quando falei sobre Viktor Frankl e seu estudo do sentido da vida, abordei a noção de que cabe a nós a reação em relação a qualquer situação e circunstância. Isso também implica em motivar-nos ou não para a ação, em toda e qualquer situação e circunstância.

Escolha pelo que acordar, pelo que lutar, pelo que viver, pelo que morrer. Se o propósito for construído, e se a construção foi feita a contento, já será uma ótima fonte de motivação.

O nosso comportamento tem sempre uma motivação. Se você conseguir identificar o que motiva o comportamento, você compreenderá o comportamento. Logo, se puder satisfazer a motivação, você administrará o comportamento.

Mas como fazer isso?

Os seres humanos podem ser movidos tanto pelo prazer quanto pela dor. Alguns mais para um lado do que para outro, mas, em geral, a maioria se motiva visando fugir da dor, o que é uma armadilha.

Um exemplo disso é a estratégia de ensino das escolas mais tradicionais, quando, em geral, há uma motivação externa para aprendizagem: agradar o professor, fugir da dor da reprovação e não tirar notas baixas.

Se a motivação proporcionada fosse interna (curiosidade, aprimoramento, querer saber mais, etc.) o resultado seria bem diferente.

Mas essa motivação interna não é de cada um?

Sim, mas as escolas deveriam ensinar as crianças a se motivar, pois assim dariam muito mais sentido ao seu aprendizado, além de aprenderem mais rápido e com melhor qualidade.

Já expliquei sobre a nossa capacidade inacreditável de nos acostumarmos a qualquer coisa, inclusive a dor. Isso significa que motivar-se apenas pela dor é uma armadilha, pois podemos facilmente nos acostumar a ela.

E em relação ao benefício da motivação pelo prazer?

Não é mais frutífero, pois igualmente podemos nos acostumar.

O que fazer então?

Utilizar ambos.

O que podemos fazer é procurar, ao mesmo tempo, nos motivar para fugir da dor em direção ao prazer, não apenas fugir da dor e nem apenas buscar o prazer. Isso porque nada possui relevância se não comparado a outra coisa.

Explico.

A habilidade de fazer comparações e verificar diferenças, padrões, utilidades, é uma das que destaca os seres humanos dos demais animais. Essa habilidade faz com que, de noite, ao invés de focar no escuro, foquemos nas estrelas, sem desprezar que a noite está escura. Assim como, de dia, observamos as sombras em comparação ao dia claro.

Só sabemos que algo é claro porque conhecemos o escuro e vice-versa. Ou seja, extremos, quando comparados, fazem com que tenhamos a noção de um pelo outro, o claro pelo escuro, o forte pelo fraco, o grande pelo pequeno, o útil pelo inútil, etc.

Sua construção de propósito leva você a algo que você quer, mas quando você construiu sua missão (se não o fez, vá ao Capítulo 7 e faça as ferramentas que indiquei para isso) você identificou também o que você quer menos no mundo e/ou o que não quer.

Pense sobre o que você não quer na sua vida, no trabalho, nos relacionamentos, etc., e use isso para motivá-lo, tanto quanto a busca pela realização de seu propósito e suas metas, e tudo o que eles proporcionarão a você. Fazendo isso, verá o quão mais intensa e relevante será a sua motivação.

Uma pessoa motivada procura excelência. Excelência vem do latim *excellens* que significa "aquilo que vai além". Isso significa que quem está motivado faz mais do que a obrigação, ou seja, tem a obrigação como início e não fim em si mesmo.

A principal causa da desmotivação é a ausência de reconhecimento. Ela ocorre quando perdemos a energia para fazer algo que julgamos não valer mais a pena. Daí mais uma razão para a construção do propósito e de motivar-se não apenas pela dor, mas também em busca do prazer.

É importante que você se motive, pois, o mundo precisa do seu melhor trabalho. É saber que um dia vamos morrer que nos leva a fazer o que fazemos, mas não só.

A noção do escoamento do tempo nos faz nos movimentarmos, nos cuidarmos e querermos melhorar. E o propósito conjuga tudo isso quando o ajuda a entender o que você quer fazer da sua vida, o que quer deixar, que mundo quer construir.

Mas de nada adianta estar motivado o suficiente se não houver organização de suas ações.

5.5.2 – Organização

De uma forma bem simples e clara, organizar é a arte de definir, eliminar e otimizar. Ou seja, se você não tiver claramente definido o que deseja e o que precisa ser feito, não conseguirá fazer nada.

Por esse motivo você também precisa desenvolver o hábito de tomar decisões, por você e pelos outros. Precisa decidir o que é importante, o que é essencial e assim definir o que fazer.

Porém, o que você faz é infinitamente mais importante do que como você faz. Por isso a importância da definição. Uma vez definido o que fazer é necessário que se elimine do caminho tudo o que não aproxima você da sua meta, evitando distrações e inconvenientes, permitindo que faça tudo da melhor maneira possível.

Isso implica, às vezes, ter que tomar ações não relacionadas a meta, mas que podem ajudar a tirar "obstáculos" do caminho. Isso é necessário porque coisas em excesso tornam-se o oposto, ou seja, muitas coisas a fazer acabam por resultar em nada a ser feito na prática.

A Lei de Pareto, ou 80x20, nos diz que 80% dos resultados são produzidos por 20% dos esforços. Isso significa que, para 80% do resultado, 80% das suas ações poderiam ser "cortadas", o que reforça a importância da eliminação.

Quais os 20% de causas responsáveis por 80% dos seus problemas? E quais os 20% de causas responsáveis por 80% dos seus resultados?

Mas por que eliminar essas ações que dificultam o alcance da sua meta? Porque você precisará de tempo livre para fazer o que deseja, como já abordei anteriormente. Uma vez definido o caminho, eliminados os excessos, é hora de otimizar.

Aí é onde o bicho pega.

Precisamos evitar trabalhar somen te pelo trabalho, e precisamos fazer o menor esforço necessário para obter os melhores resultados. Nesse sentido, há um princípio do judô que diz *"máxima eficiência com mínimo esforço"*. Para conseguir isso, precisamos conhecer dois outros princípios:

- Eficácia (fazer o necessário para atingir a meta).
- Eficiência (fazer da forma mais econômica possível).

Para utilizar esses dois princípios precisamos nos acostumar à definição e à eliminação de excessos, mas também a uma outra lei. A

Lei de Parkinson nos diz que uma tarefa aumentará de importância e de complexidade em relação ao tempo alocado para sua realização. É a mágica do prazo iminente.

Então, para otimizar, vamos combinar as duas leis, como sugere Timothy Ferriss[21], escritor, empresário, investidor anjo e palestrante americano:

1. Limite as tarefas ao que é importante para reduzir o tempo de trabalho (Lei de Pareto ou relação 80x20).
2. Encurte o tempo de trabalho para limitar as tarefas ao que é importante (Lei de Parkinson).

Use ambas ao mesmo tempo: identifique as poucas tarefas críticas que contribuem para a maior parte da renda e planeje realizá-las com um prazo bem curto e bem definido. Para maximizar isso você também precisa:

- Criar lotes: Agrupe atividades que possam ser realizadas de uma vez, seja pela similaridade, local, horário, pessoas envolvidas, equipamentos utilizados, etc. Ex: enviar e-mails.
- Delegar e/ou Terceirizar: Para ajudar na eliminação, após definir o que é importante, delegue e/ou terceirize o que é menos importante, ou ainda aquilo que poderá ser feito melhor, de forma mais eficiente ou mais eficaz por outra pessoa (contanto que seja possível, ok!?).
- Distribuir períodos de descanso: pois o interesse e energia são cíclicos. Utilize métodos como o Pomodoro (25 minutos de atividade *versus* 5 de descanso) para melhorar sua energia, disposição e performance no decorrer da atividade.
- Trabalhe com uma agenda organizada: estabeleça horários de início e fim para cada atividade, organizando as atividades que devem ser realizadas em cada dia da semana. Todos os domingos, organize a sua agenda da semana. Todos os dias de manhã, cheque o que precisa ser feito naquele dia. Todos os dias à noite, cheque o que foi feito e o que precisa ser feito no dia seguinte. Analise esses resultados e faça os ajustes necessários com frequência, de forma a garantir que a agenda seja cumprida.

A organização deixa tudo mais claro e fácil de visualizar, mas nada disso funciona sem um método.

5.5.3 – Método

"Tudo que alarga a esfera dos poderes humanos, que mostra ao homem que ele pode fazer o que pensa que não pode, é valioso."
Ben Jonson

Método é a forma estruturada por meio da qual algo é, ou pode ser, realizado. Vou explicar um pouco sobre a importância de uma vez motivado, e já tendo organizado suas atividades, ter um método para agir.

Você sabia que, com um método adequado pode até modificar comportamentos e respostas do corpo e do cérebro aos estímulos? Estudos de neurociência e programação neurolinguística nos mostram que a nossas experiências não correspondem à realidade ou às nossas memórias.

A realidade que nos cerca é composta de 11 milhões de pedações de informações, gerados a cada segundo. Entretanto, somente "percebemos" e, em consequência, só conseguimos assimilar de forma consciente, 40 pedaços de toda essa informação a cada segundo.

Isso se deve às nossas características físicas enquanto seres humanos e por um processo conhecido como limitação da racionalidade.

Percebemos essa realidade através de cinco modalidades sensoriais: Visual, Auditiva, Cinestésica, Olfativa e Gustativa. Além disso, nossos pensamentos sobre essa realidade possuem duas camadas:

1. Estrutura profunda: quando pensamos sobre determinada experiência, distorcemos, deletamos e generalizamos segundo nossos preconceitos, aprendizados e experiências para tentar dar significado à nossa percepção.
2. Estrutura superficial: é a comunicação de forma verbal ou não verbal sobre a experiência, também distorcendo, deletando e generalizando, filtrando informações segundo nossos preconceitos, aprendizados e experiências.

Há, portanto, muito mais na realidade do que em nossas experiências e memórias, e muito mais nas experiências e memórias do que temos palavras para descrever, especialmente devido aos filtros (preconceitos, aprendizados e experiências) e à dificuldade de trazer para a linguagem (córtex pré-frontal) o que é gerado a título de emoções e sensações (sistema límbico).

Complexo, não é?

Agora, imagine a comunicação entre dois seres humanos.

Das comunicações que mantemos com outras pessoas, armazenamos cerca de 50 a 60% de informações não verbais, 20 a 30% sobre tons de voz e 10 a 15% sobre as palavras em si.

Ao vivenciar uma experiência, absorvemos apenas 40 de 11 milhões de partículas de informação a cada segundo, e, com base nessas limitações, geramos nossos pensamentos sobre a realidade.

Então falamos sobre esses pensamentos com outras pessoas que, ao ouvirem, absorvem disso apenas 40 dos 11 milhões totais de pedaços de informações a cada segundo, e cerca de 50 a 60% de informações não verbais, 20 a 30% sobre tons de voz e 10 a 15% sobre as palavras em si, que, em consequência, geram pensamentos.

Agora, se essa 2ª pessoa falasse com uma 3ª sobre o que a 1ª disse a ela, o que você acha que essa 3ª pessoa saberia sobre a realidade vivenciada pela 1ª pessoa?

Quase nada não é verdade?

Isso se soubesse alguma coisa!

Esse é o principal motivo das "falhas" nas comunicações, do famoso "telefone sem fio".

Agora imagine as histórias passadas dos pais para os filhos. As culturas. As lendas. Em que se baseiam? Como era a realidade original?

Além disso, os 11 milhões de pedaços de informações da realidade e os 40 que percebemos conscientemente nem sempre se alinham.

Isso se deve aos nossos filtros.

Às vezes estamos tentando provar algum preconceito ou algum argumento, absorvendo apenas o que queremos, não a realidade, na tentativa de justificar algo em que acreditamos.

Nosso cérebro processa as informações da mesma forma que um computador. Capta uma quantidade fantástica de dados e os organiza numa configuração que faz sentido para cada um de nós.

Para tentar superar esses problemas, além de facilitar a transferência de conhecimento entre as gerações, é que surgiu a escrita. Mas mesmo a escrita não é perfeita, como abordarei adiante.

E esses não são os únicos problemas na comunicação.

Os 40 de 11 milhões de pedaços de informações, 50 a 60% de informações não verbais, 20 a 30% sobre tons de voz e 10 a 15% sobre as palavras em si é o máximo que percebemos e assimilamos.

Há ainda, evidentemente, diferenças no nível de atenção e foco de cada um. E existem quatro tipos de atenção:[22]

1. Atenção focada: uma resposta de curto prazo, que pode chegar a 8 segundos, para estímulos auditivos, táteis ou visuais muito específicos. Por exemplo, um telefone que toca ou uma ocorrência súbita podem fazer alguém se concentrar nisso por alguns segundos, mas em seguida voltar para a tarefa que estava sendo realizada ou a pensar em algo não relacionado com o episódio.

2. Atenção prolongada: um grau de atenção que produz resultados consistentes que envolvem uma tarefa contínua e repetitiva realizada ao longo do tempo. Por exemplo, se uma pessoa que está lavando pratos mostra uma atenção prolongada, ela executará a tarefa até concluí-la. Se uma pessoa perde o foco, ela pode parar pela metade e passar para outra tarefa. A maioria dos adultos e adolescentes não consegue mostrar uma atenção prolongada em uma tarefa por mais de 20 minutos e opta por repetidamente retomar o foco nessa tarefa, o que lhes permite prestar atenção em coisas que são mais longas, como filmes.

3. Atenção dividida: prestar atenção em várias coisas ao mesmo tempo. Essa é uma capacidade limitada e afeta a quantidade e a qualidade da informação que é processada.

4. Atenção coletiva: prestar atenção a coisas específicas, enquanto filtra outras. Por exemplo, se você estiver em uma festa barulhenta, ainda conseguirá manter uma conversa com alguém mesmo havendo outras sensações acontecendo ao seu redor.

Um exemplo de cegueira por desatenção é teste do gorila invisível de Daniel Simon, cientista cognitivo, psicólogo experimental e professor estadunidense. Esse teste mostra o que acontece quando uma pessoa fica sobrecarregada de sensações, não percebendo estímulos óbvios, mesmo bem diante deles. Ocorre com todas as pessoas porque é mental e fisicamente impossível notar todos os estímulos, como já mencionei.

Um grupo de indivíduos foi convidado a assistir a um pequeno vídeo sobre dois grupos de pessoas (um vestia camisetas brancas e outro, pretas) enquanto duas bolas de basquete eram passadas dentro dos respectivos grupos.

Os participantes do teste foram instruídos a contar quantas vezes a bola era passada em um grupo. Entretanto, enquanto os dois grupos passavam suas bolas de basquete entre si, uma pessoa fantasiada de gorila caminhava para o centro, batia no peito e, em seguida, caminhava para fora da tela.

Parece ridículo, não? Mas ao término do vídeo, perguntava-se aos participantes do estudo se eles não notaram nada de anormal e em 50% dos casos as pessoas não viram o gorila.

Somada a questão da nossa percepção da realidade ainda temos o estado emocional. Aprendemos muito mais rápido quando há um impacto emocional no aprendizado.

Exemplo: se você alguma vez já levou um choque por colocar o dedo na tomada ou, quando estava prestes a fazê-lo, ouviu um sonoro "NÃO!" de seus pais (ou de alguém), deve ter percebido que imediatamente aprendeu a não fazer mais isso.

O mesmo ocorre com experiências boas. Sensações muito intensas geram um aprendizado imediato, que não depende de repetição.

Outro exemplo é quando torcemos o tornozelo caminhando. Vamos mancar por um tempo até ter confiança em apoiar novamente no tornozelo lesionado. Porém, se a dor e instabilidade perdurar por um certo tempo, pode ser que venhamos a desenvolver problemas mais sérios ou até continuar mancando, mesmo sem saber.

Isso porque somos ótimos em nos adaptar a qualquer coisa.

Além disso, nossos cérebros adoram economizar energia e estão sempre tentando nos proteger, mesmo de nós mesmos. Isso faz com que carreguemos todo tipo de "trauma", sejam eles bons ou ruins, físicos ou psicológicos. Esses "traumas" são aprendizados que compõem nossos filtros do mundo externo.

Seu cérebro aprende sempre com uma finalidade positiva, de lhe proteger e lhe manter vivo (mesmo contra a sua vontade), ainda que às vezes os resultados sejam negativos sob o "seu" ponto de vista (às vezes discordamos das decisões do nosso próprio cérebro, por mais louco que isso pareça).

Seu "medo" de colocar o dedo na tomada é um filtro. Aquele sentimento de confiança que você sente por alguém é outro filtro. O amor que sente por seus pais também é um filtro. Entendeu? Temos inúmeros deles, conscientes ou não.

E de onde vêm esses filtros?

De nossa formação. Somos moldados por quatro elementos principais: Ambientes, Comportamentos, Crenças e Valores.

Isso tudo dificulta ainda mais a nossa comunicação, uma vez que, estando expostos à realidade, além de absorvermos muito pouca informação, em um diálogo não conhecemos os filtros do interlocutor, que, por sua vez, também não conhece os nossos.

Esse é o principal problema da escrita. Embora ela supra algumas das falhas da comunicação verbal, não supre outras (como entonação, volume, expressões faciais, corporais, entre outras), além de não transmitir a contento todos os filtros de quem deixa a mensagem escrita para que, uma vez ciente, o leitor possa compreender a "realidade" que pretendia transmitir o escritor.

Uma boa estratégia de comunicação é deixar a mensagem mais genérica, o que não significa reduzir seu conteúdo ou relevância. O excesso de especificação pode fazer com que o interlocutor "barre" boa parte das informações por não ser congruente com seus "filtros".

Faça esse exercício: observe em sua comunicação, falada, escrita e física, o que é utilizado que poderia ser "barrado" por alguém e o porquê. Pense em como transformar isso em algo mais genérico, que possa ser mais bem aceito, sem perder o conteúdo e a relevância.

Como mencionei antes, o impacto emocional influencia diretamente no aprendizado e, consequentemente, na memória.

Quando estamos bem, temos a tendência de nos lembrar de coisas boas, assim como quando estamos mal, ou preocupados, temos a tendência de nos lembrar de coisas que têm relação com esses estados emocionais.

Ou seja, nossa memória sempre busca registros de momentos em que estávamos com o mesmo estado emocional do momento em que tentamos acessar nossa memória.

Por isso que patologias como a depressão demoram para serem curadas. As pessoas que passam por essa situação estão em um ciclo vicioso no qual, ao se sentirem mal, lembram-se com muito mais frequência de coisas ruins, o que as faz se sentirem pior, e assim por diante.

Situação semelhante costuma ocorrer quando temos o famoso "branco" em uma prova, uma vez que o sentimento de ansiedade e nervosismo faz com que tenhamos dificuldade de nos lembrar de algo que estudamos enquanto estávamos calmos e reflexivos.

Mas há exceções a todas as regras. Não é impossível lembrar de algo que não tenha relação com o estado emocional que está no momento em que tenta se lembrar. Mas é muito mais difícil.

Quando recebemos a informação externa ela passa por nossos filtros sensoriais, gerando um processo interno e armazenagem interna (representação da informação).

Depois essa informação processada é recuperada através de um processo chamado busca transderivacional, gerando nova representação interna que, por sua vez, gerará uma resposta que é um comportamento verbal e/ou não verbal.

Esse comportamento pode ser expresso em seis modalidades de expressão: Visual, Auditiva, Cinestésica, Olfativa, Gustativa e Inespecífica (como nossa comunicação interna, diálogos internos, de nós para nós mesmos, ou pensamentos).

A memória, em psicologia cognitiva, refere-se aos processos utilizados em aquisição, armazenamento, retenção e recuperação de informações. E existem três processos principais: codificação, armazenamento e recuperação.

Para criar uma nova memória, a informação deve, em primeiro lugar, passar pela codificação, de modo que mude para uma forma utilizável, útil e acessível por nosso cérebro. Após a codificação, a informação é armazenada em nossa memória para poder ser utilizada mais tarde.

Na verdade, a maior parte de nossa memória armazenada está fora de nossa consciência até que seja necessária. Quando há necessidade, essa informação passa pelo processo da recuperação, permitindo que a memória armazenada seja trazida de volta para a nossa consciência.

Para entender as funções básicas e a estrutura da memória, pode ser utilizado o modelo de estágios de memória, que propõe três estágios distintos:

1. Memória sensorial: As informações sensoriais que foram colhidas a partir do ambiente como uma cópia exata (dentro do possível, tendo em vista as limitações já citadas) do que é visto ou ouvido, são armazenadas por um curto período de tempo. A informação auditiva é armazenada por 3 ou 4 segundos, a informação visual por não mais do que 0,5 segundo. Apenas alguns aspectos específicos da memória sensorial precisam ser levados em conta, e isso permite que algumas informações passem para o próximo estágio.

2. Memória de curto prazo: é a informação sobre a qual, em geral, pensamos ou estamos conscientes. Essa informação será guardada por 20 a 30 segundos e é gerada prestando aten-

ção às memórias sensoriais. Embora as memórias de curto prazo sejam muitas vezes rapidamente esquecidas, se essa informação precisar ser levada em conta por repetição, então passará para o próximo estágio.

3. **Memória de longo prazo:** trata-se do armazenamento contínuo de informações. A informação aqui está fora da consciência de uma pessoa, mas pode ser chamada e utilizada quando necessário. Algumas das informações são fáceis de recuperar, outras podem ser difíceis.

As diferenças entre memória de curto prazo e memória de longo prazo ficam muito claras quando se discute a recuperação da memória. A memória de curto prazo é armazenada e lembrada em ordem sequencial e é principalmente composta por memórias sensoriais.

Assim, por exemplo, ao ouvir uma lista de palavras e ser solicitado a lembrar da sexta palavra, você precisará listar as palavras na ordem em que as ouviu. A memória de longo prazo, porém, é armazenada e lembrada com base em significado e associação.

Essa é uma das razões pelas quais a maioria das pessoas tem dificuldade com o aprendizado de um segundo idioma. Nós aprendemos o nosso idioma com base em significado e associação, com muito auxílio do estado emocional, ou seja, da memória de longo prazo. Porém, a maioria dos métodos de ensino simplesmente ignora isso, e "força" o aprendizado sequencial e sensorial, ou seja, da memória de curto prazo.

Como somos capazes de acessar e recordar informações da memória de longo prazo, uma pessoa consegue, então, usar essas memórias ao interagir com outras, tomar decisões e resolver problemas. No entanto, a forma como a informação é armazenada ainda é um mistério.

O que sabermos é que as memórias são organizadas em grupos por meio de um processo conhecido como agrupamento (*clustering*). No agrupamento, as informações são classificadas em categorias, para que seja mais fácil lembrar.

A memória desempenha um papel muito grande em nossas vidas, eis que nossas experiências e nossa forma de ver o mundo são moldadas por ela. O que altera todo esse esquema da memória é o impacto emocional. Quanto maior, maior a chance dessa memória se transformar em memória de longo prazo com um único estímulo.

O interessante de conhecer tudo isso é o que podemos fazer com essas informações. Podemos modificar comportamentos e respostas do nosso corpo e do nosso cérebro aos estímulos. Ou seja, com um método, podemos escolher como e o que fazer.

Por isso não cometa o engano de confundir-se com seus comportamentos, ou fazer o mesmo com outra pessoa. Nunca diga: "*Eu conheço o José. Ele faz isso, e isso e isso*". Isso porque você não conhece o José. Você o conhece por meio de seus comportamentos. Mas ele não é o comportamento dele, assim como você não é o seu.

Para mudar um comportamento precisamos mudar o ponto de vista, que consequentemente modificará o estado emocional (produzindo estímulos químicos no organismo, hormônios, etc.), modificando em consequência o comportamento, que afetará os resultados.

Veja como apenas a mudança de ponto de vista já pode modificar comportamentos.

Além disso, saber onde usar os estados emocionais, quais são úteis de acordo com as atividades que precisamos exercer, e para que servem, igualmente nos beneficiam.

Exemplo: se você fica nervoso em provas, mas costuma estudar tranquilo, você não conseguirá se lembrar de muita coisa na prova, como vimos.

O que você poderia fazer é pensar: "*como seria se, ao invés de estar nervoso agora, eu estivesse tranquilo?*" e pouco a pouco lembrar-se de como é estar tranquilo, de como esteve tranquilo estudando e, em consequência, lembrar-se do que precisava lembrar.

Ou ainda o contrário. Enquanto estuda, imaginar-se nervoso na prova e já se preparar para esse momento.

Esse é o motivo por que processos como o coaching e terapia funcionam tão bem. Porque boas perguntas mudam o ponto de vista, que muda o estado emocional, que muda o comportamento, que muda a realidade do indivíduo, permitindo que a pessoa alcance o que se propõe.

Colocar-se nos estados emocionais que fazem você acessar os recursos que adquiriu enquanto estava nesses mesmos estados proporcionará a você insights, que nada mais são do que interligações de suas próprias teias neurais.

Os insights podem ocorrer por lembranças (quando adotamos outra perspectiva) ou por associações que nunca haviam sido feitas antes entre os nossos neurônios (que costumam ocorrem com maior frequência quando somos expostos a estímulos diferentes).

Você já faz isso inconscientemente por algo chamado "gatilho". Esses gatilhos nada mais são do que elementos variados que imediatamente o remetem a um estado emocional como reação.

"Reaja inteligentemente mesmo a um tratamento não inteligente."
Lao Tsé, Tao Te King

Quando vê uma foto antiga, quando sente um cheiro que lembra algo da infância, quando vê uma tomada, quando leva um susto, etc. Todos estes são exemplos de gatilhos. Todos temos vários, para estados bons e ruins.

Outra boa notícia é que terapeutas modelados por programadores neurolinguistas conseguiram decifrar a estrutura profunda dos pacientes e com isso levar a estrutura superficial deles próprios para a estrutura profunda dos pacientes, ou seja, aprenderam formas muito mais eficientes de comunicação, permitindo transferir quase a totalidade de sua percepção da realidade para o interlocutor.

Isso foi possível através da identificação do processo mental.

Saliento que esse processo mental não supera as nossas limitações físicas, ou seja, aquilo que conseguimos perceber da realidade, apenas aprimora a transferência daquilo que percebemos para o outro, maximizando esse processo, reduzindo (não eliminando) as perdas e falhas nas comunicações.

Uma forma muito eficiente de fazer isso é transformar a sua mensagem em uma história (*storytelling*). Mas não uma história qualquer, ela deve conter muitos detalhes, a ponto de proporcionar ao interlocutor a experiência de "se sentir vivenciando" o que está sendo contado. Dificilmente se perderão detalhes e a mensagem não será esquecida facilmente utilizando essa técnica.

O detalhe aqui é que, embora você deva utilizar muitos detalhes, deve cuidar para não utilizar os que possam ser "barrados" pelos filtros de seu interlocutor, ou seja, deve detalhar, mas sem restringir.

Para melhorar ainda mais nossa comunicação, assim como nossa percepção da realidade, nossos pensamentos, sentimentos e memória, devemos também sempre criticar nossas próprias habilidades mentais.

Devemos investigar tudo aquilo que nos é familiar, compreender os limites de nosso conhecimento e determinar como nossos processos mentais afetam o juízo que fazemos sobre tudo, sobre a nossa realidade.

"Pequenas coisas afetam pequenas mentes."
Benjamin Disraeli

Augusto Cury nos diz que não devemos aceitar tudo o que se apresenta no palco de nossa mente. Devemos duvidar, criticar e determinar cada pensamento, sentimento e ação, moldando, assim, o que e como vamos pensar, sentir, decidir e agir.

Agora o que vou ensinar é a minha estratégia mental, ou seja, meu método para resolver problemas e alcançar metas. Para isso, preciso esclarecer para você quais são meus filtros.

Até o momento, você já tem uma visão da minha história, além do meu propósito e dos meus valores. Evidente que não esgotarei todos os filtros, pois isso é impossível. Mas o essencial para essa finalidade você já sabe.

Além disso, é importante que você conheça meu processo de convencimento próprio, ou seja, o processo que utilizo para chegar à conclusão de que algo é importante, real e útil. Faço isso ao analisar as informações que recebo por meio do que vejo, ouço e sinto.

Ou seja, para mim não basta que eu veja algo para me convencer, eu também tenho que ouvir a respeito e me sentir bem com aquilo que tenho recebido. E preciso receber um fluxo grande de informações relacionadas, pois, do contrário, não me convenço.

Isso por si só já me ajuda muito a desviar das armadilhas de agir por impulso, permitindo que eu aprenda muito com cada decisão. Evidente que com coisas simples esse processo é infinitamente mais curto.

Quando sou submetido a algum estímulo, como, por exemplo algo que alguém faz e que me desperta o interesse, ou seja, me faz sentir bem a respeito daquilo, eu começo a fazer o seguinte exercício:

Passo a visualizar, em minha mente, como aquilo me teria sido útil no passado e guardo essas informações. Em seguida, passo a visualizar como aquilo me seria útil no futuro e também guardo essas informações.

Depois disso, começo a construir algo que chamo de "motivo em aprender aquilo", que consiste em utilizar as informações que obtive anteriormente e refletir sobre "o que eu quero com aquilo afinal de contas".

É possível observar um exemplo da efetividade desse processo no Ted Talk de Josh Kaufman, escritor e empreendedor estadunidense, autor de "As primeiras 20 horas: como aprender qualquer coisa rápido".[23] De acordo com Kaufman, são necessárias 20 horas de prática para aprender qualquer coisa e ser minimamente bom nela.

Para isso, ele acredita que você precisa decidir o que quer conseguir com sua ação e o que quer aprender quando dominá-la. Depois, deve-se desconstruir o aprendizado dividindo a habilidade em partes. Ele sugere que você comece pelas partes mais importantes e impactantes, que gerarão mais resultados, e que você se desenvolva até se tornar apto a se autocorrigir.

Durante o processo de aprendizagem, Kaufman diz ser importante remover as distrações e praticar por pelo menos 20 horas. Praticar significa tentar fazer melhor a cada vez, sempre se corrigindo, não apenas repetir o que já fez anteriormente.

Voltando à linha de meu raciocínio, após compreender o(s) motivo(s) que me leva(m) a querer aquilo, eu passo a fazer uma observação criteriosa daquilo que me gerou o estímulo, a estudar aquilo, procurando o máximo de informações possíveis que possam me indicar o caminho a seguir para atingir minha meta.

Então comparo essas informações com aquele "motivo" que construí e passo a refletir sobre o que poderia fazer para alcançar aquele ponto onde pretendo chegar.

Acabo por seguir os mesmos passos citados por Kaufman para dividir o conhecimento e selecionar as partes mais importantes e impactantes, conjugando tudo isso com as leis de Pareto e Parkinson, que já abordei anteriormente.

Isso gera muitas alternativas do que posso fazer. Se essas alternativas forem congruentes com o "motivo em aprender aquilo" e me aproximarem do resultado que desejo, penso em como executá-las e elaboro um plano de ação. Para estruturar esse plano de ação, eu sigo os passos do início do Capítulo 7.

Veja, o método é tão importante quanto uma receita culinária.

Se você segue a receita, consegue os resultados, afinal, alguém já testou aqueles ingredientes, aquela sequência, e conseguiu aquele resultado várias vezes para poder dizer que aquilo funciona.

Porém, não é suficiente só saber quais são os ingredientes necessários. Para produzir o resultado preciso você deve saber exatamente quanto de cada ingrediente é necessário.

É importante notar também que algumas estratégias requerem um nível de desenvolvimento fisiológico ou programação que você ainda não tem (como alguma preparação física específica ou algum conhecimento ou formação específica, por exemplo).

Você pode estar seguindo a receita do melhor padeiro do mundo, mas se tentar assar sua receita num forno que só chega até 180°, enquanto o dele chega a mil graus, você não irá obter o mesmo resultado. No entanto, usando sua receita, você pode maximizar o resultado que consegue, mesmo com o forno que você já tem.

Estratégias e métodos são como a combinação para o cofre dos recursos de seu cérebro. Mesmo que conheça os números, se não os utilizar na sequência correta, você não será capaz de abrir a fechadura. No entanto, se você tiver os números e a sequência corretos, a fechadura poderá ser aberta quantas vezes desejar. Assim, você precisa encontrar a combinação que abre seu cofre e também a que abre o cofre das outras pessoas.

O objetivo de um método e/ou estratégia é sempre compartilhar a essência, ou seja, a diferença que faz a diferença na execução, tornando-a eficiente e eficaz.

Logo, faz muito mais sentido seguir um método claro, e comprovado, do que simplesmente ir testando tudo a esmo, sem critério. Evidente que, independentemente do método, ele pode e deve continuar a ser aprimorado, mas isso veremos mais adiante.

E isso tudo pode ser alcançado através de ferramentas. Já deixei, no Capítulo 7, mais de 20 ferramentas e exercícios que você pode utilizar para estabelecer e desenvolver qualquer meta da sua vida. Mas nada disso funcionará sem foco.

5.5.4 – Foco

O foco nada mais é do que a concentração da atenção e da ação em uma única atividade por um período de tempo.

Para concentrar a atenção e a ação, são necessárias escolhas. Escolhas quanto ao que priorizar. Note que se houver mais de uma prioridade, seu conceito se esvai. Ou seja, priorizar significa escolher uma única opção, e nenhuma mais.

Isso não significa que você deve esquecer tudo para fazer somente uma coisa da sua vida, mas sim que deve priorizar uma opção por vez, a cada momento. Como isso demanda escolhas, é normal que ocorram dúvidas sobre o que priorizar a cada momento.

É importante que você saiba que, se está indeciso, é porque ainda não deu poder para nenhuma das opções. Mas o que podemos fazer para escolher da melhor maneira possível?

Você já sabe a resposta.

Siga suas necessidades, seus valores, sua missão, sua visão e seu propósito de vida.

Mas saiba que todas as escolhas têm seu custo. Muitas vezes nos esquecemos que para chegar a esse nível é necessário um processo de uso de tempo e da vida, além de esforço, que pode ser desgastante.

A indecisão pode causar a procrastinação e uma parte dessa procrastinação tem sua razão por, às vezes, não desejarmos (lá no fundo) que algo aconteça. Nos contentamos apenas em pensar que algo poderia ser dessa ou daquela maneira, nos iludindo.

Como não será da forma que gostaríamos (em nossas mentes), a menos que façamos algo, acabamos por não fazer nada a respeito simplesmente por não querermos "pagar o preço".

Por isso a clareza do propósito é tão importante.

O macete aqui é simplesmente ir lá e fazer o que tem que ser feito. Você começará a perceber que, uma vez em movimento, as coisas começam a ficar mais fáceis, o esforço necessário passa a ficar cada vez menor, pois você passará a se acostumar gradualmente a ele.

"A energia flui para onde vai a atenção."
Livro The Secret

O benefício do foco é estar 100% dedicado àquela atividade, o que permite que você acesse 100% da sua capacidade e performance para desempenhá-la da melhor maneira possível.

Por exemplo, com a mesma luminosidade, o laser consegue atingir uma distância muito maior do que uma lâmpada incandescente ou fluorescente. Isso porque, independentemente da intensidade da luz, o laser alinha todos os raios na mesma direção e no mesmo sentido.

Segundo Daniel Goleman[24], jornalista científico, escritor de renome internacional, psicólogo, jornalista da ciência e consultante incorporado estadunidense, autor de "Inteligência Emocional" e "Foco", o foco pode ser:

- Interno: quando temos consciência de nós mesmos (nossos pensamentos, nossos sentimentos, etc.) e do outro.
- Duplo: é a empatia, ou seja, focar no outro para compreender o seu mundo interior, os seus pensamentos, os seus sentimentos, etc.
- Triplo: Ser capaz de perceber e compreender os sistemas maiores que impactam e moldam nossas vidas, seja a dinâmica de uma organização, sociedade, país, etc.

Quando falamos em foco, sempre é importante nos questionarmos:

Focar com qual propósito?

A serviço do que exatamente estamos usando quaisquer que sejam nossos talentos?

Para exercitar o foco ao máximo, sempre se questione:

É para mim, ou para os outros?

É para o benefício de poucos, ou de muitos?

É para agora, ou para o futuro?

Mas há um detalhe.

O foco é essencial, mas é possível também ter muitos problemas por excesso de foco. Sem querer mencionar o óbvio que é, ao focar demais em algo, acabar negligenciando áreas como família, relacionamentos, amizades, saúde, trabalho, etc., é possível que focar demais em algo nem sempre seja produtivo.

O ócio, assim como períodos de descanso, também é essencial à performance. O foco é ótimo, mas não pode ser sustentado de maneira produtiva por muito tempo. Evidente que pode ser ampliado, e muito, com algumas técnicas, como o Pomodoro, por exemplo, 25 minutos de atividade *versus* 5 minutos de descanso, mas precisa ser dosado para que tenha seu melhor efeito.

A melhor alternativa é testar.

Isso mesmo, vá testando a quantidade de tempo que permanece focado de maneira produtiva, em quais momentos, para quais atividades, o que gera mais esforço, o que gera menos, o que lhe faz sentir melhor, o que lhe faz sentir pior, etc.

Se preferir, faça um mapa para o foco, tal qual eu ensino a fazer adiante para a energia. Assim terá uma noção personalizada de como o seu foco funciona. Mas o foco não será sustentado por muito tempo sem que você trabalhe a sua performance.

5.5.5 – Performance

Na era da informação, a informação está sempre disponível. Então por que algumas pessoas conseguem resultados fabulosos, enquanto outras só passam perto? Por que não somos todos capacitados, felizes, ricos, saudáveis e bem-sucedidos?

A verdade é que, mesmo na era da informação, só isso não é suficiente. Todo grande sucesso está relacionado com ação. E é a ação que produz resultados. O conhecimento é somente um poder potencial, até que chegue às mãos de alguém que saiba como transformá-lo em ação, em realidade.

Na verdade, poder significa "habilidade de agir". Mas, mesmo com habilidade, por que mesmo os melhores em cada área em alguns dias fazem tudo certo e, em outros não conseguem fazer nada direito?

Isso se deve a questões como o estado neurofisiológico em que estão e pelo fato de que nenhuma estratégia funciona sempre, afinal, todos nós estamos em constante alterações de humor, estados fisiológicos, energia, etc., que influenciam diretamente em nossas estratégias.

Dessa forma, para maximizar nossa performance, precisamos compreender quais elementos podem influenciá-la, de forma que possamos trabalhar com eles. Estudando os elementos que compõem a performance, cheguei à seguinte equação:

Performance = Autoconhecimento + Motivação + Organização + Método + Foco – Interferência

Se você acrescentar a equação a Persistência e o Aprimoramento Contínuo, assuntos que abordarei adiante, o resultado será a Alta Performance.

Mas por que falar de performance antes desses dois conceitos?

Performance é algo que se mede em comparação, em comparação ao que se era antes e em relação ao que se pretende ser.

Assim, de nada adianta persistir se já não estiver fazendo algo da melhor maneira possível. E você não saberá como melhorar a cada dia se não aprender o suficiente para se autocorrigir, para adequar o curso no caminho.

A maioria desses conceitos já foi introduzido no livro, à exceção da interferência. Ela pode ser tanto interna (dúvidas, crenças, medos, desejos, etc.), quanto externa (demandas de família, amigos, relacionamentos, problemas financeiros, acidentes, etc.).

Para lidar com a interferência interna são necessários mecanismos que somente são desenvolvidos por meio do autoconhecimento e da prática, como, por exemplo, a quebra de crenças ou a automotivação. No Capítulo 7, apresento algumas ferramentas que podem ser utilizadas nessas hipóteses.

Como já mencionei, nossos comportamentos são resultados dos estados em que estamos e do que decidimos fazer em consequência. É fato que sempre buscamos fazer o melhor que podemos, com os recursos de que dispomos, mas, algumas vezes, nos encontramos em estados sem recursos, e acabamos por ter performances ruins.

A chave, então, é tomar conta de nossos estados e, assim, de nossos comportamentos. Você já sabe que pode modelar suas percepções da realidade. O que você talvez não saiba é que se não o fizer alguém as modelará para você. Se não fizer o que quer fazer, cumprirá os planos que alguém tem para você.

Para mim, uma habilidade imprescindível é a de produzir resultados que desejamos e criar valores para outros no processo, permitindo mudar nossas vidas, dar forma às nossas percepções da realidade, fazendo com que as coisas trabalhem para nós e não contra nós. Precisamos ser capazes de definir nossas necessidades e saná-las, tanto as nossas como as das outras pessoas. Assim conseguiremos os resultados que desejamos.

Como nos sentimos não é o resultado do que está acontecendo conosco, é apenas a nossa interpretação do que está acontecendo. As pessoas de sucesso nos mostram que o sucesso não é determinado pelo que acontece conosco, mas pelo que fazemos com o que acontece.

Mas o que cria esses estados?

A nossa representação interna, a maneira que utilizamos nossa percepção da realidade e a nossa fisiologia. O que e como você imagina as coisas, assim como o que e como diz coisas para si mesmo sobre a situação do momento, criam o estado em que fica e, assim, as espécies de comportamento que produz.

Portanto, sua representação interna, sua experiência do evento, não é exatamente o que aconteceu, apenas uma representação interna personalizada. As palavras que usamos para descrever experiências não são as experiências. São apenas a representação verbal que podemos apresentar.

Sua realidade é a realidade que você cria. Se tem representações internas positivas é porque as criou. Se são negativas, você também as criou.

Uma vez que não sabemos como são as coisas na realidade, mas só como as representamos para nós mesmos, por que não as representar de uma forma que nos fortaleça, e fortaleça aos outros, em vez de criar limitações?

A chave para fazer isso é o direcionamento da memória, a formação de representações que criem os melhores estados. Não importa quão ruim seja a situação, você pode representá-la de uma forma que o faça sentir bem e não mal. Isso porque nada é intrinsecamente bom ou mau, nós é que fazemos essas classificações.

Nós é que formamos uma imagem do mundo e do que acreditamos ser possível nele. A vida é como um rio que corre, está em constante movimento, e você pode estar à mercê do rio se não tomar as medidas necessárias para se manter na direção que predeterminou, ou pode assumir o controle e decidir para onde ir.

Nossas vidas também podem ser comparadas a jardins, dos quais devemos todos os dias tirar as ervas daninhas, regar e cultivar da melhor maneira possível.

Por isso, para alcançar o sucesso, precisamos nos colocar a todo momento em estados que nos permitam tomar as atitudes necessárias, conhecer nossos objetivos, tomar medidas, aprender o que dá certo e o que não dá, adaptando nosso curso, até sermos bem-sucedidos.

Podemos mudar nossas ações físicas e mentais e, com isso, mudar, imediatamente as nossas emoções e os nossos comportamentos, nos sentindo animados e motivados, adotando o ponto de vista que cria essas emoções.

Podemos imaginar o que cria esses sentimentos, mudar o tom e o conteúdo de nossos diálogos internos, adotar as posturas específicas e a maneira de respirar que criam esse estado em nós e experimentar esses sentimentos.

Quando acreditamos que alguma coisa é verdade, é como se enviássemos um comando para nosso cérebro de como representar o que está ocorrendo. Qualquer que seja sua meta, se criar em sua mente uma imagem clara do resultado que deseja, e representá-lo para si mesmo como se já o tivesse alcançado, então você entrará nos estados que o apoiarão para criar os resultados que deseja.

Agora para lidar com a interferência externa, que muitas vezes pode não ser esperada, além dos conceitos que já abordamos, como propósito, motivação, organização, método e foco, são necessários planos de ação.

No Capítulo 7, você verá que sempre sugiro que a seguinte pergunta seja feita: "E se tudo der errado, qual o seu plano B?", além de: "quem pode o atrapalhar?" Esses e outros questionamentos visam preparar você para lidar com interferências que podem ocorrer no caminho.

Mas também podem ocorrer situações imprevisíveis. Para estas, somente a cada situação é que se poderá elaborar a estratégia pois, do contrário, elas seriam previsíveis não é mesmo?!

Em todo caso, use sempre o que aprendeu quanto aos conceitos de propósito, motivação, organização, método e foco, e elabore os competentes planos de ação, conforme menciono no Capítulo 7.

Alguns outros pontos podem influenciar em muito a sua performance. Deixarei então algumas dicas que podem ajudar você a maximizar e manter sua performance em alto nível:

- Cuide bem de nosso corpo. Se seu corpo puder trabalhar em sua máxima capacidade, seu cérebro também trabalhará. Afinal, uma construção só pode ser tão forte e elegante quanto seus componentes.
- Treino. Não somente físico (não se mate, consulte um nutricionista, um médico e um preparador físico para que eles ajudem você a maximizar sua performance), mas também psicológico. Pratique elaborar planos e estratégias, além de executá-las. Verá que, quanto mais o fizer, mais fácil será lidar com interferências e mais fácil será superar qualquer situação.
- Nutrição. Não se manter nutrido de forma adequada (não se mate, consulte um nutricionista e um médico para que eles ajudem você a maximizar sua performance) influi diretamente na sua capacidade. O que, como, quando e onde você se alimenta interfere diretamente nisso. Você gosta de comer? Eu também. Quer aprender a comer muito? Coma certo. Desse modo, viverá o bastante para comer muito.
- Descanso/Recuperação. Acredito serem os mais negligenciados. Não adianta querer abraçar o mundo. Pare algumas vezes ao longo do dia e utilize métodos, como, por exemplo, o Pomodoro[25], pois, assim como o interesse, a energia também é cíclica. O que, como, quando e onde você descansa e se recupera interfere diretamente nisso.
- Sono. Nada como uma boa noite de sono para lhe colocar de volta nos trilhos da alta performance. O que, como, quando e

onde você dorme interfere diretamente nisso. Vários dispositivos permitem acompanhar e programar da melhor maneira o ciclo do sono para extrair o melhor dele. Sugiro ainda que vá a um instituto especializado em sono e faça uma avaliação. Você pode se surpreender com o que pode aprender e conseguir dessa consulta.

- Mindset. A mentalidade de crescimento, ou não limitante, de que sempre é possível fazer melhor, ir além, alcançar, é, para mim, o principal requisito da performance. É o que lhe permite conjugar todos os outros métodos para alcançar melhores resultados.

- Meditar. A meditação, assim a auto-hipnose (sugiro exercícios específicos para isso no Capítulo 7), e suas inúmeras vertentes, cada vez mais aparecem como benefício e como prerrequisito para a alta performance. Eu as comparo (pois sinto em mim um efeito muito semelhante quando pratico, utilizando uma analogia evidentemente) à ferramenta de "desfragmentação" do Windows, só que para o nosso cérebro. Se ainda não tentou, procure e estude bons métodos com profissionais devidamente certificados, depois pratique diariamente. Os resultados são incríveis.

- Faça um mapa de energia. Anote durante uma semana, de 0 a 10, seu nível de energia e o que estava sentindo em cada atividade realizada. Isso vai lhe proporcionar uma ideia de quais momentos são mais favoráveis à cada atividade. Elabore também uma estratégia, com base no sugerido no início do Capítulo 7, para fazer melhor uso dos dados que identificou.

Exemplo de Mapa de Energia (você pode criar um de maneira bem simples no Excel e, se quiser, pode acrescentar o nível de foco, como sugeri no item anterior deste capítulo):

Hora	Atividade	Sensação	Energia
00:00	dormir	boa	10
01:00	dormir	boa	10
02:00	dormir	boa	10
03:00	dormir	boa	10
04:00	dormir	boa	10
05:00	dormir	boa	10
06:00	dormir	boa	10
07:00	café/banho	boa	10
08:00	trabalho	tensão	8
09:00	trabalho	tensão	7
10:00	trabalho	tensão	7
11:00	trabalho	normal	6
12:00	trabalho	normal	6
13:00	almoço	boa	8
14:00	trabalho	normal	6
15:00	trabalho	cansaço	5
16:00	trabalho	cansaço	5
17:00	trabalho	cansaço	4
18:00	trabalho	cansaço	4
19:00	academia	cansaço	3
20:00	TV	boa	4
21:00	jantar	boa	3
22:00	dormir	boa	3
23:00	dormir	boa	10

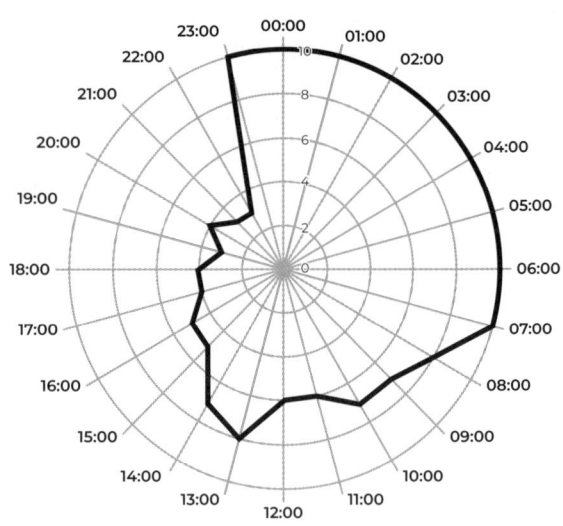

Importante mencionar que, ao contrário da paixão, que só se manifesta em experiências inéditas ou revisitando experiências passadas, a performance só é possível em uma estrada já pavimentada. Afinal, o que é mais fácil: dirigir um carro a 200 km/h em uma estrada de terra esburacada ou em uma autoestrada com asfalto excelente?

Você não conseguirá performar em alto nível em algo que nunca fez. Pode, evidentemente, conseguir uma boa performance, com as técnicas que já aprendeu e as ferramentas que ofereço, mas como já mencionei, a performance só existe em comparação, por isso, é importante avaliá-la em algo que você já faz, ou após um tempo após iniciada a atividade.

Contudo, uma vez que você sabe o que fazer e como fazer, bem como o que precisa fazer para se autocorrigir e continuar a melhorar, é necessário persistir.

"Nossos corpos são nossos jardins. Nossas vontades são jardineiros."
William Shakespeare

5.5.6 – Persistência

Persistência e aprimoramento contínuo andam de mãos dadas. Um não funciona, aliás, nem existe, sem o outro. Coloquei nessa ordem apenas para fins didáticos.

Você conhece o ditado popular *"água mole em pedra dura tanto bate até que fura"*? Para mim, ele é a representação do que significa persistência.

"Se alguém pudesse levar duas palavras ao coração para governá-los e cuidar de si mesmos, eles viveriam uma vida extremamente tranquila e impecável. As duas palavras são: persistir e resistir."
Epiteto

Persistir não é sempre fazer a mesma coisa, e sim continuar lutando para alcançar suas metas. Isso implica em se adaptar conforme as necessidades, aprender o que é necessário, fazer o que é necessário, pagar o preço para poder colher os benefícios ao final. Além de tudo isso, o mais importante é fazer cada vez melhor até alcançar suas metas.

"Só é possível dobrar o ferro quente. Se ele está frio, então deve-se bater nele até que ele esquente."
Autor Desconhecido

O que fazer para persistir?

Basta seguir os passos anteriores e manter-se focado no caminho, ajustando a rota, estratégias e ações conforme as necessidades.

Os sonhos não se realizam porque as pessoas têm sorte.

As pessoas têm sorte porque não desistem.

"Vencer é um hábito, perder também!"
Bud Hadfield

Contudo, de nada adianta persistir se você não continuar a se desenvolver continuamente.

5.5.7 – Desenvolvimento contínuo

Somente com os passos anteriores é que você será capaz de realizar aquilo que tanto sonha fazer. Somente assim é que manifestará verdadeiramente o propósito em sua vida. Mas gostaria de apresentar mais uma equação:

Realização Única = Alta Performance + Persistência + Aprimoramento Contínuo + Tempo

"Eu posso alcançar a imortalidade, basta não me desgastar.
Você também pode alcançar a imortalidade.
Basta fazer apenas uma coisa notável!"
Johnnie Walker

Para explicar isso, gostaria de contar a história do Tesouro de Bresa. Há muito tempo, na Babilônia, existiu um alfaiate chamado Enedim. Muito trabalhador, ele não perdia a esperança de se tornar rico. Um dia, um velho mercador da Fenícia bateu à porta de sua casa com vários objetos em mãos. Enedim olhou todos, até que encontrou um livro bem grosso, no qual havia símbolos e caracteres estranhos, completamente desconhecidos por ele.

Percebendo que Enedim se interessou, o mercador logo começou a dizer as qualidades do livro, dizendo ser único, precioso e custava apenas três dinares. Embora não fosse caro, para Enedim o preço era significativo. Depois de muita negociação, Enedim convenceu o mercador a vender-lhe por dois dinares. O mercador mal foi embora e Enedim já começou a examinar o livro.

As páginas eram todas escritas em caracteres estranhos e logo notou que se tratava não de um, mas sim de vários idiomas diferentes e bastante difíceis de decifrar. O interesse e a curiosidade ficaram ainda mais aguçados depois de alguns dias de estudo intenso, quando conseguiu decifrar, na primeira página, a seguinte inscrição *"O segredo do tesouro de Bresa"*.

Tesouro? Enedim lembrou que já tinha ouvido falar desse tesouro. Teria ele comprado sem querer um mapa para esse tesouro?

Ele então se dedicou, ainda com mais afinco, a decifrar as páginas seguintes, e depois de muita pesquisa, conseguiu traduzir mais um trecho que dizia: *"O tesouro de Bresa, enterrado pelo gênio do mesmo nome entre as montanhas do Harbatol, foi ali esquecido, e ali se acha ainda, até que algum homem esforçado venha encontrá-lo"*.

Enedim então começou a decifrar todas as páginas do livro, sempre visando encontrar o tesouro. Todavia, como as páginas eram escritas em caracteres de vários idiomas, ele teve que estudar os hieróglifos egípcios, a língua dos gregos, os dialetos persas, o idioma dos judeus, entre tantos outros.

Ao final de alguns anos, Enedim já havia aprendido vários idiomas. Aliás, na região, não havia ninguém que soubesse tantos quanto ele. Logo ele foi convidado para deixar a profissão de alfaiate e tornar-se intérprete do rei, convite que aceitou, passando a ganhar muito mais e a viver em uma confortável casa.

Continuando a ler o livro, encontrou várias páginas cheias de cálculos, números e figuras. Para entender o que lia, estudou matemática com os calculistas da cidade e, em pouco tempo, tornou-se grande conhecedor das transformações aritméticas. Graças aos novos conhecimentos, calculou, desenhou e construiu uma grande ponte sobre o rio Eufrates, o que fez com que o rei o nomeasse prefeito.

Ainda em decorrência da leitura do livro, Enedim estudou profundamente as leis de seu país, sendo nomeado primeiro-ministro daquele reino, em função de seu vasto conhecimento. Foi então viver em um luxuoso palácio, onde recebia visitas de muitas pessoas poderosas e influentes, como príncipes, reis e suas comitivas.

Graças ao seu trabalho e ao seu vasto conhecimento, o reino progrediu rapidamente, trazendo riquezas e alegria para todos. Entretanto, apesar do sucesso, o tesouro de Bresa ainda não fora encontrado. O livro já havia sido totalmente traduzido, mas Enedim não encontrara nenhuma pista do tesouro.

O tempo passou até que um dia, ao fazer uma viagem para supervisionar obras do reino, Enedim reencontrou o mercador que lhe vendera o livro. Contando ao velho mercador que havia conseguido traduzir todo o livro, revelou ao ancião que se sentia frustrado, pois não havia encontrado nada que o levasse à localização do tesouro.

O velho sorriu em resposta e disse: "*O tesouro de Bresa já está em seu poder, pois graças ao livro e ao seu esforço próprio, você adquiriu grande saber e foi isso que lhe proporcionou os invejáveis bens que possui hoje. Afinal, Bresa significa "saber".*"

Essa fábula traduz a ideia de aprimoramento contínuo que desejo compartilhar com você e que traduz muito bem o que significa a palavra japonesa "*Kaizen*". Kaizen significa mudança para melhor, melhoria contínua. Entende-se como: "**Hoje melhor que ontem, amanhã melhor que hoje**".

Essa noção aplica-se a tudo. Para o Kaizen é sempre possível fazer melhor e nenhum dia deve passar sem que alguma melhoria tenha sido feita.

O tesouro de Bresa é o saber, que qualquer um que se esforce o suficiente, da maneira correta, pode alcançar. Quem segue o Kaizen alcança esse tesouro, pois busca sempre a melhoria gradual e contínua, em todos os aspectos.

Patrick James Riley, ex-atleta estadunidense e ex-técnico da NBA, hoje presidente do clube de basquete Miami Heat, certa vez, para estimular os atletas do time que treinava a passar para o próximo nível, os convenceu de que, se cada jogador melhorasse o desempenho em apenas 1% em cinco áreas-chave, tudo seria diferente.

Todos tinham certeza de que eram capazes disso. Cada jogador só precisava se dedicar para um aumento de 5%. Esse aumento, multiplicado por 12 jogadores, produziu um aumento de 60% para o time. E isso fez com o que aquele time tivesse a melhor performance da sua história durante as temporadas seguintes.

Eugen Herrigel[26], filósofo alemão, nos diz que a prática oriental surpreende porque não tem como finalidade resultados práticos ou o aprimoramento do prazer estético, mas sim exercitar a consciência, com a finalidade de fazê-la atingir a realidade última, ou seja, o nirvana. Este é um estado de iluminação suprema, para além da concepção do intelecto, que harmoniza o consciente com o inconsciente.

> *"O paraíso não é um lugar nem um tempo.*
> *O paraíso é ser perfeito."*
> **Richard Bach**

Para se tornar mestre em algo, o domínio técnico é insuficiente. É necessário transcendê-lo, de tal maneira que ele se converta numa arte sem arte, emanada do inconsciente. E tudo isso passa pelo aprendizado, que possui cinco níveis:

1. Incompetência inconsciente: quando não sabemos que não sabemos.
2. Incompetência consciente: quando sabemos que não sabemos.
3. Competência consciente: quando sabemos fazer, mas temos que pensar para fazer. Ou seja, na hora de fazer a ação, ela acaba sendo mais mecânica e engessada.
4. Competência inconsciente: quando não pensamos mais e sabemos inconscientemente como fazer. Ou seja, a ação é mais fluida e natural.
5. Maestria: somente atingida quando se continua a exercitar o aprimoramento contínuo. Segundo muitos estudos[27], somente seria atingida após 10 mil horas de prática, persistência e aprimoramento contínuo no tema. Mas pode ser muito mais, pois depende de inúmeros fatores.

David A. Kolb[28], teórico educacional americano, definiu a aprendizagem como o momento em que conceitos abstratos são adquiridos e têm a capacidade de serem aplicados em um conjunto de situações, e quando novas experiências motivam o surgimento de novos conceitos. Ao aprender, passamos por quatro etapas:

1. Experiência concreta: quando nos deparamos com uma nova experiência ou reinterpretamos uma experiência que existia anteriormente.

2. Observação reflexiva: é a observação de qualquer experiência nova. As inconsistências entre a compreensão e a experiência devem ser especificamente destacadas.

3. Conceituação abstrata: quando, a partir da reflexão, surge uma nova ideia. Isso também pode se referir à alteração de um conceito abstrato que já existe.

4. Experimentação ativa: aplicamos essa ideia no mundo e observamos os resultados.

Kolb ainda identificou quatro estilos de aprendizagem que as pessoas utilizam de acordo com onde elas caem no contínuo: adaptador, divergente, convergente e assimilador.

1. Adaptador: depende do uso da intuição ao invés da lógica. Quem o emprega segue seus "instintos". Muitas vezes depende de outros para obter informações e, então, analisa por conta própria essas informações. Gosta de seguir planos e é atraído por novas situações e desafios.

2. Divergente: tem um estilo de aprendizagem divergente e prefere observar em detrimento de fazer. Resolve os problemas reunindo informações e utilizando a imaginação. Tem a capacidade de olhar para as situações de diferentes pontos de vista e é mais hábil quando colocado em situações em que é necessária a geração de ideias. Costuma ser sensível, emocional e mais artístico. Tende a gostar de trabalhar com os outros, recebendo feedback, obtendo informações e ouvindo o que os outros têm a dizer, mantendo a mente aberta.

3. Convergente: é o mais tecnicamente orientado e prefere resolver os problemas de questões práticas e não questões interpessoais. É mais hábil quando toma decisões encontrando respostas para as questões. Gosta de experimentar, simular e trabalhar com aplicações do mundo real.

4. Assimilador: assume uma abordagem lógica para ideias e conceitos abstratos e possuiu um enfoque menor em pessoas e aplicações práticas. Consegue entender um amplo leque de informações e tem a capacidade de reunir as informações em um formato lógico. Funciona melhor no campo científico. Também prefere conseguir pensar por meio de uma situação e examinar modelos analíticos.

Ter ciência do próprio estilo de aprendizagem e sobre os estilos de aprendizagem dos outros pode ser muito útil, na medida em que você passa a entender melhor como transmitir informações para outros de maneira mais eficiente e entender do que os outros precisam para melhorar.

"Eu nunca ensino aos meus alunos,
apenas tento criar condições para que eles possam aprender."
Albert Einstein

Um dos maiores problemas dos sistemas de educação atuais é que a maioria dos professores não conhecem as estratégias de aprendizado de seus alunos. Até agora, nosso processo educacional tem sido baseado no que os alunos devem aprender, e não em como podem aprender melhor.

Afinal, como as pessoas aprendem/melhoram? Por meio do estudo? Prática?

E as pessoas que já atingiram a maestria? Como continuam a melhorar?

Elas buscam a perfeição. E nós também temos que buscar a perfeição.[29] O "bom o suficiente" tem consequências, muitas vezes sérias.

Afinal, quantos não morrem nos hospitais todos os anos por estarem sendo tratados "bem o suficiente"? E em decorrência de imperícia de profissionais que estudaram apenas "o suficiente"? Ou que se esforçaram apenas "o suficiente"? Ou "o bastante"? Ou que "fizeram o que podiam"?

E quando foi que nos acostumamos com o "bom o bastante"? Com o "suficiente"? Com o "máximo" que era possível?

Dizer que buscar o perfeccionismo é estressante é o mesmo que dizer que fazer exercícios é cansativo. Ora, se você quiser os resultados terá que pagar o preço. Michelangelo di Lodovico Buonarroti Simoni, pintor, escultor, poeta e arquiteto florentino, dizia que o problema não é mirar muito alto e errar, mas sim mirar muito baixo e acertar.

O fracasso não deveria ser uma força desmotivadora para desistir, mas uma força motivadora para a superação. Pode parecer complicado, mas é possível, basta que o perfeccionismo seja desenvolvido nas pequenas coisas, para, somente depois, ser aplicado em larga escala. Afinal, se não conseguimos fazer as pequenas coisas direito, vamos falhar nas coisas importantes.

Mas por que não aprender a melhorar também por meio de processos como o coaching? Por que os profissionais dos esportes têm coaches e as outras profissões, em geral, não?

Uma das maneiras de agir buscando o aprimoramento contínuo e a perfeição é por meio do coaching. O coach não realiza qualquer aconselhamento, mas pode utilizar técnicas como as chamadas *shadowing* ou o *shadow coaching*, nas quais observa você fazendo o que pretende melhorar, e lhe orienta (através de um método) como descobrir maneiras de fazer ainda melhor.

A ideia de alguém lhe observar, apontar erros e pontos de melhora pode parecer absurda e pode mexer com o ego de alguns, mas pode ser a única forma de ir além e apoiar no alcance da maestria em algo.[30]

O ser humano é definido como um ser pensante, mas suas grandes obras se realizam quando não pensa e não calcula. Uma vez que o ser humano alcança esse estado de evolução, ele se torna um artista zen da vida. Suas mãos e os seus pés são pincéis. O universo é a tela sobre a qual ele pinta sua vida durante 60, 70, 80, 90 anos ou mais. E esse quadro se chama a história.[31]

Ninguém será mais o mesmo depois que houver dado o primeiro passo e após atingir sua autoperfeição. Quanta coisa terá de vencer e deixar para trás até que, por fim, encontre a verdade? Quantas vezes será questionado, durante sua caminhada, em relação à sensação de estar aspirando o impossível?

E, não obstante, chegará o dia em que o impossível se transformará no possível e, mais ainda, no natural.

E, se você está sempre melhorando, e atinge a maestria, o que passa a ser possível? O que passa a ser possível quando as pessoas são as melhores no que elas fazem?

A partir daí não seria necessário esperar uma descrição minuciosa da tão longa e cansativa jornada que nos permita, pelo menos, perguntar se nos atreveremos a percorrê-la?

> *"Aos outros dou o direito de ser como são,*
> *a mim, dou o dever de ser o melhor a cada dia."*
> **Chico Xavier**

É seu dever, por todos que investiram e acreditaram em você, ser o melhor que poderia ser.

Viver o seu sonho.

Por isso, o que quer que você faça, faça bem-feito.

Ou, como diz Simon Sinek, *"faça tão bem-feito que, quando as pessoas virem você fazendo, queiram voltar e ver você fazer de novo e queiram trazer mais pessoas para mostrar o quão incrível você faz aquilo que faz."*

Com o propósito e estímulo aos pontos fortes, é que os grandes se tornam grandes. É por isso que os melhores de cada ramo estão em tal posição. Além de muito treino, dedicação e aprimoramento contínuo, o propósito e o foco em seus pontos fortes são os elementos que fazem a grande diferença.

Quando você vai começar a viver a vida que você vive dizendo que quer?

Comece hoje!

Quantos lhe disseram que não podia? Que ia morrer tentando? Que ia quebrar a cara?

Prove que estavam errados!

Prove que pode ir além!

Prove que é possível!

> *"Aquele que não está ocupado nascendo,*
> *está ocupado morrendo."*
> **Bob Dylan**

Afinal, você não precisa ser um herói, apenas um lutador. Você não precisa ser recordista, apenas vença as suas próprias barreiras, uma de cada vez, um passo de cada vez, um dia de cada vez.

E se não estiver conseguindo, finja. Como dizem os norte-americanos: *"Fake it till you make it!"* Finja até conseguir.

O que quero dizer com isso não é que você deve ser uma pessoa falsa, mas que deve pensar, sentir e agir como se estivesse conseguindo, até que, em algum momento, você vai conseguir.

Aja como quando você se sente com mais recursos, mais poder, mais felicidade, como se soubesse que vai ser bem-sucedido. Aja "como se" já estivesse lá. Aja como se pudesse. Aja como se soubesse como.

Agir "como se" é mais efetivo pois você põe a sua fisiologia no estado que estaria se já tivesse realizado. Então fique em pé do modo que ficaria se soubesse como fazer isso. Respire da maneira que respiraria se soubesse como fazer isso. Faça seu rosto parecer como se pudesse fazer isso.

Quando nos sentimos fortes e com recursos, tentamos coisas que nunca tentaríamos se nos sentíssemos amedrontados, fracos e cansados.

Então finja até conseguir.

Depois que conseguir, faça até que isso se torne parte de você.

Depois que isso se tornar parte de você, exercite essa parte de você até que ela se torne você.

Quando isso acontecer, você atingiu a maestria.

"Não procure um herói, seja um."
Autor Desconhecido

E não deve parar por aí, deve continuar se aprimorando.

Deve continuar usando o Kaizen.

Deve continuar vivendo o Kaizen.

Até se tornar o Kaizen.

Até realizar o seu propósito!

"Ouse fazer e o poder lhe será dado!"
Dr. Lair Ribeiro

CAPÍTULO 6

E QUANDO TUDO NÃO É TÃO SIMPLES?

"Quando os céus estão a ponto de conferir uma grande tarefa a alguém, primeiro eles exercitam sua mente com sofrimento, e seus músculos e ossos com fadiga. Eles expõem seu corpo à fome e o sujeitam à extrema pobreza, e confundem as suas tarefas. De todas essas maneiras estimulam sua mente, endurecem sua natureza e preenchem sua incompetência."

Bushido

Problemas são extremamente comuns. Existem em todos os lugares, a todo momento e todos nós temos uma grande porção deles.

Resolvi então abordar alguns dos problemas mais comuns que tenho observado naqueles que buscam construir o seu propósito de vida e fornecendo algumas dicas sobre o que pode ser feito para superá-los, especialmente quando decidem mudar ou sair de um trabalho (embora as dicas sirvam para qualquer situação).

Ressalto que, independentemente da situação, você sempre pode utilizar as ferramentas do Capítulo 7 e elaborar estratégias para superá-las.

Contudo, além das ferramentas apresentadas, será que existem outros métodos para resolver problemas?

"Não existem métodos fáceis para resolver problemas difíceis."
Descartes

6.1 – Como resolver problemas?

"Quando a sua única ferramenta é um martelo,
você tende a encarar todos os problemas como se fossem pregos."
Abraham Harold Maslow

De nada adianta elencar problemas se não entendemos antes como podemos resolvê-los não é verdade? Quero apoiar você a solucionar problemas por meio de um método que tem sido muito útil a mim e a meus clientes.

Existem dois tipos de problemas: problemas bem definidos e problemas mal definidos. Os bem definidos têm objetivos claros, apresentam um caminho específico para a solução e possuem obstáculos fáceis de identificar.

"Se você jogar, decida três coisas antes de começar:
as regras do jogo, os limites e a hora de parar."
Provérbio Chinês

Os mal definidos não possuem um caminho específico para a solução e necessitam ser investigados para poder ser definidos, compreendidos e resolvidos. Não podem ser resolvidos com o uso de fórmulas, eis que as informações precisam ser coletadas e analisadas antes de se chegar a uma solução. Assim, pode ser necessária uma combinação de estratégias. Também podem apresentar subproblemas bem definidos.

"Pensar é o trabalho mais pesado que há,
e talvez seja essa a razão para tão poucos se dedicarem a isso."
Henry Ford

Existem inúmeras estratégias para a solução de problemas. As mais comuns são:

- Tentativa e erro: testar soluções aleatórias até encontrar a correta.
- Dividir o problema: identificar um problema grande ou complexo e dividi-lo em problemas menores e mais simples.
- Pesquisa e Analogia: adaptar e utilizar ideias existentes, ainda que para outras situações, utilizando uma opção encontrada para solucionar um problema semelhante ao da opção.
- Brainstorm: listar todas as opções sem julgá-las, analisar as opções e então escolher uma.
- Testar hipóteses: criar uma hipótese com base na causa do problema, reunir informações e testá-la.
- Análise de meios e fins: a cada fase do ciclo de resolução de problemas, tomar uma ação para chegar mais perto do objetivo.

Porém, acredito que uma das melhores e mais simples maneiras de resolver um problema seja observando as etapas abaixo, que podem ser utilizadas em qualquer ordem ou combinação:

1. Identificar o problema: embora pareça bastante simples, a identificação equivocada da origem fará com que qualquer tentativa de o resolver seja ineficaz.
2. Definir o problema: define-se o que é realmente o problema e suas limitações para poder resolvê-lo.
3. Organizar informações: deve-se organizar todas as informações disponíveis sobre o problema.
4. Elaborar uma estratégia de solução: a abordagem dependerá da situação e das preferências de cada pessoa.
5. Alocar e utilizar os recursos necessários de acordo com a importância do problema: nem sempre o uso de muitos recursos é essencial para a solução. O uso de recursos excessivos pode até dificultá-la.
6. Monitorar o progresso: se nenhum progresso estiver sendo feito, então é necessário reavaliar a abordagem, modificar estratégias e readequar o curso.
7. Avaliar os resultados: isso pode ser feito ao longo do tempo ou imediatamente, dependendo do método e tipo de problema.

Além disso, saia do foco do problema. Quando não estiver conseguindo solucioná-lo, mude a perspectiva, fale com outras pessoas, pense como se você fosse uma pessoa diferente, faça algo diferente.

"Não encontre um defeito, encontre uma solução."
Henry Ford

Também não se limite às ferramentas e opções que o problema oferece. Você pode mudar a realidade em que o problema se encontra, ou o contexto, até mesmo usar de analogias. Tudo para conseguir outra visão, outra perspectiva e, assim, ser capaz de pensar em outras opções.

"Não há respostas certas para perguntas erradas."
Autor Desconhecido

De qualquer forma, independentemente da situação, não tema enfrentar riscos. Não tenha medo de aprender. Não tenha medo do feedback.

"Imagine a vida como um jogo, no qual você faz malabarismo com cinco bolas que são lançadas no ar. Essas bolas são: o trabalho, a família, a saúde, os amigos e o espírito. O trabalho é a única bola de borracha. Se cair, bate no chão e pula para cima. Mas as quatro outras são de vidro. Se caírem no chão, quebrarão e ficarão permanentemente danificadas. Entendam isso e assim conseguirão o equilíbrio na vida. Como? Não diminua seu próprio valor comparando-se com outras pessoas. Somos todos diferentes. Cada um de nós é um ser especial. Não fixe seus objetivos com base no que os outros acham importante. Só você tem condições de escolher o que é melhor para si próprio. Dê valor e respeite as coisas mais queridas de seu coração. Apegue-se a ela como a própria vida. Sem elas a vida carece de sentido. Não deixe que a vida escorra entre os dedos por viver no passado ou no futuro. Se viver um dia de cada vez, viverá todos os dias de suas vidas. Não desista enquanto ainda é capaz de um esforço a mais. Nada termina até o momento em que

se deixa de tentar. Não tema admitir que não é perfeito. Não tema enfrentar riscos. É correndo riscos que aprendemos a ser valentes. Não exclua o amor de sua vida dizendo que não se pode encontrá-lo. A melhor forma de receber amor é dá-lo. A forma mais rápida de ficar sem amor é apegar-se demasiado a si próprio. A melhor forma de manter o amor é dar-lhe asas. Corra atrás de seu amor, ainda dá tempo! Não corra tanto pela vida a ponto de esquecer onde esteve e para onde vai. Não tenha medo de aprender. O conhecimento é leve. É um tesouro que se carrega facilmente. Não use imprudentemente o tempo ou as palavras. Não se pode recuperar uma palavra dita. A vida não é uma corrida, mas sim uma viagem que deve ser desfrutada a cada passo. Lembre-se: Ontem é história. Amanhã é mistério e HOJE é uma dádiva. Por isso se chama "presente."

Bryan Dyson

Seu processo de construção do propósito não será perfeito, assim como a materialização dele na obra da sua vida. Você vai encontrar problemas no caminho, por isso dediquei um capítulo inteiro a falar de alguns dos problemas de percurso mais comuns.

Saiba também que tudo passa. Ver a noite sabendo que ela só é noite porque existe o dia e saber que essa mesma noite, quando alcançar o momento de maior escuridão, indicará exatamente o momento em que começara o amanhecer.

Tudo o que tem um princípio, tem um fim. Essa lei, aparentemente óbvia, nos permite avaliar as reais dimensões das perdas e dos problemas. Perder, terminar, morrer são as consequências naturais de quem ganhou, iniciou e nasceu. Só não morre quem não nasceu, só não vê terminar algo quem nunca começou, só não perde quem jamais ganhou.

Essa noção nos ajuda a decidir o que sentir diante de perdas passadas ou metas futuras e o que seria melhor para nós: nunca ver terminar algo por jamais ter tido início ou aceitar perder alguma coisa tendo-a começado e desfrutado enquanto durou?

É também curioso que as pessoas, quando querem "mudar de vida", julguem que isso só é possível formulando um desejo ou tendo uma fé inabalável. Porém, os desejos compreendem também em si a sua própria negação.

Quando começamos a dar as primeiras pedaladas sozinhos, sem a proteção de quem segurava a bicicleta, geralmente fixamos nossa atenção numa árvore, poste ou outro obstáculo qualquer no caminho, desejando não bater. Entretanto, é exatamente na direção deles que acabamos indo.

Sua mente fica dividida porque, ao mesmo tempo, acolhe suas intenções (de forma consciente) e as possíveis reações (implicitamente presentes no seu subconsciente).

Sob tal estado e espírito, executam-se as atividades com metade de suas possibilidades porque parte delas estaria sendo desperdiçada numa espera de situações opostas aos seus desejos, mas por eles animadas no subconsciente.

O consciente tem discernimento, pouca memória e nenhuma influência no funcionamento involuntário do nosso corpo. O subconsciente não faz qualquer distinção entre o que seja bom ou mau, é dotado de memória indelével e exerce inquestionável autoridade no funcionamento do corpo.

Desejando não bater em um dos obstáculos, o consciente constrói mentalmente a cena indesejada, que no caso é a colisão. Entretanto, para o subconsciente, que a tudo vê sem nada ajuizar, tal cena é entendida como algo a ser realizado, o que ele diligentemente promove acionando todos os dispositivos do corpo que levem a isso.

Como resolver isso? Visualize sempre o que deseja, não o que não deseja, tal como no exercício de Visualização e Autossugestão do Capítulo 7.

Não basta acreditar que algo é possível, é necessário não questionar a possibilidade de algo contrariá-la. Às vezes, não duvidar é mais importante do que acreditar. Acreditar permite que o que você acredita e espera, de fato aconteça, enquanto não duvidar deixa todas as possibilidades em aberto.

Mas de nada adianta visualizar e não colocar a mão na massa. É necessária muita energia para a realização do que nos propomos. E essa energia não vem vindo a cada momento. Ela já está lá, onde é necessária, sempre esteve e sempre estará quando precisarmos dela. Acessá-la nunca será uma questão de acioná-la, mas de liberá-la.

Richard Bach, ex-piloto da força aérea e escritor estadunidense, disse: *"... nunca lhe dão um desejo sem também lhe darem o poder de realizá-lo"*, embora advertiu: *"você pode ter de trabalhar por ele, porém..."*

Após conseguirmos deixar claros nossos desejos em nossas mentes, devemos agir com entusiasmo, reconhecendo a existência do que é necessário para que se tornem realidade, sabendo que todo o necessário está disponível e trabalhando para que se tornem realidade.

Agora você já conhece algumas estratégias e tem acesso à várias ferramentas nesse livro que podem ajudar você a resolver qualquer situação pela qual passar.

Uma dessas situações, e também uma das mais desafiadoras pelas quais você poderá passar, é a necessidade de transição de carreira. Darei atenção especial a essa situação logo abaixo.

"Se você construiu castelos no céu, não perca seus sonhos. Apenas construa as fundações sob eles."
Henry David Thoreau

6.2 – Fazendo a transição de carreira

"Há um tempo em que é preciso abandonar as roupas usadas, que a tem a forma do nosso corpo, e esquecer dos nossos caminhos, que nos levam sempre aos mesmos lugares. É o tempo de travessia e, se não ousarmos fazê-la, teremos ficado, para sempre, à margem de nós mesmos."
Fernando Teixeira de Andrade

Essa é uma questão delicada que envolve todos os elementos que abordei ao longo do livro, além de ser totalmente influenciada pelo propósito. Estamos nisso juntos, então vamos dar um primeiro passo.

Antes de qualquer coisa, por que trabalhamos?

Como já mencionei, além de suprir as necessidades, buscamos a realização pessoal e profissional. A realização prática de nosso propósito.

Adam Smith, filósofo e economista britânico, discordaria. Ele dizia que os seres humanos são preguiçosos por natureza e não fariam nada a não ser que valesse a pena. Essa ideia criou os fundamentos para que, na revolução industrial, as pessoas começassem a passar seus dias fazendo algo do qual não obteriam nada em troca, a não ser o pagamento.

Que absurdo não?

O problema é que o fato de muitas pessoas terem feito isso, por muito tempo, da mesma forma, tornou essa concepção normal. Ou seja, os hábitos das pessoas mudaram o ambiente, que moldou a sociedade, que moldou as ideias, que moldou as instituições onde as pessoas vivem e trabalham.

Mas não precisa continuar assim, precisa?

É possível mudar esse cenário, inclusive por meio do mesmo processo que deixou as coisas do jeito que estão, inclusive.

Boas perguntas mudam o ponto de vista, que muda o estado emocional, que muda o comportamento, que muda a realidade. Se essa realidade se perpetua e passa a ser adotada por muitas pessoas, por muito tempo, tornando-se um novo hábito, então as pessoas mudariam, os ambientes mudariam, assim como a sociedade, as ideias e as instituições onde as pessoas vivem e trabalham.

E que tipo de realidade você quer ajudar a moldar?

Todos sabemos que o trabalho sempre definiu a identidade das pessoas. É comum, ao conhecer alguém e cumprimentar a pessoa, perguntar "*O que você é?*" ou "*O que você faz?*".

Acho isso bizarro.

Se alguém lhe perguntar "*o que você é?*" ou "*o que você faz?*" não responda mais sua atividade profissional. Responda quem você é, responda a verdade. Afinal, você tem muito mais atividades na sua vida do que só o seu trabalho. Não se limite e não se deixe limitar pelo trabalho. Você é muito mais do que isso. Do que só isso. Trabalho é um meio, não um fim, muito menos uma identidade. E esse meio é uma escolha. Sua escolha.

E se o seu trabalho não transforma o mundo em um lugar melhor, então mude de trabalho. A grande maioria das mudanças de carreira, hoje mais do nunca, ocorre justamente porque hoje todos estão em busca de algo mais, de um propósito no trabalho.

Além da velocidade exponencial com que a tecnologia e o conhecimento humano têm evoluído, assim também tem evoluído os trabalhos. No entanto, as crianças de hoje ainda aprendem, no geral, a decorar conhecimentos antigos para aplicá-los no futuro em um mundo onde cerca de 80% dos trabalhos sequer existem ainda.

Hoje temos muito menos estabilidade no trabalho em comparação há alguns anos. Isso significa, é claro, que a probabilidade de trabalharmos em diferentes locais durante a nossa vida é muito maior. Alguns estudos apontam que até hoje, em média, uma pessoa muda de trabalho ao menos três vezes ao longo da vida.

A evolução das tecnologias, conhecimento e trabalhos farão com que essas mudanças subam de três para 10 a 15 vezes ao longo da vida, o que torna ainda mais relevante abordar o tema da transição de carreira em um aspecto prático.

O lado bom disso é que, como já disse quando tratei da paixão, precisamos de experiência para decidir o que é melhor para nós. Afinal, não se editam páginas em branco. E as transições, voluntárias ou não, nos favorecem neste quesito.

"As coisas não mudam, nós mudamos."
Henry David Thoreau

Considerando que o oposto do medo é curiosidade, a pessoa que sabe por que viver, saberá superar qualquer desafio de como viver. Mas o medo do desconhecido, do novo, do que podemos encontrar nos expondo a algo diferente não é racional, é animal.

Racionalmente você consegue estabelecer alguns parâmetros que, em tese, deveriam eliminar o fundamento para o medo. Isso porque, além de suas experiências passadas, você pode contar com experiências de outras pessoas, estudar, pesquisar, pedir ajuda, etc., tudo o que poderia eliminar "os riscos" da atividade que gera medo.

"Não tenha vergonha se precisar de ajuda. Você tem um dever a cumprir como um soldado no muro da batalha. E se você estiver machucado e não conseguir subir sem a ajuda de outro soldado?"
Marco Aurélio

Porém, seu cérebro é programado para lhe proteger. Isso implica em ligar o seu sinal de alerta interno cada vez que estiver em vias de passar por algo que nunca passou antes. Então, não se trata de nada mais do que uma perspectiva.

Como eu já disse antes, seu cérebro não está dizendo para você: "não faça" e sim "preste atenção", "tome cuidado", e é exatamente isso que você deve fazer. Não negligencie o medo, entenda a razão dele, o que ele quer lhe dizer, e trabalhe junto com ele. Sane suas causas. Verá como os resultados serão muito melhores assim.

"Lenda do voo da águia
(dados não científicos, história inspiracional).
A águia é a ave que possui maior longevidade da espécie. Chega a viver 70 anos. Mas para chegar a esta idade, aos 40 anos, ela tem que tomar uma séria e difícil decisão. Aos 40 anos ela está com as unhas compridas e flexíveis, não consegue mais agarrar as presas das quais se alimenta. O bico alongado e pontiagudo se curva. Apontando contra o peito estão as asas, envelhecidas e pesadas, em função da espessura das penas, e voar já é tão difícil. Então a águia só tem duas alternativas, morrer ou enfrentar um dolorido processo de renovação que irá durar 5 meses. Este processo consiste em voar para o alto de uma montanha e se recolher em um ninho próximo a um paredão onde ela não necessite voar. Então, após encontrar esse lugar, a águia começa a bater com o bico em uma parede até arrancá-lo. Após arrancá-lo,

espera nascer um novo bico, com o qual vai arrancar as unhas. Quando as novas unhas começam a nascer, ela passa a arrancar as velhas penas. E após cinco meses vai para o famoso voo de renovação e para viver então mais 30 anos. Em nossa vida, muitas vezes temos de nos resguardar por algum tempo e começar um processo de renovação. Para que continuemos a voar um voo e ter vitória, devemos nos desprender de lembranças, costumes e outras tradições que nos causam dor. Somente livres do peso do passado, poderemos aproveitar o resultado valioso que uma renovação sempre traz. Seus pensamos e sentimentos lhe controlam o destino. Se você pensar frequentemente em carências e limitações, inevitavelmente é o que experimentará."
Autor Desconhecido

Alguns estudos sobre o futuro do trabalho[32] dizem que um em cada dois trabalhos possuem alto risco de serem automatizados por máquinas, principalmente devido ao crescente avanço da inteligência artificial (IA) e da machine learning.

1. The future of employment: how susceptible are jobs to computerisation? (2013)
   [...] concluindo que cerca de 47% do emprego total nos Estados Unidos estaria ameaçada nas próximas décadas.
2. The future of jobs: employment, skills and workforce strategy for the 4th Ind. Revolution (2016)
   [...] sugere que serão criados em torno de 1,4 milhão de novos empregos até lá, e que 65% das crianças, no início da vida escolar, trabalharão em empregos que ainda não existem.
3. The Risk of Automation for Jobs in OECD Countries (2016)
   [...] apenas 9% dos empregos encontrados nos 21 países da OCDE serão automatizáveis.
4. Managing automation employment, inequality and ethics in the digital age (2017)
   [...] conclui que o trabalho será transformado pela automação, e não eliminado, sugerindo que cerca de 60% das ocupações atuais têm pelo menos 30% de atividades que poderiam ser automatizadas. À medida que as tarefas são automatizadas, o trabalho será redefinido.

5. Will robots steal our jobs? The potential impact of automation on the UK (2017)

[...] sugere que até 30% dos empregos do Reino Unido estão ameaçados de automação até o início dos anos 2030. Os principais setores em risco são, respectivamente, transporte e armazenamento (56%), fabricação (46%) e atacado e varejo (44%).

6. Jobs lost, jobs gained: workforce transitions in a time of automation (2017)

[...] conclui que 400 milhões a 800 milhões de empregos em todo o mundo poderão ser automatizados até 2030.

Há, inclusive, um site onde você pode consultar a possibilidade de as máquinas substituírem seu trabalho: https://willrobotstakemy-job.com/. É bem interessante.

Bom... é um fato que não conseguimos competir em atividades repetitivas e de alto volume com as máquinas, mas nós podemos resolver problemas que nunca vimos. As máquinas, hoje, ainda aprendem com dados do passado para tentar prever comportamentos futuros (embora isso também deva mudar).

Outro dado que causa alguma preocupação é o fornecido por um Estudo da Forrester Research[33] que indica que cerca de 25 milhões de empregos vão desaparecer nos próximos 10 anos, só nos EUA. Mas isso não é nenhuma novidade na história, afinal, já passamos por duas grandes fases de extinção de postos de trabalho:[34]

1. De 1870 a 1970 – a porcentagem de trabalhadores em fazendas caiu 90%.

2. De 1950 a 2010 – a porcentagem de trabalhadores em fábricas caiu 75%.

Analisando esses dados, vemos que tivemos cerca de 100 anos para nos ajustarmos após a primeira fase e depois cerca de 60 anos para a segunda fase. Estima-se, agora, que teremos algo entre 10 a 15 anos para nos adaptarmos, ou talvez muito menos.

Cito como exemplo as alterações legislativas. Desde que iniciei a faculdade de direito, o Código de Processo Civil (CPC) teve uma reforma profunda e, poucos anos depois foi completamente substituído por um novo. A Consolidação das Leis do Trabalho (CLT) também sofreu uma reforma profunda recentemente. Além disso, ocorreram mudanças na numeração de processos, implantação de processo judicial eletrônico, mudanças na jurisprudência dos tribunais superiores, na política, etc.

Isso para citar uma pequena parte do que aconteceu apenas em pequena parte do direito brasileiro. Todas essas alterações tiraram muita gente do mercado, ao mesmo tempo em que trouxeram novas pessoas e deram mais oportunidades às outras. Como diz o ditado, "*enquanto alguns choram, outros vendem lenços*".

Até meados de 1965 não havia nenhuma previsão real sobre o futuro do hardware, quando Gordon E. Moore chegou à conclusão de que o número de transistores dos chips teria um aumento de 100% a cada 18 meses, criando assim a Lei de Moore. Hoje essa lei já pode ser considerada quase obsoleta, uma vez que os limites estão sendo empurrados cada vez mais adiante e a uma velocidade muito rápida.

Chegará um momento em que não conseguiremos mais acompanhar os avanços da tecnologia e a produção de conhecimento. Logo, teremos que ser muito mais seletivos e eficientes em nossas escolhas, o que demanda muito autoconhecimento.

Um dos primeiros entraves é que estamos mal-acostumados a formar carreiras em torno das limitações de definições (advogado, engenheiro, caixa, taxista, analista, etc.), atividades, tarefas, formas de pagamento, etc. Isso gera dois problemas: estes serão os primeiros empregos a serem substituídos e faz com que as pessoas tenham vidas muito chatas.

Há muito tempo entende-se que os trabalhos gratificantes exigem que você possua uma gama específica de habilidades técnicas. Assim, escolas, cursos e universidades surgiram para viabilizar esse conhecimento técnico específico. Acabamos, então, por nos tornar especialistas em enfrentar os problemas criados pela falta de habilidades técnicas específicas.

Porém, esqueceram de nos avisar e de nos ensinar que não precisamos ser especialistas para resolver grandes problemas. Precisamos apenas decidir se queremos trabalhar para um futuro melhor. Mesmo se você não for um especialista, seus recursos podem ajudar ou ser a chave para a solução de um grande problema.

Algumas vezes a sua perspectiva única pode resultar em um pensamento não convencional que pode fazer uma grande diferença. Mas você precisa ser corajoso o suficiente para tentar. É a única forma de saber.

Para isso, aprenda o básico sobre a situação, fale com pessoas, qualquer pessoa, com especialistas, com interessados, com quem puder, e tente entender o problema sob diversos aspectos. Use sua criatividade, imaginação e habilidades únicas e, o mais importante, considere a consequência de não fazer nada a respeito. E se você conseguir? Afinal, por que não tentar?

Os novos trabalhos vão focar menos nas tarefas e mais nas habilidades dos indivíduos, principalmente nas relacionais (ponto que as máquinas ainda levarão um bom tempo para nos superar, ao menos é o que parece).

O progresso vai gerar situações novas e, trabalhos novos têm sido muito melhores, muito mais confortáveis do que os antigos (exemplos: os trabalhos de motoristas, carpinteiros, agricultores, etc.). Além disso, com a automação teremos mais tempo para outras coisas.

Se o seu trabalho pudesse ser melhor feito por um robô ou IA, então o que você deveria estar fazendo? Não é melhor que o robô faça seu trabalho para que você possa fazer algo em que realmente é bom? Que realmente queira fazer?

A tecnologia não só pode substituir o nosso trabalho, mas também pode complementá-lo. Então não há razão para pânico, mas sim para prestar atenção ao que está acontecendo e nos preparamos.

Isso quer dizer que, ao invés de limitar acesso ao mercado, e reduzir opções de trabalhos, estas mudanças, na realidade, estão aumentando as possibilidades para a economia, permitindo que mais pessoas participem do todo, contanto que se preparem para tal.

Quem sabe como se posicionar quando enfrenta mudanças aproveita a onda da mudança desde o começo. Everett Rogers criou no livro "Diffusion of Innovations" o modelo da Curva da Adoção de Inovação, ilustra bem como as pessoas se comportam frente às mudanças.

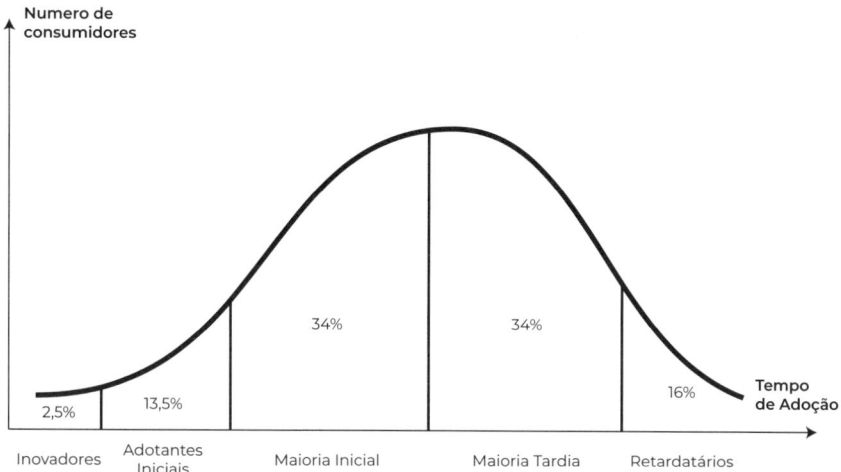

Entretanto, perceba que os primeiros adotantes nem sempre ficam com as melhores oportunidades, afinal, precisam pavimentar o caminho até então inexplorado. Podemos usar uma analogia de que é o segundo rato que come o queijo, enquanto o primeiro fica preso na ratoeira.

Por isso, saiba esperar, planeje suas ações, capacite-se, entenda o que envolve a situação, mas não espere muito. Lembre-se, que sempre tem queijo grátis nas ratoeiras, ou seja, embora possa ser, ou parecer, arriscado abraçar uma inovação, é aproveitar essa oportunidade que permite usufruir dos benefícios de "pegar a onda" desde o começo.

"O cavalo que chega primeiro bebe água boa."
Provérbio Africano

Temos que entender também que a demanda por trabalho não necessariamente significa demanda por trabalho humano. Afinal, se as máquinas são melhores do que nós em algumas atividades, por que não as deixar então fazer essas atividades? Por que não as deixar trabalhar? Trabalhar para que nós não tenhamos que trabalhar? Nada é pior do que se tornar bom em algo que você nem deveria estar fazendo.

O que você faria se não tivesse que trabalhar? Ou, pelo menos, se não tivesse mais que trabalhar no que trabalha hoje? Como aumentar o tamanho das possibilidades na economia para que ela seja o suficiente para todos? Como fazer com que todos possam participar?

Afinal, hoje empregos para a vida inteira não existem mais para a maioria das pessoas. Pessoas podem entrar e sair do trabalho autônomo e abrir e fechar empresas, além de trocar de cargo dentro da mesma empresa ou para diferentes organizações.

A única certeza é que as pessoas precisam assumir total responsabilidade e controle por suas vidas e carreiras porque ninguém mais vai se preocupar com isto. Ter um Coach ao lado torna o processo muito mais fácil.

O que facilita também esse processo é que nem todo mundo quer fazer o mesmo trabalho. Um mundo só de advogados e nenhum médico ou repleto de engenheiros e ninguém para administrar empresas, seria uma loucura. A nossa sorte é que o sonho de trabalho de uma pessoa algumas vezes é o pesadelo de outras.

Só hoje existem mais de 500 mil tipos de trabalhos diferentes. Isso sem mencionar os tantos inúmeros outros trabalhos que são criados todos os dias graças aos avanços exponenciais da tecnologia e do conhecimento humano.

Mesmo assim, quantas vezes você não encontra pessoas que estão à deriva, suportando o que estão fazendo porque dizem "*não tenho escolha*", ou "*estou pelo dinheiro*", "*faço o que sinto que deveria*", "*o que meus pais gostariam que eu fizesse*", "*o que me disseram para fazer*"?

Quantos destes trabalhos você já tentou (tentou de verdade, não na sua imaginação) para dizer que não tem opção? Que não se identifica com mais nada? Que não existe um trabalho onde você seria mais feliz? Que se alinhe com seu propósito?

Para muitos, o trabalho dos sonhos sempre continua lá, em algum lugar distante, e eles nunca conseguirão encontrá-lo. Mas não porque seja impossível, ou muito difícil, e sim porque o trabalho dos sonhos se torna realidade apenas quando as pessoas vão atrás, pagam o preço, seguem um plano e fazem o que precisa ser feito.

Fazendo uma analogia, uma receita, ou um prato de sucesso sempre começa com estudo, tentativas, erros, tempo, combinações diferentes, até que, um dia, tudo se encaixa e o prato fica incrível. O mesmo pode acontecer com a carreira. Imagine que talvez precise testar, e que testes podem não dar certo, e isso é bom porque a cada teste que der errado você terá uma opção a menos para considerar.

> *"De fato, não fracassei ao tentar, cerca de 10 mil vezes, desenvolver um acumulador. Simplesmente, encontrei 10 mil maneiras que não funcionam."*
> **Thomas Edison**

Ocorre que são poucos que seguem um planejamento, organização, métodos, etc., assim como nos relacionamentos, encontrar um trabalho que se ame, é algo que costumamos supor ser fácil e não demandar tamanha complicação.

É simplesmente absurdo supor que, se seguirmos nossos instintos, nós encontraremos o relacionamento certo (que una a paixão com a estabilidade prática do dia a dia) e uma boa carreira (que una o objetivo prático de ganhar uma renda com um sentimento de satisfação interior e propósito).

Acreditamos que desenvolveremos um tipo especial de "atração" ou de "amor à primeira vista" por alguém e por algum trabalho. Colocamos partes decisivas de nossas vidas nas mãos de nossos instintos e do "destino". Não imaginamos a necessidade de treinamento e educação para entrar em um relacionamento ou na busca por uma carreira.

Assim como não acredito em "encontrar" um propósito de vida, não acredito em "encontrar" um trabalho ou relacionamento ideal. Na minha opinião, isso tudo é construído. E essa construção é diária. E demanda escolhas.

Você não "encontra" uma pessoa, um local, uma vaga, um trabalho. Você se torna quem você precisa ser para ter um relacionamento com alguém, para desempenhar um trabalho e, por meio do aprimoramento contínuo, torna relacionamento, trabalho e a vida ideais para você.

Ideal não é perfeito, é simplesmente o que deve ser (lembre-se do que falei quando tratei de valores). Isso tudo demanda sabe o quê? Trabalho! Dá e é um trabalho encontrar um trabalho alinhado com seu propósito!

Você já se dispôs ao primeiro trecho da corrida: construir o seu propósito. E também ao segundo: descobrir "o que", "como", "quando", "onde" e "com quem" fazer para manifestar esse propósito em sua vida. O que falta agora é a preparação adequada para colocar tudo isso em prática.

Não é novidade que, por exemplo, para aprender matemática, química, física, etc., seja necessário estudo, método, tempo, etc. Por que não seria assim com o trabalho? Com os relacionamentos? Com o autoconhecimento e o propósito?

Isso se deve ao fato de não sermos preparados para isso. Nem por nossos pais, escolas, igrejas, etc. Não é e nunca foi um hábito de nossa sociedade. E isso pode ser mudado. Eu já lhe mostrei como.

Uma vez tomada a decisão de iniciar uma mudança de carreira, você descobrirá que existem muitos serviços destinados a facilitar a transição, como o aconselhamento, treinamentos, coaching, terapia, testes vocacionais, instituições voltadas especificamente para isso, etc.

Mas antes de procurar qualquer coisa, é importante que você tenha clareza sobre seus desejos, ou não vai encontrar nada que faça você se sentir bem e feliz, ou que seja específico para ajudar "no seu caso". É importante, portanto, que você se conheça melhor e existem várias ferramentas disponíveis no Capítulo 7 que podem lhe ajudar nesse processo.

Como já mencionei, o autoconhecimento não está relacionado apenas a tomar conhecimento de fatos, mas, estar em contato com a realidade, de uma forma útil e estruturada. Esse processo pode doer um pouco no começo, mas é a única forma de proporcionar verdadeiro crescimento. Você conhece o interior para manifestar no exterior.

Como já disse, esse planejamento não nos foi ensinado. Até o final do ensino básico tendemos a seguir um caminho predefinido e apenas mais tarde nos deparamos com a necessidade de, finalmente, comandar nossas vidas, seja quando precisamos escolher uma faculdade ou um emprego (embora claro, para muitas pessoas esta necessidade ocorra muito antes).

De maneira geral, você passou a vida toda se tornando um estudante profissional, tendo pouca ou nenhuma experiência prática de trabalhos e/ou relacionamentos. Até então, as responsabilidades e decisões eram menores e depois suas responsabilidades, decisões e atitudes passam a ser considerados tão importantes a ponto de impactarem "o resto da sua vida".

Não só não somos ensinados como muitos de nós sequer melhoram nessas habilidades ao longo da vida. E depois que as escolhas são feitas, em geral não somos ensinados a entender e melhorá-las ou melhorar os processos que nos levaram a elas.

Estamos sempre muito expostos a um conhecimento técnico massivo e tendemos a olhar pouco para nós mesmos e para as habilidades que temos para colocar esse conhecimento em prática (exemplos: empatia, colaboração, comunicação com outras pessoas, seja oral ou escrita, criatividade, etc.).

E isso faz com que muitas pessoas olhem para trás e vejam um caminho que não faz sentido para elas.

Ao avaliar suas chances em uma determinada carreira, uma das principais perguntas que você deveria se fazer é: "*Com tempo suficiente nesta carreira, conseguiria ser bom o bastante para alcançar minha definição de sucesso?*" Ou antes ainda, você sabe definir qual seria seu "tempo suficiente" para alcançar sucesso ou até mesmo qual é a sua definição de "sucesso"? Se a resposta for não, alguma coisa não está batendo.

Questione-se também: "*O sucesso poderia fazer parte da sua jornada e não ser apenas uma meta?*" Se estiver com dificuldades em responder esses questionamentos, é um forte indicativo de que seria interessante voltar ao que descobriu com seu autoconhecimento e reavaliar suas opções.

Mas isso não é razão para alarde.

Hoje, as opções que temos são infinitas, complexas e mudam rapidamente. Poderíamos até dizer que grande parte das carreiras atuais podem ser consideradas "experimentos científicos" e "versões beta" e não "linhas retas sem retorno".

As futuras possibilidades então nem se fale. As trajetórias passam a se assemelhar mais a pontos dispersos conectados do que a linhas retas, ou seja, não são nada previsíveis. E é o autoconhecimento que vai lhe fornecer os primeiros elementos, os primeiros pontos de conexão para estruturar sua carreira.

Contudo, ao planejar, é importante que você seja flexível para, com o que aprendeu e vai continuar a aprender sobre si mesmo, ajustar o curso conforme a necessidade e seu aprimoramento contínuo. Veja a ferramenta Effectuation do Capítulo 7, ela visa justamente manter você ágil para poder se ajustar conforme a necessidade.

Por isso, não vale a pena se preocupar com o que você não sabe ainda. Preocupe-se em aprender o suficiente para se autocorrigir e poder adequar seu curso conforme a necessidade.

"Suba o primeiro degrau com fé. Não é necessário que você veja toda a escada. Apenas dê o primeiro passo."
Martin Luther King

Assim como quando dirigimos à noite, os faróis dos veículos iluminam apenas uns poucos metros à frente, não o percurso todo. Mesmo assim, conseguimos seguir um caminho e chegar onde desejamos, não é mesmo? Mas isso só é possível porque decidimos antes para onde ir, pois quem não tem para onde ir, nunca chegará a lugar algum.

Por isso, resolva a conexão de um ponto de cada vez, sem perder de vista o cenário todo e o seu propósito. Todos os planos precisarão de ajustes. Para isso, é necessário um estado mental/emocional mais calmo, que permita admitir a complexidade da situação e descobrir o que fazer.

É de se esperar também que, às vezes, precisemos buscar ajuda externa. Você pode até precisar tirar uma semana de distância de tudo e de todos e se entregar à autorreflexão, livre das pressões de agradar (ou confundir) qualquer outra pessoa.

Trabalhar com o que ama exige esforço e tempo porque o processo se baseia em evidências imperfeitas (lembre-se das peças do seu quebra-cabeças do propósito, também existem peças de "o quê").

Fragmentos confusos de informação estão espalhados pela nossa experiência, ao longo de nossa vida, e tudo precisa ser localizado, decodificado, interpretado e reunido, para depois ser organizado, adaptado e construído de uma maneira que nos faça sentido e nos traga realização.

O que dificulta esse processo é que a ligação entre alguns pontos quase nunca é óbvia. Você quase nunca sabe o que deve acontecer primeiro e o que se encaixa mais tarde. Por exemplo, um escritor pode ter que reescrever um livro 10 ou 20 vezes antes de entender o que realmente está querendo transmitir ao leitor, isso vale para todas as outras profissões.

O fato é que haverá processos longos e complicados, envolvendo muitos desdobramentos, muitas mudanças e reposicionamentos, à medida que tentamos nos entender. E muitas vezes temos pouco tempo, outras vezes não sabemos o suficiente sobre as opções, enfim, quase nunca estamos devidamente preparados.

No final, estamos tentando nos descrever no futuro, sem que possamos "conhecer" esse "eu do futuro" e adivinhar o que seria melhor para essa pessoa. Ou seja, estamos montando um quebra-cabeças sem a referência de como ele deveria ficar.

Temos apenas nossas necessidades, valores, papel, ambição, missão, visão e propósito de vida para nos guiar, caso já tenhamos nos proposto a compreender e construir esse caminho. E tudo isso já demandou trabalho semelhante.

Como vimos, as circunstâncias externas mudarão, seja devido aos avanços tecnológicos, conhecimento humano, ramos de trabalho criados, extintos, etc., assim como as circunstâncias internas (sua própria evolução).

Seguindo o autoconhecimento e utilizando um planejamento, teremos construído conjuntos de habilidades, adquirido conexões sociais e teremos nos preparado para um futuro que, agora, estamos apenas imaginando, mas que poderemos ir ajustando no caminho sem nos perder.

Isso implica em adquirir o hábito da autocrítica. Isso mesmo. Não falo de uma paranoia que o prejudique e atrase sua vida, mas sim que você se conheça tão bem, a ponto de nem o seu pior inimigo ser capaz de apontar algo que você já não saiba sobre si mesmo e com o qual já não esteja tranquilo e bem resolvido.

Como fazer isso? Já lhe mostrei o caminho para o autoconhecimento, agora, para resolver suas questões internas, além das estratégias, planos de ação e ferramentas, você deve se entregar a autorreflexão e pode procurar ajuda de algum profissional, caso assim entenda necessário.

Se estiver com dificuldades de mudar algo em você a solução é simplesmente interromper o padrão. Parar o que estava fazendo e tentar alguma coisa nova.

Nós não somos robôs ligados apenas em lembranças de traumas pessoais. Se fazemos alguma coisa de que não gostamos, tudo que temos a fazer é reconhecer e mudar. Uma vez reconhecido o que deseja mudar, siga as ferramentas do Capítulo 7 e, se necessário, peça ajuda.

Algo importante a ser pontuado também é que você deve estar preparado para ter mais de uma opção. Isso porque ele pode não ser o que parece, ou ainda, pode acabar por não ser apenas um, mas vários. Afinal, você vai perceber que tem talentos em muito mais áreas do que jamais terá a oportunidade de explorar em uma única vida.

Algumas habilidades que temos podem, infelizmente, acabar não sendo utilizadas ou serem subutilizadas. Você deve estar preparado para isso, deve estar em paz com isso, pois não podemos abraçar o mundo, infelizmente ou felizmente.

Lembre-se de quando abordamos o "com quem" no Capítulo 5. Você tem pontos fortes, as outras pessoas também. Permita-se ajudar e ser ajudado. Alie-se a outras pessoas e permita que elas também deem vazão aos seus próprios talentos. Elas também estão fazendo renúncias.

E está tudo bem. Você certamente será mais feliz focando em algumas coisas e sendo ótimo nelas, ao invés de tentar abraçar o mundo e não conseguir fazer nada. O mesmo acontece nos relacionamentos. Dada a quantidade de pessoas no mundo, sem dúvidas poderíamos ter ótimas relações com dezenas, talvez centenas de pessoas diferentes. Mas o foco nos traz muitos benefícios.

Nós somos muito mais do que o mundo do trabalho nos permite ser. Quem sabe um dia não seja possível utilizarmos todo o nosso potencial e em todas as áreas em que ele pode se manifestar!?

Veja como costumamos ficar superanimados com um novo trabalho, seja ele real ou ainda não. Mas quase sempre tudo o que sabemos sobre esses trabalhos são meros indicadores externos e breves descrições. Começamos a construir uma fantasia de como seria se estivéssemos fazendo essas coisas, e o que estamos realmente fazendo começa a parecer desinteressante quando comparado a nossa imagem mental do novo trabalho.

No entanto, todo trabalho tem problemas e normalmente ainda não temos uma compreensão clara deles em relação ao "novo" trabalho, ou para aquele que temos uma "queda" ou inclinação. Se pudéssemos testá-los por um mês ou dois, logo perceberíamos o que pode "pegar" ou nos incomodar de alguma forma nesses trabalhos que estamos cogitando.

Muitas vezes eles só parecem atraentes porque só estamos expostos a seus lados positivos. Isso faz com que fiquemos insensíveis ao que realmente é bom no trabalho e não vejamos os defeitos do "novo" trabalho. Nos esquecemos do porque fomos parar lá afinal de contas.

Quando iniciamos um trabalho novo, em geral estamos animados com as possibilidades. Mas não raro, após algum tempo, podemos começar a querer mudar de rotina. Entretanto, curiosamente, a rotina pode ser ótima. Afinal, ela permite a organização de uma atividade e a utilização mais inteligente do tempo, trazendo maior eficiência e segurança no que fazemos.

A rotina consiste numa série de procedimentos padrão com os quais um processo se completa. O trabalho rotineiro é um trabalho organizado, estruturado. O que cansa não é a rotina, é a monotonia. Quando a rotina deixa de ser algo que nos prepara melhor para aquilo que estamos fazendo e passa a ser algo no qual não prestamos mais atenção, a atividade torna-se automática e monótona.

Esse automatismo e monotonia mata nossa motivação. Esse tipo de ambiente sem desafios, sem estímulos, que não nos motiva, faz com que deixemos de enxergar possibilidades e comecemos a procurar novas opções, geralmente fora do local em que estamos trabalhando.

Uma alternativa seria, ao invés de "arriscar o novo", aprender a amar novamente o trabalho que já fazemos, alinhando-o com nosso propósito. Agora você já tem uma perspectiva diferente sobre o propósito e sobre si mesmo. Talvez, ao lançar um novo olhar ao que já faz, se surpreenda, e chegue à conclusão de que deseja ficar.

Avalie o que levou você a desejar sair do local em que está trabalhando e se o que pensava ainda permanece. Reflita com calma. Compare com o agora, com o que aprendeu, com o que deseja. O que faz mais sentido?

Quando erramos ou sentimos que não estamos chegando a lugar nenhum, somos treinados para pensar que as causas de nossos problemas devem ser relevantes o suficiente, algo grande. Temos uma visão equivocada das necessidades do trabalho: carecemos de inteligência ou escolhemos a carreira errada.

No entanto, a explicação mais provável de nos sentirmos assim pode ser apenas que não tivemos um bom café da manhã ou que estamos cansados por não ter dormido bem na noite anterior. Ou ainda por conta do tempo ruim por um longo período ou por estarmos cansados de encarar uma tela de computador por muito tempo em um ambiente fechado, sem muita circulação de ar.

Em razão disso, imaginamos que deveríamos tomar medidas drásticas, como confrontar pessoas, elaborar uma carta de demissão, tirar um ano sabático, etc. Todavia, na verdade, o que realmente precisamos é de uma boa noite de sono, beber bastante água, nos exercitar, aproveitar um dia de sol, conseguir um ventilador de mesa e um final de semana em alguma viagem rápida.

Ou como disse Caio Fernando Loureiro de Abreu, jornalista, dramaturgo e escritor brasileiro *"talvez eu só precise de férias, um porre e um novo amor"*.

A autocompaixão é diferente de dizer que não somos culpados pelo que ocorre conosco e ao nosso redor. Significa compreender as razões pelas quais falhamos. Talvez tenhamos pisado na bola em alguma coisa, mas nós merecemos existir, merecemos ser ouvidos e ser perdoados mesmo assim.

Quando perdemos o encanto pelo que fazemos, começamos a desistir. Mas é importante que você tenha em mente que qualquer trabalho tem seus altos e baixos. Não se iluda imaginando que, ao mudar de trabalho, isso não vá mais acontecer. Em tais circunstâncias manter-se conectado ao propósito que trouxe você ao seu trabalho se torna crucial.

Buscar esse encanto e a felicidade a todo o momento e em todos os locais é uma ilusão. Ela nunca será completa, nem permanente. É muito melhor buscar a satisfação e a realização, aquele sentimento de que você está fazendo o melhor para ter uma boa trajetória, para alcançar o seu objetivo e realizar o seu propósito.

Você sempre pode pensar também que o que você está trabalhando agora pode ser uma peça do quebra-cabeça que vai transformá-lo em uma pessoa melhor e mais competente e que você se sentirá orgulhoso por isso.

Sem propósito a vida é vazia, e através do trabalho é que costumamos materializar o propósito em nossas vidas. Se o que você faz está alinhado com seu propósito e você ama o que faz, os pequenos problemas não o afetam nem fazem você desistir, pois passam a ser etapas para uma meta maior.

Contudo, em qualquer conceito que se tenha de realização e felicidade, devemos levar em consideração a questão das expectativas. Isso porque, o quão realizado e felizes podemos ser, depende muito de quão realizados e felizes esperamos ser.

Não que não possamos exceder nossas expectativas, mas, a nossa percepção é derivada da comparação entre expectativa e realidade. Isso não significa que você não deva sonhar alto, mas deve considerar a realidade ao estipular seus sonhos e ideais, ainda que apenas sob um aspecto prático.

Porém, o problema é um pouco mais sério. Nós estamos acostumados a planejar nossas carreiras com base na perfeição. Mas pode ocorrer de já nos frustrarmos logo no início justamente porque nossa barra era muito alta e queríamos resultados muito rápidos.

Algumas vezes esquecemos que resultados demandam desenvolvimento, esforço e tempo. Ficamos presos em um paradoxo desconfortável: nossas ambições foram inflamadas pela grandeza, mas tudo o que sabemos de nós mesmos aponta para algo muito inferior ao nosso ideal. Temos uma poderosa atração pela perfeição desprovida de qualquer compreensão madura ou suficiente do que é necessário para alcançá-la.

Às vezes parece que todas as outras pessoas são facilmente "bem-sucedidas" e nos esquecemos de imaginar que todos, sem exceção, passam por problemas e, para chegar ao sucesso, atravessaram e superaram muitas dificuldades.

Nossa perspectiva é desequilibrada porque conhecemos nossas lutas tão bem por dentro e, no entanto, estamos expostos apenas a narrativas de realização aparentemente sem dor do lado de fora das outras pessoas. Muitas vezes não nos perdoamos por nossos primeiros rascunhos, que consideramos horríveis, mas isso é só porque não tivemos acesso aos primeiros rascunhos daqueles que admiramos.

Precisamos de uma imagem mais sadia e realista de quantas dificuldades estão por trás de tudo que gostaríamos de realizar.

Desenterrar as primeiras histórias e as falhas daqueles que admiramos pode nos ajudar a "voltar para a realidade" e lembrar que todos são humanos, passíveis de falhas, e que todos começam do zero.

Todos nascemos nas mesmas condições, o que fazemos depois disso é que determina os resultados.

"A boa madeira não cresce com sossego.
Quanto mais forte o vento, mais fortes as árvores."
J. Willard Marriot

É importante que, nesse caminho, não se estabeleçam ideais inatingíveis, algo que nenhum ser humano possa alcançar. É importante ser realista. Óbvio que poucas coisas não são virtualmente possíveis, mas podem estar fora ou longe da sua realidade no momento atual.

Estabeleça planos que possam ser seguidos por você. Use a ferramenta SMART do Capítulo 7 para criar metas com o correto dimensionamento de viabilidade e congruência com a realidade.

Quando pensamos em fazer uma mudança na carreira, também podemos desanimar com a dimensão dessa mudança. Quanto mais alta é a montanha mais difícil é a escalada. Poucos conseguem chegar ao topo, mas são eles que admiram a paisagem do alto e fazem as fotos que você admira dizendo "queria ter estado lá".

Nós sentimos que estamos olhando para uma revolução. Tudo terá que ser diferente. E isso não é verdade. Tentamos achar sentido em algo que não compreendemos e acabamos olhando apenas para os extremos. Nos esquecemos de que será um dia após o outro, um processo, uma evolução, não uma ruptura.

Quando a evolução está em ação, raramente há um momento decisivo em que a mudança parece óbvia. Ela vai acontecendo aos poucos, quase que de forma invisível e imperceptível, mas está acontecendo. É o acúmulo de milhões de pequenos desenvolvimentos que realmente fizeram a diferença.

Entretanto, para alcançar qualquer objetivo, existem diferentes formas de se abordar a meta, o caminho e onde você se encontra no momento atual.

Pensar na meta sem dimensioná-la, ou seja, sem estabelecer um caminho viável, é sempre mais difícil. Por isso, em qualquer processo, é necessário que se estabeleçam métricas que permitam a você verificar se está ou não se aproximando da meta, bem como se as opções vão ou não levar você em direção a ela.

Quanto mais métricas e indicadores de percurso, mais claro fica o caminho e mais palpáveis as ações necessárias para cumprir as etapas até a meta. Logo, mais fácil encontrar maneiras de superar os obstáculos que apareceram no trajeto.

Identificar e dimensionar o tamanho do problema são os primeiros passo para solucioná-lo. A forma como encaramos cada situação é decisiva para determinar se ela será ou não superada. A divisão do problema e do percurso em etapas, permite deixar muito mais claro em que o problema implica na realidade.

O mais adequado é começar de forma modesta. Está tudo bem em tentar algumas aulas em horários livres, cursos e eventos esporádicos, um estágio ou trabalho voluntário em férias ou finais de semana, qualquer coisa simples que não lhe exponha a grandes riscos, não necessite de muito investimento e lhe proporcione a experiência necessária à decisão.

Tome ainda cuidado com o investimento que fará. Investimento não é só dinheiro, é também de emoção, de tempo, de você. Algumas vezes, quando se coloca na balança, percebe-se que os custos são muito altos e, talvez, não "valham a pena".

Para não se perder com isso, use e abuse da ferramenta de Perdas e Ganhos do Capítulo 7, além de sempre seguir seu plano e planejamento.

Perceba também que tudo em relação ao tempo, pode ser bem relativo. Quando você tinha 10 anos, se pensasse que iria estudar algo por mais 2 anos, isso parecia muito tempo. Afinal, representava 20% da sua vida. Já com 20 anos, representava apenas 10%, e com 40 anos, apenas 5%. Nossa perspectiva do que é muito, ou pouco, muda muito ao longo da vida.

Na dúvida questione: como seria esse tempo com isso? Como seria sem isso? Como será minha vida depois disso se eu fizer isso? E se eu não fizer?

Lembre-se que você está investindo no seu "eu" do futuro. O que ele gostaria que você estivesse fazendo hoje? Não se iluda pensando que quando tiver a idade do seu "eu" do futuro pensará da mesma forma. Por isso, anote o que está pensando e decidindo hoje, e o porquê. Lembre-se que dinheiro, tempo, amor, etc., tudo é relativo e muda muito ao longo da vida.

De toda forma, a perspectiva pela qual o problema é observado pode modificar, e muito, o resultado.

"A pedra.
O distraído, nela tropeçou,
O bruto a usou como projétil,
O empreendedor, usando-a construiu,
O campônio, cansado da lida, dela fez assento.
Para os meninos foi brinquedo,
Drummond a poetizou,
Davi matou Golias...
Por fim; O artista concebeu a mais bela escultura.
Em todos os casos,
A diferença não era a pedra.
Mas o homem."
Antônio Pereira Dias Neto

Antes de avaliar a dificuldade, use ferramentas como a SMART do Capítulo 7, de forma a deixar o mais claro possível o que se está enfrentando.

Muitas vezes nos deixamos envolver tanto pelo ideal de sucesso que quase sempre deixamos de notar a magnitude dos desafios a que nos propusemos. Sem querer, olhamos para uma espécie de "loteria", mirando em um alvo tão pequeno, como se fossem objetivos simples.

Nós não compreendemos o quão raro um alto grau de sucesso na carreira realmente pode ser. Há poucos lugares no topo das corporações, poucos empreendedores altamente bem-sucedidos, é raro que um artista tenha sucesso comercial, quase ninguém consegue viver de escrever romances, etc.

Os poucos que obtêm sucesso muitas vezes pagaram um alto custo interno, relacionamentos foram sacrificados, amizades perdidas, níveis de ansiedade e estresse altos, assumiram riscos enormes, trabalharam muitas horas, faliram, viveram com medo, etc. Podemos admirar suas conquistas na carreira, mas não vemos o que há nos bastidores.

Ainda que avaliada a viabilidade, algumas vezes nos pegamos imaginando nossos sonhos sendo realizados. Outras vezes, essa imagem de realização se transforma e mostra apenas que realizamos muito esforço, mas não conseguimos atingir os resultados esperados.

Ou pior, chegamos muito perto e paramos antes de conseguir. Ou, simplesmente, quase na linha de chegada, não conseguimos realizar seja lá por qual razão.

"Quase. Ainda pior que a convicção do não é a incerteza do talvez é a desilusão de um quase. É o quase que me incomoda, que me entristece, que me mata trazendo tudo que poderia ter sido e não foi. Quem quase ganhou ainda joga, quem quase passou ainda estuda, quem quase morreu está vivo, quem quase amou não amou. Basta pensar nas oportunidades que escaparam pelos dedos, nas chances que se perdem por medo, nas ideias que nunca sairão do papel por essa maldita mania de viver no outono. Pergunto-me, às vezes, o que nos leva a escolher uma vida morna; ou melhor não me pergunto, contesto. A resposta eu sei de cor, está estampada na distância e frieza dos sorrisos, na frouxidão dos abraços, na indiferença dos "Bom dia", quase que sussurrados. Sobra covardia e falta coragem até para ser feliz. A paixão queima, o amor enlouquece, o desejo trai. Talvez esses fossem bons motivos para decidir entre a alegria e a dor, sentir o nada, mas não são. Se a virtude estivesse mesmo no meio termo, o mar não teria ondas, os dias seriam nublados e o arco-íris em tons de cinza. O nada não ilumina, não inspira, não aflige nem acalma, apenas amplia o vazio que cada um traz dentro de si. Não é que fé mova montanhas, nem

que todas as estrelas estejam ao alcance, para as coisas que não podem ser mudadas resta-nos somente paciência, porém, preferir a derrota prévia à dúvida da vitória é desperdiçar a oportunidade de merecer. Pros erros há perdão; para os fracassos, chance; para os amores impossíveis, tempo. De nada adianta cercar um coração vazio ou economizar alma. Um romance cujo fim é instantâneo ou indolor não é romance. Não deixe que a saudade sufoque, que a rotina acomode, que o medo impeça de tentar. Desconfie do destino e acredite em você. Gaste mais horas realizando que sonhando, fazendo que planejando, vivendo que esperando porque, embora quem quase morre esteja vivo, quem quase vive já morreu."

Sarah Westphal

Contudo, pense só. Ainda que você não consiga, o que lhe dirá se valeu ou não a pena a tentativa?

Para mim é o que eu fiz para conseguir. Se eu não me esforcei, não fiz o que tinha que fazer, não tenho como (ou pelo menos não deveria, na minha opinião) me decepcionar por algo que estava sob o meu controle, mas eu decidi não fazer nada a respeito.

"A principal tarefa na vida é simplesmente identificar e separar assuntos para que eu possa dizer claramente a mim mesmo quais são externos e não estão sob meu controle e quais têm a ver com as escolhas que eu realmente controlo."

Epiteto

Agora se eu faço tudo o que está em meu poder, uso todas as estratégias e técnicas que conheço, me dedico e me esforço à altura e, mesmo assim, não consigo atingir, não tenho racionalmente razões para me chatear com algo que não dependia de mim.

Evidente que sempre que não alcançamos o que desejamos nos sentimos um pouco frustrados. Isso é normal e até saudável afinal, queremos vencer e, como também nos motivamos pela dor, podemos utilizar esse sentimento para buscar maneiras de não passar mais por isso.

O que precisamos fazer é avaliar o que aconteceu no percurso que não nos permitiu alcançar nossos objetivos. Se você não fez o que precisava fazer, ok, faça na próxima. Aprenda com isso. O erro não está lá para chateá-lo, mas sim para lhe proporcionar aprendizado. Você escolhe como reagir.

Não à toa, startups do mundo todo reconhecem que errar é importante para o aprimoramento de seus produtos e serviços, mas o mais importante é errar rápido e aprender mais rápido ainda para se manter à frente ou ultrapassar seus concorrentes.

Se você fez tudo o que estava em seu poder, ótimo, fique feliz. Se dependia de você e não deu certo, entenda o que aconteceu, corrija, faça melhor na próxima, mude a estratégia, faça acontecer.

Se não dependia de você, tudo bem. Não era o momento certo, ou não era o local certo, ou não era com as pessoas certas, ou você ainda não era a pessoa certa. Ajuste tudo e faça acontecer.

A vida é curta demais quando a aproveitamos ao máximo, e longa demais para fazer algo sem sentido. Portanto, encontre o significado, o propósito ou crie-o. A escolha é sua.

Para mim, a mentalidade de crescimento, ou não limitante, de que sempre é possível fazer melhor, ir além, alcançar, é o principal requisito da performance. É o que lhe permite conjugar todos os outros métodos para alcançar melhores resultados.

Porém, em muitos desafios, tanto pessoais quanto profissionais, somos impedidos pelos pensamentos incapacitantes de que "pessoas como nós" não podem conseguir, com base no que "sabemos" sobre nós mesmos.

Deixamos a possibilidade de sucesso para os outros, porque não parecemos ser como o "tipo de pessoa" que vemos ao nosso redor. Rapidamente nos convencemos de que somos simplesmente impostores, como um ator no papel de piloto, usando um uniforme e sendo incapaz de voar. É mais fácil não tentar.

Nós nos sentimos impostores não porque somos imperfeitos, mas porque não conseguimos imaginar o que aqueles que tiveram sucesso realmente fizeram para alcançá-lo. Há tantos exemplos de pessoas em condições muito piores do que as nossas que alcançaram o sucesso. Por que não somos capazes?

A síndrome do impostor tem suas raízes na infância, especificamente no sentimento que as crianças têm de que seus pais são muito diferentes delas. Para uma criança de 4 anos, é incompreensível que sua mãe já tenha tido a sua idade e um dia tenha sido incapaz de dirigir um carro, de trabalhar, de dizer ao encanador o que fazer, de decidir a hora de dormir de outras pessoas, etc.

Começamos na vida com uma impressão muito forte de que outras pessoas, especialmente nossos pais e adultos mais próximos, não são como nós, e nunca foram. O que não é verdade. Cada um de nós é a pessoa que melhor conhece a si próprio, enquanto os outros nos conhecem apenas pelo lado de fora, por nossos comportamentos.

Tudo o que sabemos dos outros é o que eles nos mostram e nos dizem, uma fonte de informação muito mais restrita e editada (muitas vezes só vemos e percebemos o que querem que vejamos e percebamos).

A solução para a síndrome do impostor está em dar um salto de fé. Ou seja, acreditar que todos são como nós. Tem os mesmos medos, limitações, restrições, condições, dúvidas, etc. São apenas seres humanos imperfeitos, em busca de algo melhor, de vencer, de ser felizes. E também sofrem.

"Quem não espera vencer já está vencido."
José de Alencar

Temos ainda muitos outros medos, tais como o de enfrentar nosso trabalho atual e dizer que queremos sair, medo de que vão rir de nós, de que seremos ridicularizados, medo de não escolher certo, de não poder mais dizer o que fazemos, de sermos diferentes de nossos amigos diante de nossas mudanças, entre tantos outros.

Praticamente todos esses medos derivam da falta de autoconhecimento e de conhecimento da realidade dos outros.

Conhecer a si mesmo lhe possibilitará jogar luz sobre o que não compreendia sobre si mesmo, e resolver essas questões. Enquanto, conhecer os outros, especialmente aqueles que admiramos, tornará claro para você o que foi necessário para que aquilo fosse possível. Que preço foi pago pelo sucesso. Essa consciência, por si só, já derruba inúmeras barreiras em nosso caminho.

Contudo, como o trajeto é longo e muitas vezes incerto, é normal que tenhamos ansiedade e estresse elevados em alguns períodos. Se você carrega a sua carga por longos períodos, ou o tempo todo, cedo ou tarde a carga vai começar a ficar incrivelmente pesada e, finalmente, você não será mais capaz de carregá-la.

Para que a ansiedade e o estresse não fiquem pesados, você precisa "tirar esse peso dos ombros" de vez em quando e descansar. Uma vez descansado, com uma nova perspectiva, será capaz de transportar suas cargas novamente.

Não estou falando em descontar em ninguém, mas sim de encontrar válvulas de escape. Faça exercícios, procure alguém para conversar, procure terapia, um coach, algo u alguém que possa ajudar você de maneira estruturada. Isso vai facilitar muito a divisão e o descanso dessas pesadas cargas.

Quando se trata de responder aos desafios que enfrentamos, muitos de nós ouvimos vozes em nossas mentes. Independentemente de questões patológicas, que não são o enfoque, todos ouvimos nós mesmos em nossas mentes, ora nos encorajando, motivando, forçando para mais, para melhor, para ir além, e ora nos questionando, duvidando de nossas capacidades, potencial, integridade, etc.

"Se todos fizéssemos as coisas de que somos capazes, iríamos, literalmente, espantar a nós mesmos."
Thomas A. Edison

O que talvez você não saiba é que uma voz interior geralmente começa com uma voz exterior que ouvimos antes, absorvemos e fizemos nossa. Sem que percebamos, internalizamos as vozes das muitas pessoas com quem convivemos desde que nascemos.

E nós absorvemos essas vozes (muitas vezes inúteis) porque, em certos momentos do passado, elas soavam convincentes e confiáveis (pais e mães, amigos, parentes, professores, etc.). Eram partes de nossa realidade, de nosso mundo, que se alojaram em nossa maneira de pensar.

Lembra-se que disse que somos a média das pessoas com quem mais convivemos? Que o meio nos influencia? Essa é uma das consequências de estarmos expostos ao meio. E não se engane. Também fazemos isso com outras pessoas.

Parte de dominar uma carreira que podemos amar envolve ficar em paz com nossas vozes interiores. Precisamos descobrir quais vozes costumam "falar" mais em nossas mentes, o que elas estão nos dizendo e de onde elas provavelmente vieram. Precisamos fazer uma espécie de auditoria e corrigi-las, uma a uma.

Para isso, tenha em mente que, assim como você escolheu, ainda que de forma inconsciente, ouvir e assimilar "essas vozes", você pode escolher não mais ouvi-las, e substituí-las por algo produtivo e positivo.

Isso significa encontrar e imaginar vozes internas alternativas igualmente convincentes e confiantes, mas também úteis e construtivas, até que se tornem naturais e parte de nós. As ferramentas "Crenças" e "Visualização e Autossugestão" do Capítulo 7 servem exatamente à esta finalidade.

Nós decidirmos que as palavras significam aquilo que vimos e descobrimos, mas por quê? O que garante que nossas crenças e definições estavam corretas? O mundo está avançando rápido em detrimento da profundidade das palavras e conceitos. E a velocidade afeta essa profundidade.

Hoje temos mais dificuldade de articular nossos pensamentos e emoções da maneira adequada. As palavras não são só seu significado, são um instrumento de transmissão de conhecimento, de essência. As palavras têm poder. São o que nos difere dos demais animais. Contudo, elas não podem cortar sua pele ou absorver sua força. Seu poder vem da maneira como você as representa para si.

Seu poder vem das limitações que elas fazem você criar ou do poder e energia que elas lhe proporcionam. E o que os pensamentos limitados criam? Vidas limitadas. E os pensamentos abundantes? Vidas abundantes.

"As palavras são o fio onde amarramos nossas experiências."
Aldous Huxley

Se você decidiu dar um passo na vida e não consegue, é porque as partes de você que não querem se movimentar estão com mais prioridade no seu subconsciente do que as partes que querem. É importante, então, identificar o que está acontecendo e corrigir, permitindo que você se liberte e comece a agir.

"Se pensamento corrompe linguagem,
linguagem também pode corromper pensamento."
George Orwel

Começamos na vida sendo muito interessados em prazer e diversão. Em nossos primeiros anos, fazemos pouco, mas caçamos situações que nos divertem. Assim que algo se torna frustrante ou entediante, simplesmente desistimos e procuramos novas fontes de diversão, e ninguém parece se importar muito.

Então, de repente, com 5 ou 6 anos de idade, somos apresentados a nova realidade "do dever". Há muitas coisas que devemos fazer, não porque gostamos, mas porque outras pessoas (pessoas autoritárias, intimidadoras, que podem ter quase o triplo do nosso tamanho) esperam que façamos.

As justificativas são várias e não cansamos de perguntas "por quê?". Mas as respostas que recebemos são sempre algo como *"um dia você vai entender"*, *"é importante para você ganhar dinheiro"*, *"para você poder brincar"*, *"para passar de ano"*, *"para entrar na universidade, "para ser alguém"*, entre tantas outras. Nada que nos convença muito. E de nada adianta questionar ou dizer que não quer fazer isso ou aquilo. O "dever" fala mais alto.

Isso gera, em camadas internas, um medo de não ter sucesso no futuro, algo com o que somente nos depararemos muito mais tarde e, curiosamente, não saberemos explicar de onde veio.

O velho mundo olhava para o fracasso como um acidente, como má sorte ou devido às maquinações dos deuses. Logo, não havia culpa. Mas hoje, o fracasso passa de acidente à uma consequência direta de uma falha pessoal, ou seja, nossa responsabilidade.

Em uma era de meritocracia, que acredita que os vencedores fazem sua própria sorte, os "azarados" começam a ser chamados de perdedores. Logo, somos os autores de nossas biografias e, portanto, capazes de receber todo o crédito, e culpa, pelos resultados.

A modernidade coloca uma infinidade de escolhas diante de nós, mas esquece de que não nos entendemos o suficiente, e também não entendemos o mundo suficientemente, para fazer escolhas 100% corretas e confiáveis. Não fomos educados para isso. Faltam informações e experiências, mas temos que tomar decisões que terão enormes implicações em nossas vidas e para as vidas de outras pessoas.

Veja que é muito comum ouvir determinações de "dever", mas quase nunca de prazer. Quantas vezes, enquanto criança, ouviu *"o que você quer fazer agora?"*, *"o que você gosta de fazer?"*, ou até mesmo *"o que você não quer fazer agora?"* e *"o que você não gosta de fazer"*.

Poderíamos também, ter sido motivados não apenas a responder a tradicional pergunta "por quê?", mas sim a pergunta "o que o faz pensar isso?"[35] Isso seria de profundo auxílio, e nos ajudaria muito a construir o hábito de pensar, sentir e nos questionar. Habilidades verdadeiramente essenciais. A falta delas pouco a pouco nos levam a uma conclusão horrível e fatal: o prazer é para hobbies, a dor é para o trabalho, para o dever.

Isso é tão forte e tão louco que, logo quando começamos a nos expor ao mundo do trabalho, sequer consideramos pensar em algo que alie prazer + trabalho + realização. Não ousamos nos perguntar *"o que queremos fazer agora?"*, *"o que gostamos de fazer?"*, ou até mesmo *"o que não queremos fazer agora?"* e *"o que não gostamos de fazer"*, *"por quê?"* ou, ainda, *"o que me faz pensar isso?"*

Não foi assim que aprendemos a pensar. Estamos convencidos de que um bom trabalho deve aborrecer, ser cansativo e chato, pois não é prazer, é dever.

Afinal, por que alguém nos pagaria para fazer isso se fosse bom?

Mas aí entra o paradoxo. É nítido que os melhores no que fazem conseguem, além de muitas outras coisas, aliar trabalho + prazer + realização. Somente quando muito motivados é que conseguimos fazer o necessário para nos destacar na competição.

Outro ponto é o seguinte. Um negócio (seja ele qual for) só fica de pé se atender às necessidades de seus clientes. Mas não só. A forma como isso é feito faz muita diferença. Quando o negócio inspira propósito e prazer em desempenhá-lo, é nítido o engajamento e prazer que proporciona a seus clientes, funcionários e pares.

Em outras palavras, o prazer não é o oposto do trabalho: é um ingrediente-chave do trabalho bem-sucedido. O dever pode nos garantir uma renda básica, mas somente o trabalho com propósito pode gerar um sucesso considerável.

Muitas vezes também passamos um tempo considerável imaginando que sempre haverá tempo para resolver nossos problemas mais adiante. Pode até ser útil pensar que, talvez, não tenhamos tanto tempo como imaginamos.

"Não há expediente ao qual um homem não recorra para evitar o trabalho verdadeiro de pensar."
Thomas Edison

O fato da morte é um lembrete para estabelecermos prioridades, buscarmos o que se desejamos, para que não nos arrependamos do que deixamos de fazer, para não deixarmos que nossos sonhos morram, não deixarmos de utilizar nossos talentos e para realizarmos nosso propósito.

A perspectiva do fim nos lembra de um dever maior do que aquele para com a sociedade: um dever para com nós mesmos, com nossos talentos, com nossos interesses e nossas paixões. A certeza da morte pode nos levar a perceber os perigos ocultos do sensato caminho do "dever".

Mas alcançar o "prazer", a "realização" e a "felicidade", como já mencionei, não é um caminho sem obstáculos. E quando você tenta pular obstáculos, lembre-se que está com os dois pés no ar e sem nenhum apoio. Por isso precisamos sempre planejar e nos preparar.

Contudo, mesmo os planos de carreira mais bem elaborados nem sempre funcionam como se espera. As pessoas que vivem no momento são menos propensas a terem planos "B", se comparadas com os que têm uma visão de longo prazo.

Assim como um seguro para carros, vida ou imóveis, ter um plano "B" na carreira, no caso de alguma coisa dar errado, oferece uma segurança a mais e certa liberdade de escolha. Afinal, existem muitos medos comuns, como o de não conseguir ganhar tanto dinheiro quanto ganhamos agora, ou de não conseguir convencer alguém a me contratar.

O plano "B" serve para enfrentar, de forma preparada (ou seja, planejada com antecedência), o que pode acontecer "no pior dos casos". Ainda assim, mesmo com um plano "B", outros obstáculos atravessarão nossos caminhos.

No ambiente familiar (onde a distância entre o profissional e o pessoal é mais estreita), certos trabalhos acabam se tornando mais "prováveis" do que outros. As carreiras de nossos pais, mães e parentes costumam parecer um caminho mais natural a ser seguido, e, portanto, acabam por se tornar desejáveis por eles para nós.

Isso porque, muitas vezes, se não considerarmos tais opções, sequer saberíamos por onde começar a procurar. Contudo, não raro, não desejamos seguir os passos deles, e quase nunca sabemos por onde começar quando ninguém na família jamais fez o que estamos cogitando.

Muitos pais e mães entregam seus sonhos a seus filhos e filhas, geralmente sem lhes dizer, transmitindo uma mensagem de que, seguir uma determinada rota será a maneira de garantir amor, admiração e sucesso. Nem sempre isso é dito, mas costuma "ficar no ar". É inacreditável o quanto podemos ser influenciados por 10/15/20 anos de "orientação" em direções profissionais específicas.

Sentimos os desejos e entusiasmo dos nossos pais e, porque os amamos, tentamos nos alinhar com eles. Mas isso pode estar tragicamente em desacordo com o tipo de trabalho que poderia realmente nos trazer satisfação.

Provavelmente haverá algo faltando na experiência de vida daqueles que nos criaram. Por exemplo, talvez os pais e mães tenham sofrido com a instabilidade financeira e, por isso, julguem o trabalho em termos de segurança.

Uma escolha de carreira é muitas vezes subconscientemente guiada por um desejo de melhorar aspectos vivenciados por nossos pais e mães. Pode-se estar tentando demonstrar, por exemplo, que é possível se preocupar com a estabilidade e ter uma carreira pessoalmente significativa.

"Um homem vivia ao lado de uma estrada, onde vendia rosquinhas deliciosas. O negócio ia tão bem que ele já não ouvia rádio, não lia jornais nem dava muita bola para a televisão. Pôde até investir em publicidade e as pessoas não paravam de comprar seus produtos. Os lucros só aumentavam e ele reinvestia cada vez mais em seu negócio.
No verão, recebeu a visita do filho, que voltava da universidade onde cursara uma pós-graduação em administração de empresas. O rapaz, ao ver tudo o que tinha o pai, indagou:
– Pai, você não escuta rádio nem lê jornais? Estamos passando por uma crise enorme. Você vai falir.
O pai pensou: "Meu filho tem estudos. É bem informado. Sabe do que está falando."
Assim, o homem passou a comprar menos ingredientes para reduzir sua produção de rosquinhas.
Diminuiu os gastos e cortou o investimento em publicidade. As vendas caíam dia após dia e, em pouco tempo, o negócio entrou no vermelho.
Então ele ligou para o filho na universidade e disse:
– Você tinha razão, filho. Estamos vivendo uma crise muito grande."
Gabriel García de Oro

Podemos imaginar que nossos pais, mães, irmãos, amigos e familiares sempre ficarão satisfeitos com nossos sucessos, desde nossa infância. Entretanto, deixamos de avaliar como nossos sucessos podem mudar as pessoas ao nosso redor. Podemos inconscientemente querer poupá-los da preocupação, ou podemos optar por desafiar seus sentimentos, mas à custa de considerável ansiedade e culpa de nossa parte (o que pode levar à autossabotagem profissional).

Quem poderia ficar chateado se você tivesse sucesso? De quem você quer secretamente vencer? De quem está procurando vingança? Mostrar que é melhor?

Devemos começar a ficar desconfiados quando nos pegamos tendo performances ruins em torno das pessoas que desejamos impressionar, ou, tendo performances excelentes em torno de alguém que desejamos vencer ou nos vingar. Podemos estar tentando ser fiéis a uma versão infeliz de nós mesmos, uma vez que a inveja vem de um lugar fraco e frágil de todos nós.

Sabendo que essas são todas as partes necessárias e normais do processo, precisamos de coragem para lidar com as características mais difíceis de seguir em frente com nossas carreiras.

> *"Muitas vezes as pessoas são egocêntricas,*
> *ilógicas e insensatas. Perdoe-as assim mesmo!*
> *Se você é gentil, podem acusá-lo de egoísta,*
> *interesseiro. Seja gentil assim mesmo!*
> *Se você é um vencedor terá alguns falsos amigos*
> *e alguns inimigos verdadeiros. Vença assim mesmo!*
> *Se você é bondoso e franco poderão enganá-lo.*
> *Seja bondoso e franco assim mesmo!*
> *O que você levou anos para construir,*
> *alguém pode destruir de uma hora para a outra.*
> *Construa assim mesmo!*
> *Se você tem paz e é feliz, poderão sentir inveja.*
> *Seja feliz assim mesmo!*
> *O bem que você faz hoje, poderão esquecê-lo amanhã.*
> *Faça o bem assim mesmo!*
> *Dê ao mundo o melhor de você, mas isso pode nunca ser o*

bastante. Dê o melhor de você assim mesmo!
Veja você que, no final das contas é entre você e Deus.
Nunca foi entre você e os outros!"
Kent M. Keith

O caminho também pode implicar, às vezes, em descer alguns degraus. Em dar alguns passos atrás para que, posteriormente, se possa avançar mais do que antes seria possível no antigo trabalho.

Esses passos podem ser de remuneração, cargos, status, estilo de vida, etc., você ainda pode ter que se capacitar, fazer alguma outra formação, curso, etc., mas, se você não perder de perspectiva seu objetivo, fará isso com prazer.

Vou me utilizar como exemplo. Minha escolha pela mudança de carreira demandou que eu começasse do absoluto zero em outra área, sem remuneração fixa, sem clientes, sem conhecimento aprofundado, sem experiência.

Meu plano compreendeu minimizar tudo o que fosse possível para que, no momento da transição, minha situação fosse algo a mais do que o zero absoluto (ou seja, segui meu plano à risca, fiz a reserva financeira adequada ao meu plano, me capacitei, consegui clientes, etc.). Entretanto, nem sempre tudo isso é possível.

Às vezes, nossas ideias sobre o trabalho que realmente queremos não correspondem a nada que exista no momento. Nós criamos uma imagem de um trabalho ou empreendimento que poderíamos amar, mas quando olhamos ao nosso redor, não vemos nada de semelhante em nenhum lugar.

Sabemos que, se quisermos prosseguir, teremos que inventar nossa própria solução, nos tornar empreendedores. É fácil desanimar e duvidar dos impulsos originais.

Muitas vezes, no centro de nossas dúvidas, o fato de que algo não existe atualmente aparece em nossas mentes para indicar que pode não valer a pena. O que está acontecendo não é realmente que descobrimos que nossa ideia não é boa. Pelo contrário, estamos achando difícil nos imaginar em uma posição de originalidade.

"Nossas dúvidas são traidoras, e nos fazem perder o bem que sempre poderíamos ganhar, por medo de tentar."
William Shakespeare

Temos insights e ideias, mas as descartamos, justamente porque fomos nós que as tivemos. Estamos lidando aqui com um tipo particular de baixa autoconfiança que suga nossa fé de que poderíamos ser os criadores de algo importante.

Para contornar esse obstáculo, precisamos repensar o que os empreendedores fazem. Em essência, um empreendedor é alguém no comando de uma tese sobre o que os outros realmente querem. Pode parecer que não seria muito difícil aprender sobre as necessidades de nossos semelhantes. Afinal, bastaria ir lá e perguntar, não é?

Mas as pessoas geralmente não sabem o que querem, precisam ou gostam. Elas nem sempre conseguem fornecer as informações necessárias para que isso aconteça. Elas normalmente podem confirmar, mas não originar ideias.

Porém, a grande maioria das grandes inovações não seria possível a partir dos resultados de uma pesquisa. O inovador é, portanto, forçado a recorrer a uma fonte de dados mais complicada e inesperada, que é facilmente ignorada porque é tão onipresente, carente de prestígio e difícil de entender: sua própria mente.

Quando estamos sintonizados com nossas mentes, nossas mentes e corpos se tornam instrumentos infinitamente sensíveis que, minuto a minuto, produzem pistas extraordinárias quanto a nossas necessidades e satisfações e, uma vez que a natureza humana tem uma consciência coletiva, também quanto as necessidades e satisfações das outras pessoas.

A introspecção, a capacidade de nos ler, a imaginação e a clareza, nos fornece muito do que precisamos saber sobre as pessoas ao nosso redor. Os gênios são aqueles que sabem nos manter introspectivos e confiar em suas próprias sensações e ideias. Sabem acreditar em seu próprio pensamento, acreditar que o que é verdadeiro para você em seu coração, é também verdadeiro para muitas outras pessoas.

Embora a tentação seja sempre acreditar que os outros devem ter a resposta, o inovador aprende a detectar e observar aquele raio de luz que brilha em sua mente e reconhecer os próprios pensamentos.

A diferença entre a pessoa criativa e a não criativa não é, portanto, que a pessoa criativa tenha pensamentos diferentes, mas que a criativa leva o que está em sua mente mais a sério. O que lhes permite fazer isso é a capacidade de resistir ao medo da humilhação.

Mediocridade é o resultado de sermos guiados mais pelo que as outras pessoas fazem e dizem do que pelos nossos pensamentos e sentimentos. Sabemos dentro de nós, ainda que de maneira confusa, o que pode ser feito, mas não confiamos em nossas intuições. Na verdade, imaginamos que apenas outras pessoas têm permissão para originar boas ideias.

O fato de uma ideia ainda não ter sido realizada não significa que não seja uma boa ideia. O que a torna uma boa ideia é realmente a precisão e a clareza com que ela se apega ao nosso próprio senso do que gostamos e não gostamos. Essa é uma razão pela qual fazer uma análise tão cuidadosa dos prazeres de uma pessoa é o caminho para entender o que podemos oferecer a outras pessoas.

Mas um grande obstáculo para encontrar um trabalho adequado permanece: o doloroso desafio de descobrir que tipo de trabalho é mais adequado para o que você gostaria de fazer. Não saber o que se busca é simplesmente o mais importante obstáculo. Sem ele, a educação e as oportunidades de mercado não cumprem suas promessas.

É comum sermos incentivados a fazer vários tipos de testes vocacionais destinados a nos direcionar para opções de carreira que possamos seguir com base em nossa personalidade. O problema desses testes é que eles levam em consideração apenas uma pequena parte do que realmente somos (a nossa personalidade), fornecendo, portanto, resultados vagos e impraticáveis.

Não levam em consideração nossas habilidades, capacidades, sonhos, desejos, pontos fracos, ameaças, oportunidades, entre tantos outros elementos importantes. Não nos fazem pensar e refletir, apenas rotulam.

E isso é inadmissível.

O conhecimento vem de dentro, deve ser manifestado no exterior e, para isso, são necessárias escolhas. E elas são nossas.

Além disso, esses testes ainda só consideram os trabalhos que existem hoje. Ou melhor, que existiam quando foram criados os testes. Não compreendem as inovações, a velocidade delas, bem como a possibilidade de criação por parte de quem está sendo testado.

Isso implica em deixarmos à mercê da sorte o potencial de gerações e gerações. Estamos hoje com uma extrema necessidade de fontes mais ricas de informação e orientação, de "o que", "como", "quando", "onde" e "com quem" fazer o que faremos de nossas vidas.

Isso sem mencionar que ninguém lhe diz que você deve, antes de tudo isso, entender o porquê faz as coisas. O que é e como construir algo que possa lhe guiar, o propósito.

Com as oportunidades e orientações certas, qualquer pessoa é capaz de grandes contribuições para o mundo. Portanto, não se culpe por estar confuso, indeciso ou perdido se esse for o caso.

A culpa disso é do sistema em que você vive. Nos prometeram realização e propósito no trabalho, mas sequer sabem o que é isso, quanto mais ensinar e proporcionar meios para que possamos atingi-los.

Nós acabamos em pânico por não termos um caminho claro e desanimamos por nossa ignorância. Tudo isso ajuda a explicar o silêncio social em torno da tarefa de descobrir o que fazer. Amigos e familiares bem-intencionados, muitas vezes, simplesmente aconselham uma pessoa confusa a *"esperar, um dia, algo vai aparecer e você saberá"*.

> *"Não há nada no mundo que esteja melhor distribuído do que a razão: toda a gente está convencida de que a tem de sobra."*
> **Descartes**

Porém, não use essa situação para justificar não fazer nada a respeito. Isso só aumenta sua responsabilidade. Se você quer algo, vá e corra atrás. Faça acontecer. Pague o preço. Há uma expressão em inglês, *whatever it takes*, isto é, o que for necessário, custe o que custar.

Há tantas coisas que já sabemos, sem saber que as conhecemos, porque não somos treinados na arte de coletar e interpretar nossas experiências. Nossa crença de que não sabemos é apenas um sintoma de tendências para subestimar nossas próprias capacidades.

Rejeitamos o fato de que já contemos dentro de nós o poder de abordar os maiores temas da existência. Isso por medo e por hábito nos afastamos da exploração interior e suspeitamos que os resultados não farão jus às nossas impressões.

Porém, devemos reservar um tempo para coletar conscientemente evidências relevantes, examiná-las e analisá-las, e assim assegurar que pensamentos dispersos, sentimentos e locais possam ser reunidos em algo claro e concreto.

Pode ser difícil, mas o principal obstáculo para começar é a sensação de que seria desnecessário fazê-lo. Ao abordar a questão do que poderíamos fazer em nosso trabalho, devemos ter confiança para acreditar que muitas respostas já estão dentro de nós.

A melhor maneira de proceder é não tentar chegar a uma conclusão muito rapidamente, isso porque a maior parte das informações que encontraremos serão confusas e desconexas em um primeiro momento. Devemos confiar que já coletamos informação suficiente para determinar que tipo de trabalho que queremos fazer, elas só estão desorganizadas e precisam de um pouco de atenção.

A informação pode ser obtida através da realização das ferramentas do Capítulo 7, que já inspiram profundas reflexões, e podem ser separadas como oriento também no início daquele capítulo, para, então, depois ser agrupada em um visual board, onde você poderá, de forma visual, perceber as conexões e melhores formas de organizar o que conseguiu obter.

Nesse processo você buscará informações no passado, no presente e no futuro. Nas memórias, captamos incidentes-chave na história de nossos sentimentos e experiências. Esses fragmentos vão sugerir tendências importantes em nossa natureza, que podem ainda estar ativas dentro de nós, mas não em um nível operante.

No presente, mantenha um caderno (ou qualquer coisa que lhe permita fazer anotações) à mão para anotar tudo o que chamar sua atenção, além dos sentimentos, e retornar a essas informações mais tarde, tentando fazer conexões com outras experiências que registrou.

No futuro, você deverá visualizar tudo o que deseja, ou já desejou, e imaginar os caminhos até esses pontos, assim como esses caminhos se desenrolam no futuro, ao longo do tempo, até o final de sua vida.

É importante destacar que todas essas informações devem ser examinadas bem de perto, a fim de revelar com exatidão o verdadeiro leque de opções.

As sensações geralmente contêm indícios de interesses em carreiras que se estendem muito além do que simples descrições ou interesses em atividades específicas onde se manifestaram.

Nossa análise inicial pode passar muito rapidamente sobre a real importância de nossas sensações. É por isso que devemos ter cuidado para não pensar sobre trabalhos específicos. Todavia, ao invés disso, nos concentrar nas qualidades dentro dos trabalhos.

Mas não são apenas sensações prazerosas que escondem pistas para o que está buscando, os sentimentos negativos também. Compreendê-los, e dar-lhes a devida atenção, igualmente pode ajudar a filtrar as direções que poderá tomar.

Pergunte-se "*o que eu poderia aprender com isso*?"

Precisamos aprender a extrair insights ocultos em momentos aparentemente minúsculos de satisfação e angústia espalhados por nossas vidas. Podemos ganhar uma nova perspectiva.

Ao fortalecer nosso apego às qualidades e características específicas que desejamos encontrar em um trabalho, estamos enfraquecendo nosso apego a trabalhos específicos e, ainda que de forma contra intuitiva, facilitando a identificação do que realmente nos trará realização.

Quando apreendemos o que nos atrai para um trabalho, identificamos qualidades que estão disponíveis em outros tipos de trabalho também. O que realmente chama atenção talvez não seja esse trabalho específico, mas uma variedade de qualidades que localizamos lá.

Esse trabalho, em específico, foi provavelmente apenas o exemplo mais evidente do que buscávamos. As qualidades podem aparecer em muitos outros locais, trabalhos, setores, áreas, etc.

Uma maneira muito comum de identificar que trabalho gostaríamos de fazer é mirar em indústrias que produzem coisas que gostamos de consumir. Nós gostamos de seus resultados e, portanto, procuramos participar profissionalmente delas.

Isso significa que podemos vir a eliminar possibilidades de trabalho em inúmeras áreas da economia, porque não estão conectadas com coisas que gostamos de consumir. Nós associamos setores com seus resultados e, portanto, rapidamente percebemos que campos inteiros têm pouco a nos oferecer.

Um conselho mais útil talvez seja pesquisar sobre os valores, missão, visão e propósito da empresa. Afinal, se não estiverem alinhados com os seus dificilmente vocês se darão bem, certo? É o mesmo em um relacionamento. Eles não precisam ser idênticos, mas precisam trabalhar bem juntos, fazer sentido, e até convergir em alguns pontos.

Você também já deve ter visto pessoas que parecem mudar de trabalho sem fazer esforço. Mas isso só é possível porque elas atraem oportunidades com base na boa reputação construída. Quando você está procurando por um encanador provavelmente, primeiro pergunta a seus amigos *"Vocês conhecem algum bom encanado?"* O mesmo acontece no ambiente profissional.

Muitos trabalhos nunca foram anunciados, foram criados para a pessoa certa. Mesmo que a função seja anunciada, é muito mais provável que as pessoas que selecionam os candidatos sejam mais influenciadas pela reputação do que por um bom currículo. Cada indivíduo, goste ou não, tem uma reputação, ou uma marca pessoal.

O processo de consciência da marca pessoal começa com a determinação da forma como você quer ser visto, e transmitir isso para a sua rede de contatos.

Lembre-se sempre de ser autêntico, congruente e alinhado com seu propósito, visão, missão e valores. Para isso, é necessário autoconhecimento e feedback de várias pessoas, com diferentes níveis de relacionamento (Vide ferramenta Feedback 360° do Capítulo 7). E não se esqueça de sempre comunicar o seu propósito (vide Capítulo 1).

Além das ferramentas, decidi também deixar algumas dicas do que pode ser refletido e feito no trajeto da mudança de carreira, que pode ajudar muito nos resultados, tanto em qualidade, quanto em velocidade:

- Mantenha um caderno, documento do Word, anotações de voz, Evernote ou qualquer outro meio para anotar ideias, histórias ou qualquer coisa que pensar que chame a sua atenção de alguma forma. Até as bobas. Isso o ajudará a resolver seus pensamentos e será ótimo ler mais tarde e refletir sobre isso.
- Você não está sozinho. Há muitas pessoas na mesma situação. Você não está ficando louco. Você só mudou. E todos mudam.
- Pense em si mesmo. Apenas em si mesmo, no que precisa, no que está sentido, etc.
- Seja grato pelo que tem. Quando apreciamos o que temos, mais coisas boas chegam. Perceba que tem o suficiente e que talvez não precise de muito mais. Sinta que tem o suficiente e terá o suficiente.
- O que realmente está fazendo você querer mudar? É o trabalho/curso em si? Ou algum outro aspecto sobre o curso/trabalho?
- Imagine o que é o sucesso que almeja, ser feliz e autorrealizado. Visualize como é não se sentir frustrado, o que é ser motivado para fazer o seu trabalho, o que é ter um senso de saudável, robusto e positivo de si mesmo.
- Lembre-se de como é sentir uma ansiedade positiva por algo novo.
- Pense em como se sente. Quando não se sente bem, note o que está pensando. Anote e não pense mais nisso.
- Anote seus medos. Leia-os repetidamente. Perceba que eles não são tão assustadores.
- Crie um código de conduta pessoal. Escreva como gostaria de se comportar, pensar e sentir nas mais variadas situações. Utilize esse código para lhe guiar em sua vida. Alimente-o com as

informações que encontrar ao realizar as ferramentas do Capítulo 7.

- Crie o seu dia ideal. Algumas vezes esquecemos que os sonhos começam em casa. Esquecemos que o primeiro passo em direção ao sucesso é nos proporcionar uma atmosfera que alimente nossa criatividade, que nos ajude a ser tudo que podemos e queremos ser. Alimente-o com as informações que encontrar ao realizar as ferramentas do Capítulo 7.
- Querer segurança e estabilidade é o que o trouxe até aqui. Comece a explorar o desconhecido. Perceba que precisa aprender a assumir riscos. Mudar é um risco. Mas o risco não é necessariamente ruim.
- Cometa erros. Perceba que, mesmo que tenha feito tudo "certo" na vida, pode ter sido "certo" para todos os outros, exceto para si mesmo. E pode ser este o motivo de estar na posição que está hoje. Use seus erros como um distintivo. Entre na mentalidade de muitas outras pessoas de sucesso, que se gabam dos erros que cometeram antes do sucesso.
- Pense diferente do que antes. Como disse Einstein, "*não podemos resolver nossos problemas com o mesmo pensamento que usamos quando os criamos*".
- Não é fácil, mas não queremos que seja. Como Bruce Lee, artista, ator, lutador de artes marciais, filósofo e cineasta chinês, disse, "*não ore por uma vida fácil, ore pela força para suportar uma vida difícil*".
- Chore quando sentir que precisa.
- Não se preocupe com o que os outros pensam. Sim, pode ser fácil de dizer e difícil de fazer, mas lembre-se: é muito provável que menos pessoas do que você imagina fale sobre você, muita coisa certamente está só na sua imaginação.
- Dê pequenos passos, mas passos constantes.
- Uma crença é apenas um pensamento, um hábito. Pode ser verdade, ou talvez não. Questione suas próprias crenças. Se pensar que pode ou que não pode, de toda forma você tem razão. O que acreditar será possível.
- Você não vai perder e não está desperdiçando o seu potencial. Está exatamente onde precisa estar.

- Esteja preparado para dizer que o curso/trabalho que escolheu foi um erro. Diga a alguém em quem confia que está infeliz em fazer o que faz. Veja como essa pessoa responde. Anote como se sente e como foi a reação dela.
- Ouça palestrantes inspirados. Use o YouTube ou algum aplicativo com Podcasts e ouça algo motivador que seja útil em seus momentos livres.
- Encontre um terapeuta ou profissional de saúde. É um ótimo passo para conversar com alguém sobre seus sentimentos, lutas e esperanças.
- Procure um coach de carreira ou algum conselheiro, muitos têm a mesma formação que você.
- Trabalhe de forma mais inteligente, e não mais difícil.
- Torne-se mais autorresponsável. Não se apresse em culpar os outros.
- Administre melhor seu tempo. É preciso ter tempo suficiente para mudar.
- Mesmo com sua agenda lotada, faça uma aula semanal, de qualquer coisa. Isso tira a sua atenção da monotonia e libera espaço para se preparar para sair/mudar.
- Comece aos poucos a procurar algumas aulas em horários livres, cursos e eventos esporádicos, um estágio ou trabalho voluntário nas férias ou finais de semana, qualquer coisa simples que não lhe exponha a grandes riscos, não necessite de muito investimento e lhe proporcione a experiência necessária à decisão.
- Planeje suas finanças. Ajuste seu orçamento. Passe a viver com menos do que ganha para que possa fazer uma reserva de emergência e que lhe permita sobreviver por pelo menos 12 meses. Repense onde você mora. Talvez você tenha que reduzir custos. Não arrisque suas finanças, mas não deixe que riscos financeiros o prendam onde você está. Planeje o que poderá e o que não poderá fazer financeiramente nos próximos 12 meses. Isso lhe permitirá ter uma ideia sólida de como é a sua situação financeira (e como isso afetará sua possível saída/mudança).
- Perceba que recebe pelo valor que fornece aos outros. Se quiser ganhar mais precisa fornecer mais valor ou ser mais valo-

rizado pelas mesmas atividades. Entenda que dinheiro não é mal. O amor ao dinheiro, excluindo todo o resto, é que é. Dinheiro em si não é mal. É apenas uma forma de trocar coisas de valor. Quando alguém valoriza o que fazemos, nos dá dinheiro pelo que produzimos ou pelo nosso tempo. Ter muito dinheiro não o faz mal. De fato, ter muito dinheiro pode lhe tornar uma força para o bem. Como Abraham Lincoln, político estadunidense e 16° presidente dos Estados Unidos, disse, *"você não pode ajudar os pobres sendo um deles"*.

- Pense em outras habilidades que não está utilizando. Como pode gerar uma renda extra e trabalhar com mais flexibilidade? Se conseguir aliar isso ao aprendizado de algo novo, e com seu propósito, melhor ainda. Vai facilitar sua criação da reserva de emergência e, talvez, acelerar sua mudança/saída.

- Não mude ou saia rapidamente, aguarde o tempo necessário para montar seu fundo de segurança, entender o que precisa ser feito, e como. Então faça o máximo que conseguir antes da mudança ou saída, ou seja, prepare-se o máximo antes.

- Defina a sua identidade profissional, ou seja, as suas preferências. Que competências o mercado precisa/está buscando? Estude-as e veja o que falta para você na área que deseja. Que empresas e pessoas quer trabalhar? Quais valores? Crie uma persona/avatar. Analise o ambiente da sua profissão e para saber quais caminhos você pode seguir. Pergunte-se: o meu conjunto de habilidades pode ajudar a resolver que tipo de problema? Avalie os pontos fortes e fracos da carreira que escolheu (mercado).

- Comece a se visualizar sendo entrevistado para um trabalho em outra área. Pratique como responderá ao entrevistador.

- Veja que muitas das habilidades que possui também são exigidas em trabalhos de outras áreas. Pergunte aos seus amigos e familiares: *"No que eu sou bom? O que eu sempre me superei? Por que eu sou conhecido? O que eu gosto de fazer"?*

- Qual é a sua história? Quando alguém disser ou perguntar: *"Fale sobre você?", "Por que você está se candidatando a esse trabalho"?* Conte a sua história firme, autêntica, sincera e confiante. Não se esqueça de comunicar seu propósito, visão, missão e valores

- Reforce seus pontos fortes e trate seus pontos fracos.
- Identifique estratégias de carreira, reflita se você quer se voltar para o mercado ou ficar onde está.
- Estabeleça as metas de carreira, de forma realista, com métricas e prazos. Avalie os resultados de sua estratégia e, de tempos em tempos, questionar-se: estou onde gostaria de estar? Eu atingi as metas no prazo determinado? A partir desta avaliação, é possível que você continue a trilhar o seu caminho ou ajuste a sua rota.
- Estruture seu plano B. E se essa saída/mudança não der certo? Um plano B inclui: Um currículo atualizado (destacando suas competências), repense seus perfis em redes sociais (deixe-os congruentes com o que busca), uma lista de instituições e possíveis empresas para procurar, testemunhos e evidências de carreiras de sucesso (e da sua também), uma rede de contatos pessoais para informar sobre a disponibilidade, um fundo de emergências de pelo menos 12 meses, um programa para novos negócios que possa iniciar ou uma função que adoraria ocupar. Se estiver empregado, negocie um período sabático. Sei que é difícil, mas pode dar certo. O não você já tem.
- Teste seu futuro caminho. Pense e entenda o que pode dar errado e corrija. Defina um período de tempo (Exemplo, 6 semanas) já pensando no que pode dar errado, que você pode ter que investir mais tempo, mas sem investir muito a ponto de se tornar "caro". Defina uma métrica para o período: o que precisa acontecer para você se dar por satisfeito? O que importa é que você aprenda algo sobre você e sua direção futura. No final do período reflita: O que você aprendeu sobre essa área de trabalho? Sobre si mesmo? O que poderia ter feito diferente? O que isso lhe diz sobre qual deve ser o seu próximo passo?
- Pense de forma prática e proativa. Crie valor, destaque-se em público (basta se destacar positivamente ok?) e construa relacionamentos autênticos.
- Fale para as pessoas o que está buscando. Comece a contar aos outros o que gostaria de fazer. E deixar que o poder das conexões crie grandes oportunidades para você.
- Filtre sua rede, revise quem está nas suas listas.

- Mapeie seus passos, force o que não faz de diferente (rotina, locais, pessoas, centros sociais, etc.).
- Faça seu Marketing pessoal. Construa a sua marca. Vá a encontros de networking, eventos e palestras. Alguns serão um desperdício de tempo, mas outros serão valiosos, o interessante é que quase nunca sabemos distinguir qual é qual.
- Use aplicativos e redes sociais como o LinkedIn e Facebook (de forma ativa, para falar com pessoas que trabalham nas empresas, publicar artigos, participar de grupos).
- Aja como um empreendedor.
- Faça um trabalho voluntário. Em qualquer lugar.
- Ajude as pessoas, com qualquer coisa. Como você define "ajudar"? Ok, faça mais disso.
- Comece um blog sobre qualquer coisa. Dê informações gratuitas e ajude as pessoas. Escreva como convidado em outros blogs (que atraiam você com grandes públicos-alvo). Faça com que sua voz seja ouvida sobre algo pelo qual você é apaixonado e gosta, e adivinha? Outros vão ouvir. E não se preocupe em ganhar dinheiro. Apenas se concentre em publicar sobre o que você gosta e o que ajuda os outros.
- Entre em contato comigo para escrever um post, ou mandar um vídeo sobre suas experiências, sus história, sobre o que quiser.
- Deixe seus tênis no pé da cama antes de ir dormir, então não poderá ignorá-los quando acordar. Crie algo que leve você a se exercitar. Não se mate, procure aconselhamento para o preparo físico, médico e nutricional antes.
- Assista a Ted Talks.
- Medite por pelo menos 12 segundos (você consegue) e concentre-se em sua respiração. Limpe sua mente.
- Tire um dia e não faça nada. Não fazer nada é realmente algo. Algo que todos nós precisamos de vez em quando.
- Faça algo que gostava de fazer antes de ficar muito estressado e ocupado para fazê-lo por mais tempo.
- Entenda que o trabalho perfeito para você pode não ser o primeiro trabalho que receberá quando sair ou mudar.

- Familiarize-se com os novos trabalhos que estão por aí. Um monte de novos trabalhos com títulos e responsabilidades legais são criados a cada dia. Pesquise sobre eles.
- Conecte-se com pessoas em trabalhos que acha que pode gostar, que acha que possam ser adequadas para suas habilidades e pontos fortes, e então encontre-as para um café e veja o que eles dizem sobre o trabalho deles.
- Tente socializar com pessoas de outras áreas. Absorva uma visão diferente da vida.
- Se ainda não trabalha na área que deseja, seja voluntário nela por enquanto.
- Richard Leider utilizou uma estratégia interessante. Ele dizia que, no começo de sua carreira, quando ainda trabalhava com RH, fazia o seguinte para construir o seu plano "B": "*free lunch, free coaching*". Ou seja, se lhe pagassem o almoço ele faria coaching com a pessoa por uma hora de graça. E adivinha, você pode fazer o mesmo. O que você pode oferecer? Aposto que você conhece pelo menos 20 pessoas que aceitariam essa proposta se você oferecer qualquer tipo de serviço ou ajuda, dentro de suas competências pessoais e/ou profissionais.
- Aproveite a viagem. É por isso que estamos aqui. Nós não viajamos apenas para que possamos voltar para casa. Viajamos para aproveitar a experiência.

Construir uma carreira é uma melhor compreensão de si mesmo e do que você pode oferecer ao mundo, tomando decisões ativas sobre o que deseja alcançar, e comprometendo-se a dar pequenos passos e ações consistentes para realizar tudo isso.

Construir uma carreira é difícil. Se não fosse, mais pessoas fariam isso. Esta jornada demandará tempo, dedicação, cuidado e muito trabalho. Muitas transições exigem meses e até anos de trabalho e dedicação.

Você precisará tomar decisões difíceis. Você pode ser obrigado a quebrar velhos hábitos e estabelecer novos. Infelizmente (ou felizmente) ninguém mais pode fazer isso por você.

Por isso, não desanime!

O que importa é que você continue testando coisas novas (mesmo que você decida ficar no mesmo trabalho por mais algum tempo, o faça de uma nova maneira, com propósito, de propósito).

Tudo o que você testar em sua carreira o levará a algum lugar novo (geralmente lugares que você não previa).

"APRENDI...
Aprendi que eu não posso exigir o amor de ninguém, posso apenas dar boas razões para que gostem de mim e ter paciência, para que a vida faça o resto.
Aprendi que não importa o quanto certas coisas sejam importantes para mim, tem gente que não dá a mínima e eu jamais conseguirei convencê-las.
Aprendi que posso passar anos construindo uma verdade e destruí-la em apenas alguns segundos. Que posso usar meu charme por apenas 15 minutos, depois disso, preciso saber do que estou falando.
Eu aprendi... Que posso fazer algo em um minuto e ter que responder por isso o resto da vida. Que por mais que se corte um pão em fatias, esse pão continua tendo duas faces, e isso vale para tudo o que cortamos em nosso caminho.
Aprendi... Que vai demorar muito para me transformar na pessoa que quero ser, e devo ter paciência. Mas, aprendi também, que posso ir além dos limites que eu próprio coloquei.
Aprendi que preciso escolher entre controlar meus pensamentos ou ser controlado por eles. Que os heróis são pessoas que fazem o que acham que devem fazer naquele momento, independentemente do medo que sentem.
Aprendi que perdoar exige muita prática. Que há muita gente que gosta de mim, mas não consegue expressar isso.
Aprendi... Que nos momentos mais difíceis a ajuda veio justamente daquela pessoa que eu achava que iria tentar piorar as coisas.
Aprendi que posso ficar furioso, tenho direito de me irritar, mas não tenho o direito de ser cruel. Que jamais posso dizer a uma criança que seus sonhos são impossíveis, pois seria uma tragédia para o

mundo se eu conseguisse convencê-la disso.
Eu aprendi... Que meu melhor amigo vai me machucar de vez em quando, que eu tenho que me acostumar com isso.
Que não é o bastante ser perdoado pelos outros, eu preciso me perdoar primeiro.
Aprendi que, não importa o quanto meu coração esteja sofrendo, o mundo não vai parar por causa disso.
Eu aprendi... Que as circunstâncias de minha infância são responsáveis pelo que eu sou, mas não pelas escolhas que eu faço quando adulto.
Aprendi que numa briga eu preciso escolher de que lado estou, mesmo quando não quero me envolver. Que, quando duas pessoas discutem, não significa que elas se odeiem; e quando duas pessoas não discutem não significa que elas se amem.
Aprendi que por mais que eu queira proteger os meus filhos, eles vão se machucar e eu também.
Isso faz parte da vida.
Aprendi que a minha existência pode mudar para sempre, em poucas horas, por causa de gente que eu nunca vi antes.
Aprendi também que diplomas na parede não me fazem mais respeitável ou mais sábio.
Aprendi que as palavras de amor perdem o sentido, quando usadas sem critério. E que amigos não são apenas para guardar no fundo do peito, mas para mostrar que são amigos.
Aprendi que certas pessoas vão embora da nossa vida de qualquer maneira, mesmo que desejemos retê-las para sempre.
Aprendi, afinal, que é difícil traçar uma linha entre ser gentil, não ferir as pessoas, e saber lutar pelas coisas em que acredito.
Aprendi que é preciso lutar, não para vencer, mas para não ser vencido.
Aprendi que não é preciso ser herói, apenas um lutador E assim eu aprendi."
Autor Desconhecido

Veja, não interessa o quão árduo foi o seu caminho até aqui, porque você já o percorreu. A sua situação atual não o define, é apenas o resultado de quem você foi e pelo que passou.

"Se você está atravessando o inferno, não pare."
Winston Churchill

Quando se olhar no espelho nunca diga "Assim eu sou", pois assim você era. Hoje é um novo dia e amanhã você será outra pessoa.

O que falta agora não é capaz de impedi-lo de conseguir o que deseja.

"Acredite em você...
Não importa o que é o mundo, o importante, são seus sonhos.
Não importa o que é você, o importante é o que você quer ser.
Não importa onde você está, importa para onde você quer ir.
Não importa o porquê, o importante é o querer.
Não importa suas mágoas, o importante mesmo, são suas alegrias.
Não importa o que já passou...
O passado? Guarde na sua lembrança!
Nunca pense em julgar.
Não veja, apenas olhe.
Não escute, apenas ouça.
Não toque, apenas sinta.
Acredite naquilo que quiser.
E, não adianta sonhar, se você não lutar!
O mundo é um espelho. Não seja só o seu reflexo.
Só acreditando num futuro, você conseguirá a paz para alcançar seus sonhos...
Afinal, o que importa? Você importa. Acredite em você!"
Autor Desconhecido

E o que falta agora é começar o trabalho. O trabalho da sua vida, a sua obra, a realização do seu propósito.

O que falta é começar a fazer de propósito!

CAPÍTULO 7
FERRAMENTAS E EXERCÍCIOS

Boas perguntas mudam o ponto de vista que muda o estado emocional, que muda o comportamento, que muda a realidade.

Lembra-se do organograma do propósito?

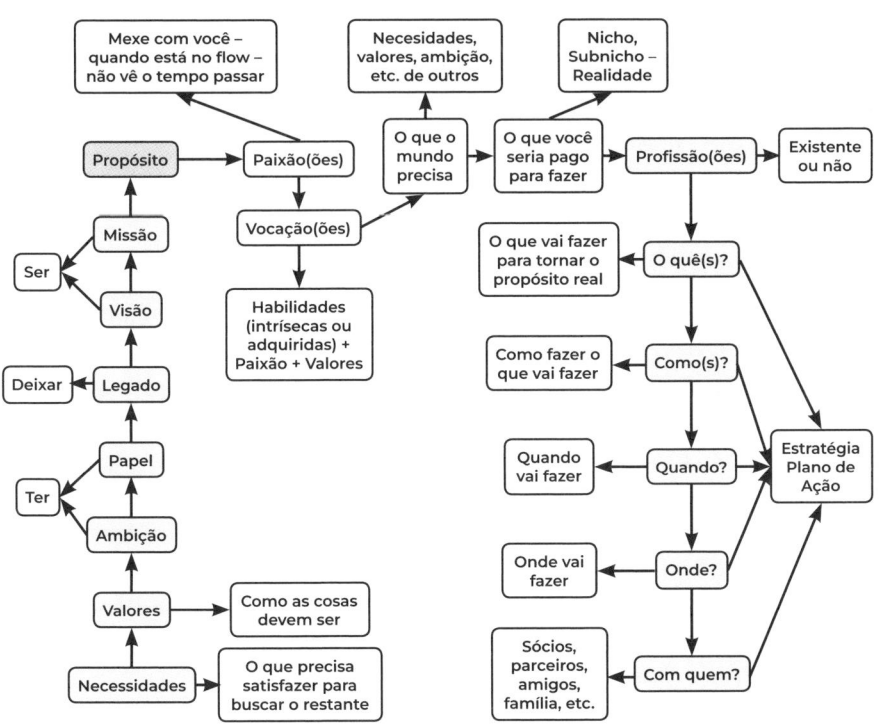

Agora chegou a hora de mostrar, passo a passo, como obter respostas para cada uma das partes desse organograma e finalmente, construir o seu propósito para que você possa viver dele.

*"Eu não esculpi isso, apenas retirei os excessos.
Removi os excessos para revelar ao mundo o que eu já via ali."*
Michelangelo

Separei 23 ferramentas que considero importantes (com base no meu conhecimento, experiência e utilização com meus clientes) à construção do propósito de vida e manifestá-lo em uma atividade profissional que nos traga realização e sustento.

Elas estão organizadas em uma ordem que tem funcionado muito bem para esta finalidade, contudo, caso assim decida, poderá utilizá-las em outra organização, uma vez que essas ferramentas também podem ser utilizadas para o alcance de outras metas, para isso, sempre observe, se são ou não coerentes com a meta a ser trabalhada.

Atente-se, contudo, que todas as ferramentas visam gerar opções de ações e, algumas, visam gerar opções em um foco específico, portanto, analise sempre a finalidade da ferramenta, assim como a meta que deseja trabalhar.

Em um breve resumo, as ferramentas são:
1. SMART – para definir a meta a ser trabalhada.
2. Roda da Vida – para avaliar as áreas da vida.
3. Planejamento Estratégico – para ajudar no planejamento e estratégias.
4. Gestão de Tempo – para ajudar na gestão do tempo e atividades.
5. Linha da vida – para avaliar a vida como um todo (passado, presente e futuro).
6. Perdas e Ganhos – para mensurar, custos *versus* benefícios de decisões e ações.
7. SWOT – para avaliar forças, fraquezas, ameaças e oportunidades.
8. Janela de Johari – para avaliar questões internas, conhecidas ou não, do comportamento.

9. **Feedback 360°** – para avaliar questões externas, conhecidas ou não, do comportamento.
10. **Crenças** – para avaliar questões que estão permitindo ou limitando comportamentos e ações, somente será utilizada quando necessário.
11. **Gestão da Mudança** – para avaliar formas de substituir, adaptar ou eliminar ações que não estejam sendo executadas.
12. **Necessidades** – para avaliar quais necessidades precisam ou estão sendo satisfeitas.
13. **Valores** – para avaliar quais valores precisam ou estão sendo satisfeitos.
14. **Ambição e Papel** – para avaliar o que você deseja alcançar na vida.
15. **Visão e Missão** – para avaliar quem você deseja ser na vida.
16. **Propósito e Legado** – para avaliar pelo que você deseja viver e o que deseja deixar.
17. **Canvas** – para estruturar o seu modelo de negócios.
18. **Effectuation** – para estruturar seu mínimo produto viável.
19. **Gerando uma boa ideia** – para ajudar a ter ideias de "o que", "como", "quando", "onde" e "com quem".
20. **Alavancagem** – para alavancar e acelerar o seu negócio ou produto.
21. **Visualização e Autossugestão** – para ajudar a tornar "palpável" o que precisa ser feito, somente será utilizada quando necessário.
22. **Uma ajudinha para encontrar seu(s) "o quê(s)"** – para ajudar a encontrar opções de "o que" fazer.
23. **Meditação para foco, relaxamento e criatividade** – para ajudar a desenvolver habilidades essenciais de foco, relaxamento e criatividade, somente será utilizada quando necessário.

As ferramentas não se encontram na mesma ordem lógica do organograma, sabe por quê? Lembra-se que foco muito do conteúdo no autoconhecimento? Pois é, as ferramentas estão organizadas na melhor disposição para lhe proporcionar o autoconhecimento, desenvolvimento e maturidade necessários para lidar com cada uma das ferramentas.

Se você ainda não tiver plena consciência dos resultados proporcionados pelas ferramentas ou se não souber uma forma melhor de organizá-las, **não pule ferramentas, siga a ordem**. Ela não é perfeita, mas é uma forma comprovada de alcançar os resultados.

Minha sugestão é que **faça apenas uma ferramenta por semana**. Nunca mais do que duas, eis que o número de ações a serem realizadas pode atrapalhar o seu desempenho, além de influenciar em outras áreas da sua vida.

Não se preocupe, contudo, em deixar "descansar" as respostas por alguns dias, caso não esteja conseguindo um bom desempenho logo no princípio. Isso é normal, uma vez que o autoconhecimento demanda amadurecimento, e isso leva algum tempo.

O objetivo dos questionários seguintes é ajudar você a alcançar a sua meta, então **seja honesto consigo mesmo** e lembre-se de que **ninguém é perfeito, relaxe e responda da melhor forma possível, em um momento onde possa se concentrar nessa atividade. Não existem respostas "certas" ou "erradas".**

Procure sempre **analisar e refletir sobre a vida como um todo** e não somente nos estudos, trabalho, vida pessoal, etc., mas **sempre com foco na meta**, ok? (Explicarei isso melhor adiante).

Na realização das ferramentas, além do quanto descrito em cada uma, **existem sete passos que devem ser seguidos**. Eles são importantes para que você tenha o registro e o controle de tudo o que está acontecendo.

Então, **após finalizar uma ferramenta, faça os passos abaixo. Faça o mesmo para todas as ferramentas que realizar, ou seja, finalize a ferramenta da semana e faça os sete passos abaixo para cada uma delas.**

Esses mesmos sete passos também podem ser úteis em qualquer momento que necessite resolver um problema. Lembra-se do meu padrão de pensamento? Pois é, ele também pode ser estruturado da seguinte forma, tal qual o Modelo GROW (criado por Sir John Henry Douglas Whitmore, pioneiro do coaching executivo, autor e piloto de corridas britânico):

Passo 1-Meta: É o que você quer. Nunca perca ela de vista. Tudo o que você fizer será em função da meta. Tudo o que vai pensar, refletir e agir será em prol do alcance da meta. Então, sempre tenha em mente a cada passo (cada resposta a cada pergunta, cada opção e cada ação escolhida) daqui para a frente:

Isso faz sentido em relação à meta?
Me aproxima da meta?
Me distancia da meta?
Como pode me ajudar a alcançar a meta?

Se não faz sentido, não aproxima e não lhe ajuda a alcançar a meta de alguma forma, descarte (evidente que não deve deixar de fazer o que é importante para manter a sua vida em ordem e funcionando, ok?!).

"Para trás nem para pegar impulso!"
Clóvis de Barros Filho

As únicas regras são que a meta tem que ser expressa sempre no positivo, tem que ser específica, tem que ter uma data para ser realizada, e tem que ser mensurável, tanto para o alcance, quanto para o progresso (caminho até a meta).

"Se você fala sobre isso, é um sonho, se você imaginar, é possível, mas se você agendar, é real."
Anthony Robbins

Passo 2-Estado Atual e Realidade: É importante defini-los sempre, pois, a cada passo que damos, eles mudarão, pois estamos sempre em movimento. Nada mais são do que onde você se encontra agora em relação à meta. Seja muito realista neste ponto.

Passo 3-Opções: São as opções do que pode ser feito agora, ou ao longo do tempo, para que você alcance a meta. Podem também ser opções que podem gerar mais opções.

Por exemplo: ler um livro que não necessariamente vai me aproximar da meta, mas pode lhe trazer insights ou algum conhecimento, ou ainda uma nova opção, que levarão você, em consequência, para mais próximo da meta.

Todas as ferramentas que veremos visam gerar muitas opções para que você possa assumir ações assertivas e alcançar a meta de forma didática, prática e objetiva.

Passo 4-O quê?: Com base nas opções que conseguiu produzir, responda:

Quais escolhe adotar agora? E nessa semana? E nesse mês? E nesse ano? **Por qual pretende começar?**
O que vem na sequência? (Até elencar todas em uma ordem sequencial)
E assim por diante.

Passo 5-Revisão: Uma breve revisão da ferramenta e dos passos anteriores, em busca de maior compreensão e mais insights. Quem sabe até mais "opções" e "o quês".

Passo 6-Plano de Ação: Uma vez elencadas as opções, escolhidas quais pretende adotar, em que ordem vai começar e continuar, tendo revisado a ferramentas, as "opções" e os "o quês", passe a elaborar o plano de como isso vai se operacionalizar. Esse plano consiste em (para cada uma das "opções" e "o quês") responder:

1. **O que você vai fazer para que a opção aconteça?**
2. **Como você vai fazer isso?**
3. **Quando?** (Dia e hora)
4. **Onde?** (Local específico)
5. **Com quem?** (Pessoas específicas que serão ou podem ser envolvidas de alguma forma)
6. **O que ou quem mais você precisa para que isso aconteça?** (Exemplo: computador, carro, dinheiro, permissão, ajuda, amigo, colega, chefe, etc.)
7. **Quem é o especialista neste assunto que eu preciso consultar para minimizar os riscos e otimizar essa ação ao máximo?** (Médico, nutricionista, contador, advogado, preparador físico, fisioterapeuta, etc.)
8. **Quem pode lhe ajudar? Como fazer para essas pessoas lhe ajudarem?**
9. **Quem pode o atrapalhar? Como fazer para essas pessoas não o atrapalharem?**
10. **E se der tudo errado, qual o seu plano B? E o C?**
11. **E se o resultado pudesse ser excepcional, o que acrescentaria?**
12. **Como você poderia tornar tudo isso divertido/prazeroso?**

É importante que todas as ações que você se dispuser a fazer sejam realizadas no prazo estipulado. Evidente, porém, que as vezes precisamos fazer adaptações, mudar o dia ou a hora, ou ainda até mesmo a ação em si, por inúmeras razões.

Somente não perca de vista o porquê você está fazendo isso. Lembre-se da meta e lembre-se que você não gerou essas opções e ações à toa, ou seja, está focado em uma meta e está seguindo um método, então **não duvide de sua "intuição" e dos seus insights enquanto está seguindo o método (isso é muito comum, então não caia nessa). Se gerou opção e plano de ação então faça! E depois colha os resultados!**

Passo 7-Ação: Mãos à obra! Parta para a luta!

Observações importantes:

*Lembre-se sempre de utilizar esses sete passos em todas as ferramentas, sempre após finalizá-las, ok?

*Quando for responder a quaisquer perguntas, nunca foque em problemas, desculpas, limitações e principalmente no passado. Busque sempre manter seu foco no momento presente, sem perder de vista o futuro e a meta que deseja alcançar. Se não se sentir bem, necessitar de apoio, ajuda, ou resolver alguma questão passada, pare o processo e procure imediatamente um profissional qualificado para apoiá-lo na solução dessa questão. Busque sempre manter seu foco no futuro e nas soluções, nunca em problemas e no passado.

*Não jogue fora nenhum dos resultados das ferramentas. Os resultados serão usados no futuro e você sempre pode voltar e analisar as anteriores quando tiver dúvidas, ou quando decidir resgatar insights, opções, etc.

*Para guardar os resultados de maneira didática e útil, após responder as ferramentas, separe as "peças" que encontrar em uma tabela como essa:

Propósito	O quê?	Como?	Onde?	Com quem?	Quando?

* Talvez você não encontre muitas peças de "quando". Mas isso é esperado, como já mencionei. O "quando" não é algo que se descobre, é uma opção, uma decisão. Você encontrará muitos elementos, oportunidades, tendências, padrões, etc., mas, no fundo, caberá a você a decisão sobre quando fazer algo a respeito. Se ainda estiver confuso quanto a isso volte ao Capítulo 5 e releia esta parte.

* Depois que finalizar a ferramenta do "Propósito", antes de realizar as ferramentas "Canvas", "Effectuation", "Gerando uma boa ideia" e "Alavancagem", faça um Visual Board (um quadro/cartolina/folha, ou o que preferir, com essas informações, pode conter imagens, textos, o que quiser) com os elementos da tabela que criou, como ensinei acima. Você terá uma percepção muito mais clara do que está construindo, de qual imagem está construindo com essas peças que tem encontrado.

* Para auxiliar no processo, crie o hábito de todos os dias, escrever três páginas a mão, sem qualquer filtro, apenas o que vier à mente. No começo pode ser um pouco difícil, mas com a prática os resultados são bem interessantes.

* Mantenha um caderno, documento do Word, anotações de voz, Evernote ou qualquer outro meio para anotar ideias, histórias ou qualquer coisa que pensar que chame a sua atenção de alguma forma. Até as bobas. Isso o ajudará a resolver seus pensamentos e será ótimo ler mais tarde e refletir sobre isso.

* Talvez seja legal você utilizar essas ferramentas e responder aos questionamentos em dupla. Por exemplo: por um colega, amigo, coach, psicólogo, outro profissional acostumado a condução deste tipo de processo, ou quem preferir. Se for um amigo ou colega vocês podem alternar a aplicação das ferramentas, um dia você recebe e no outro você aplica. Isso porque outra pessoa poderá auxiliá-lo a não perder o foco e poderá insistir mais na geração de opções e na ousadia do seu plano de ação. Evidente que você pode e consegue fazer isso sozinho perfeitamente! É um ótimo exercício de autocoaching! A dica acima não é obrigatória, apenas pode lhe ajudar caso assim entenda necessário.

* Cada tarefa leva tempo e, portanto, precisa de um lugar no seu calendário. A maioria das pessoas não consegue realizar mais de uma ou três coisas significativas em um dia ou em uma semana, sugiro esse limite (apenas sugiro). Escolha de uma a três "tarefas mais importantes" relacionadas aos seus resultados e programe-se para realizá-las durante a semana. Depois de fazer isso, veja o que resta na sua lista de tarefas. Agora olhe para o seu calendário e veja quando você poderia encaixar as pequenas também, agende estas também. No final deste processo, você não deve ter listas ou tarefas a fazer, sem terem sido realizadas. Quaisquer itens restantes na sua lista de tarefas devem ser devidamente agendados para mais tarde caso não tenham sido cumpridos por alguma razão.

* Lembre-se que tudo leva mais tempo do que imaginamos. Por exemplo: se você acha que vai levar uma hora para escrever um artigo, agende 1h30. O pior cenário é que você acaba tendo tempo livre. Deixe sempre "janelas de tempo", ou seja, algum tempo livre entre as atividades.

* Não agende atividades para todos os segundos de cada dia. Coisas inesperadas sempre acontecem e demandam tempo. Então, preveja e permita-se um tempo para cuidar de coisas de última hora que importam, e também para que possa ser espontâneo com as coisas, não ficar engessado com a agenda. Além de um tempo para o ócio e descanso, é claro.

* Saiba também que você nem sempre conseguirá fazer tudo. Mesmo com um grande planejamento, sempre parece que somos muito ambiciosos. Está tudo bem em deixar alguma coisa para a próxima semana. É algo que o força a olhar para frente de qualquer maneira.

* Programe as coisas mais importantes no início do dia e no início da semana (ou, se fizer antes seu mapa de energia, quando julgar que terá o melhor desempenho). Pondere prioritariamente suas tarefas mais importantes para que, independentemente do que aconteça, pelo menos as mais importantes sejam concluídas. Com o processo certo você sempre tem tempo para o que importa.

* Faça das dicas acima uma parte do seu processo semanal e dê a si mesmo a chance de fazer mais do que importa para você. O processo certo pode fazer toda a diferença. Isso começa com a forma como passamos nossas horas, dias, semanas e meses.

* Quando separar uma ação, divida-a em três a cinco etapas menores. Para essas etapas, crie três a cinco "passos de bebê". Você pode precisar de mais ou menos etapas, dependendo do tamanho de cada ação, ou de mais ou menos "passos de bebê".

* Construa o que precisa ser feito para a meta de trás para a frente. Do final para o agora. O que você precisa fazer agora, para que o final seja possível? Para que o caminho que imaginou aconteça? E amanhã? E depois de amanhã? E assim por diante até o final.

* Além dos sete passos acima, e das dicas de organização de tempo, siga esse roteiro para acompanhar cada ferramenta. **Sempre, quando finalizar cada uma das ferramentas, após finalizar os sete passos acima, e as dicas de organização de tempo, preencha esse relatório de acompanhamento**:

Nome			
Data			
Início (hora)		Fim (hora)	
Meta:			
Expectativa antes de começar:			
Do que precisa mais hoje?			
Do que precisa mais essa semana?			
Ferramenta(s) realizada(s):			
Ações que se propôs a fazer:			
Que pesquisa poderia fazer para avançar ainda mais?			
De 0 a 10, o quanto está animado com as ações? Como poderia chegar ao 10?			

O que faria isso tudo ser mais divertido/prazeroso?	
Como vai se sentir depois de completar as ações?	
Como vai se recompensar por ter realizado as ações?	
Como avalia a ferramenta? (0 a 10) Por quê?	

* **Quando finalizar a primeira ferramenta, antes de iniciar a ferramenta seguinte, sempre revise seu progresso. Faça o mesmo daí em diante, sempre, antes de começar qualquer ferramenta, revise o que foi feito em relação à anterior respondendo às questões abaixo:**

Das ações que se comprometeu, o que foi feito?	
Como foi feito?	
Sobre o que não foi feito, o que o(a) impediu?	
Não ter feito o(a) aproximou da meta? Por quê?	
O que pode fazer essa semana para que isso que o(a) impediu não aconteça novamente?	
Com base no que já foi feito, de 0 a 100%, onde está agora em relação à meta?	
O que poderia ser feito para o progresso possa ser ainda mais rápido em direção à meta?	

* Mensalmente, também é importante que o seu progresso seja avaliado, então, **uma vez ao mês, revise seu progresso respondendo às questões abaixo**:

Qual era sua expectativa para o último mês antes dele começar?

_____

O que você tem alcançado? Como se compara com o que tinha planejado? Explique.

_____

Como você tem gerenciado seu tempo? Sua rotina? Suas atividades do dia a dia?

_____

Que desafios você enfrentou? Como você lidou com eles?

_____

Quais foram os seus piores desempenhos? E os melhores? Qual a sua análise deles?

_____

Buscou feedback de alguém nesse período? De quem? O que você aprendeu com isso?

_____

O que você precisa para desafiar a sua forma de pensar e de se comportar? Por quê?

_____

O que tem feito para se desenvolver? E para aplicar o que aprendeu? Isso tem melhorado seu desempenho? Por quê?

_____

Como vai usar o que tem aprendido no futuro? Como teria usado no passado? Por quê?

_____

Como avaliaria seu desempenho e equilíbrio no último mês? Por quê?

_____

Como avalia o seu processo? Por quê?

_____

O que você pretende atingir até o próximo mês?

_____

De 0 a 100%, quanto diria que já alcançou de sua meta até agora? O que falta acontecer?

_____

* Quando finalizar todas as ferramentas, é importante que você avalie o seu progresso no processo como um todo, deixando claro para si mesmo tudo o que alcançou neste período, respondendo às questões abaixo (revise as ferramentas realizadas, e seus resultados, se o caso):

Quais mudanças você experimentou durante o processo? Em que sua vida mudou?

_____

Que mudanças tiveram mais significado para você? Por quê?

Que mudanças foram mais notadas por outras pessoas? E no trabalho? E fora do trabalho?

O que você notou sobre sua motivação e sobre o seu engajamento? Por quê?

O que m`udou nos seus relacionamentos?

Que abordagens funcionaram melhor para você? Por quê?

Quais foram os momentos críticos? Por quê?

O que você tem a comemorar? Por quê?

O quanto você se aproximou da sua meta (quando ainda não atingiu a meta – de 0 a 100%)? O que faltou? Por quê?

Como foi ter atingido a sua meta (quando atingiu a meta)?

Em que áreas da sua vida você tem mais recursos? Por quê?

Quais comportamentos você eliminou durante o processo? Diminuiu? Elevou? Criou? Por quê?

_____

Como você vai continuar a se desenvolver? Por quê?

_____

Onde e como usaria o que aprendeu no passado? E no futuro? E de hoje em diante, como vai usar? Por quê?

_____

Quais são suas próximas metas?

_____

Como você percebe o seu futuro após o processo? Por quê?

_____

Qual foi a melhor parte? Por quê?

_____

Para deixar mais claro, resumidamente, siga a seguinte ordem:

1. Revise o que foi feito da ferramenta anterior (vale a partir da segunda ferramenta, pois na primeira não há o que revisar).
   - Neste mesmo momento, uma vez ao mês, avalie o seu progresso, respondendo ao questionário acima.
2. Faça a ferramenta da semana.
3. Siga os sete passos descritos acima, e as dicas de organização de tempo.
4. Faça o roteiro de acompanhamento da ferramenta da semana.
5. Quando terminar todas as ferramentas, revise o total do seu progresso, respondendo ao questionário acima.

Finalizando todas as ferramentas, como orientado, e, após avaliar seus resultados, há um passo final. Pegue todos os seus resultados, devidamente organizados na tabela como mencionei no começo do capítulo, e refaça todas as ferramentas. A finalidade de refazer todas as ferramentas é, agora, nesse segundo momento, alinhar tudo o que você é (comportamentos, ações, pensamentos, sentimentos, necessidades, valores, etc.), com o propósito que construiu, permitindo assim torna-se inteiramente coerente e alinhado com o propósito que está perseguindo.

Por último, gostaria de ressaltar que esse processo em nada se assemelha à terapia ou processos relacionados à área da saúde, e sim, um método baseado no método socrático de dialética e lógica para apoiar você no alcance de sua meta, focando apenas nos momentos presentes e com foco no futuro e nas soluções, nunca em problemas e no passado.

> *"Uma criança faz em média 125 perguntas curiosas por dia.*
> *Um adulto faz apenas 6!"*
> **Rolf Smith**

7.1 – SMART

A ferramenta SMART foi criada por Peter Ferdinand Drucker, escritor, professor e consultor administrativo de origem austríaca, considerado como o pai da administração moderna, e é considerada uma poderosa técnica, utilizada para validar qualquer meta e auxiliar no planejamento de maneira eficiente.

Smart é um acrônimo, palavra formada pelas iniciais, de um termo em inglês:

Specific (Específico)
Measurable (Mensurável)
Achievable (Atingível)
Realistic ou Relevant (Realista ou Relevante)
Time-based (Temporizável)

Essa é uma ferramenta essencial ao alcance de qualquer meta. A função dela é tornar a meta clara e mensurável tanto quanto possível, trazendo à tona tudo o que implica seu percurso e seu alcance da meta. Essa ferramenta proporcionará um ponto de partida, e algumas peças do quebra-cabeças do propósito.

Quando a mente tem um alvo definido, ela pode focar e dirigir, e reforçar e redirigir, até alcançar a meta. Se não houver um alvo definido, a energia é dissipada.

Qual é a sua meta? (Sempre em termos positivos, ou seja, o que quer, não o que não quer)

_____

E se pudesse ser mais, maior ou melhor, quanto ou como seria?

_____

O que você pretende alcançar com a meta? (Exemplos: Status, $, respeito, amor, etc.)

_____

Quando quer alcançar a meta?

_____

E se pudesse ser alcançada em menos tempo, quando seria?

_____

Onde vai estar quando alcançar a meta? (Local)

_____

Com quem vai estar quando alcançar a meta? Com quem vai compartilhar quando alcançar? (Pessoas)

_____

Sua meta é alcançável? No prazo que estipulou? O que é possível nesse tempo? Dê evidências.

_____

Sua meta é atraente para você? Dê evidências.

_____

Sua meta é realista no seu estado atual? Dê evidências.

_____

O que vai acontecer quando você alcançar a sua meta?

_____

Se já tivesse alcançado a meta, o que seria diferente?

_____

Como você vai saber que está conseguindo alcançar a meta? Como vai ser esse percurso? O que você vai Ver? O que vai Ouvir? O que vai Sentir? Qual a cena que vem à sua cabeça quando pensa que a meta está se aproximando?

_____

Como vai saber que já conseguiu alcançar a meta? O que você vai Ver? O que vai Ouvir? O que vai Sentir? Qual a cena que vem à sua cabeça quando pensa na meta realizada?

_____

Como você pode tornar a meta em algo mais claro e mensurável?

_____

O que impede você de alcançar sua meta agora? Dê evidências.

_____

O que já tentou no passado para conseguir a meta? Dê evidências.

_____

Como a meta afetará sua vida?

_____

Que dor ela resolve?

_____

Que prazer ela traz?

_____

O que você pode ganhar ou perder ao alcançar a sua meta? E ao perseguir a sua meta?

_____

Quem mais vai ser afetado positivamente e/ou negativamente com o alcance da meta? E no trajeto para alcançá-la? De que forma? Como fazer para evitar os possíveis impactos negativos?

_____

Como o sentimento e o modo de pensar de outras pessoas podem afetar como você se sentiria em relação à meta?

_____

Como a meta poderia interferir em outras partes da sua vida? Como evitar os possíveis impactos negativos?

_____

A meta é congruente com seus valores? Dê evidências.

_____

Por que isso é importante para você?

_____

O que é realmente importante na sua vida? A meta lhe permite alcançar isso?

_____

A meta é algo que você realmente quer? Ou é algo que acha que deve fazer? Por quê?

_____

A meta é sua ou de outra pessoa?

_____

Que capacidades e recursos (internos ou externos) você já têm para ajudá-lo a conseguir a meta? Dê evidências. Quais você ainda necessita?

_____

Quanto a meta vai custar (financeira, emocionalmente, etc.)?

_____

Qual é o preço que está disposto a pagar pela meta (financeiro, emocional, etc.)?

_____

Essa meta é desafiadora o suficiente para você? É emocionante o suficiente? É interessante o suficiente? Como pode torná-la ainda mais?

_____

O que o levaria à alcançar a sua meta agora?

_____

O que mantém você focado? Como pode usar isso ao longo do processo? Como pode melhorar seu foco?

_____

Está entusiasmado com a meta? E com o processo até alcançá-la?

_____

O caminho a seguir é um fluxo natural? Ou é forçado? Por quê? O que precisa para fluir naturalmente?

_____

Você compreende tudo o que envolve alcançar e perseguir a meta? Descreva e dê exemplos.

_____

Compreende todos os demais envolvidos/impactados?

_____

Está preparado?

_____

Que ambientes têm frequentado? Com quem passa mais tempo?

_____

As pessoas e ambientes são condizentes com o que pretende atingir?

_____

Que ambientes precisa frequentar? Que tipo de pessoas precisa encontrar/conhecer?

_____

Como tornar seus planos de 10 anos em realidade em 12 meses? Em 6 meses? Em 3 meses? Em 1 mês? Em 1 semana? Hoje?

7.2 – Roda da vida

Foi criada nos anos 1960 pelo americano Paul J. Meyer, fundador do Sucess Motivation Institute, pioneiro na indústria do aprimoramento e desenvolvimento pessoal, que identificou as principais áreas que deveriam ser satisfeitas para que uma vida seja considerada plena.

As áreas, no entanto, podem ser substituídas dependendo da meta, ou seja, você pode colocar quaisquer elementos sobre os quais deseja ter uma visão mais sistêmica, sejam elementos do trabalho, pessoas com quem se relaciona, habilidades, etc.

O número de elementos também pode ser reduzido ou aumentado, conforme a necessidade.

Sua principal função não é que você alcance 10, a nota máxima, em todas as áreas da vida. Isso seria impossível e você não precisa de 10 em todas as áreas da sua vida para ser feliz e se sentir realizado.

O objetivo da ferramenta é fazer com que se tenha uma consciência sistêmica de como a vida está funcionando no momento, além de como a meta implica nas demais áreas da vida, ou ainda como as demais áreas da vida implicam na meta.

Em muitos casos, o que se percebe é que a meta talvez não seja a prioridade naquele momento, por inúmeras razões, como, por exemplo, problemas familiares, saúde, relacionamentos, etc., ou ainda que, para poder focar na meta, antes é necessário solucionar alguma outra questão que está impactando alguma área da vida.

Ela proporcionará uma visão mais abrangente de sua vida, e começará a fornecer os elementos do que realmente é importante para você.

Pode ser usada também quando não se tem uma meta, com o objetivo de avaliar as áreas da sua vida e ter uma perspectiva de qual necessita de mais atenção naquele momento.

Para preencher a roda da vida, você deve dar uma nota de 0 a 10 para cada uma das 12 áreas. Exemplo:

Área da vida	Nota
Saúde e Disposição	6
Desenvolvimento Intelectual	7
Equilíbrio Emocional	10
Realização e propósito	8
Recursos Financeiros	6
Contribuição Social	2
Familiar	4
Amoroso	7
Social	2
Criatividade, hobbies e diversão	2
Plenitude e Felicidade	6
Espiritualidade	2

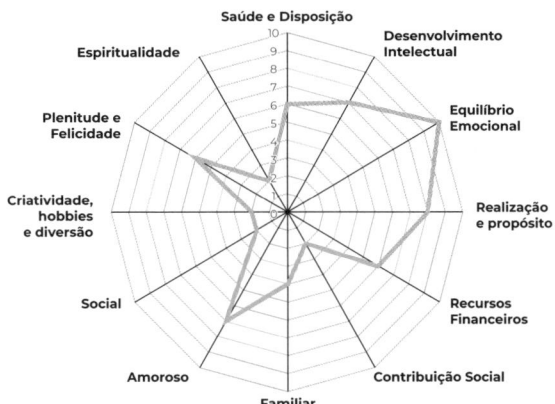

Agora é a sua vez:

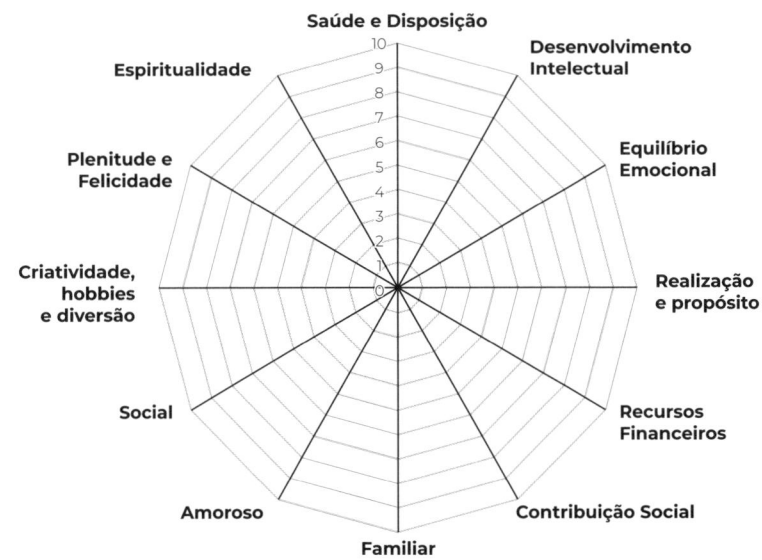

Uma vez preenchido o gráfico, responda:

Que valor você atribui ao seu nível atual em cada área? Por que atribuiu tais notas?

_____

Se a roda pudesse lhe dizer algo, o que seria?

_____

Se pudesse lhe dar um puxão de orelha, qual seria?

_____

Que áreas ela lhe indicaria para focar?

_____

Se pudesse escolher três áreas para focar, quais seriam?

_____

Das três, qual escolheria para começar?

_____

Quais são os motivos que fizeram você atribuir essa nota à esta área que escolheu focar?

_____

O que lhe impediu de dar uma nota mais alta?

_____

Em alguma época essa nota foi mais alta? Estava mais satisfeito? Qual era a nota?

_____

O que fazia nessa época para isso?

_____

Gostaria de elevar até quanto o nível desta área?

_____

Qual seria a nota ideal para essa área? Por quê?

_____

Quais as opções que possui para chegar à nota desejada?

_____

E se o resultado pudesse ser excepcional, o que acrescentaria?

_____

O que distrai seu foco dessa área? Como fazer para que isso não ocorra mais?

_____

Como percebe, com base na roda, que a sua meta influencia as demais áreas?

_____

Como fazer para que essa influência não seja negativa?

_____

7.3 – Planejamento estratégico

A essa altura você já deve ter percebido a quantidade de ações necessárias ao alcance da meta. Para ajudar na organização das atividades e da sua semana, bem como garantir que as ações sejam executadas, siga os passos dessa ferramenta.

De nada adianta desejar construir um propósito maduro, se não houver espaço na agenda para fazer o que é preciso para viver dele. Sem organização e foco, nada acontecerá.

Para muitas pessoas é complicado fazer um planejamento semanal. Se esse for o seu caso, então faça um ajuste diário. Pela manhã, cheque o que tem que fazer. À noite, verifique o que foi feito e o que será feito no dia seguinte. Faça isso todos os dias e colha os resultados.

Quais suas três prioridades desta semana? Aquelas que, se só fizer elas na semana, já estará feliz?

_____

Escolha uma situação difícil ou decisão que tem evitado tomar e uma ação para resolvê-la.

_____

O que precisa lembrar esta semana? (Aniversários, eventos, coisas para levar consigo, etc.)

_____

Quais são suas prioridades para o trimestre?

_____

O que precisa finalizar? O que vai terminar esta semana?

_____

Escolha uma ação onde você é o foco.

_____

Escolha uma meta de longo prazo. Defina uma ação para começar esta semana que vise alcançar essa meta de longo prazo.

_____

Quais são as distrações ou interrupções que tem que eliminar?

_____

Quais são as medidas que pode aproveitar para acelerar sua produtividade esta semana? (Por exemplo: delegar, dizer "não", tentar algo novo, etc.)

_____

Depois das medidas acima, uma vez finalizadas as ações escolhidas, avalie seu progresso na semana seguinte, respondendo ao questionário abaixo:

Você progrediu esta semana? Em que, especificamente? Quais são as suas vitórias?

_____

Do que está orgulhoso por esta semana?

_____

O que aprendeu esta semana?

_____

No que você trabalhou pesado?

_____

O que você poderia ter feito diferente?

_____

Que outras informações importantes ou realizações você conseguiu superar?

_____

Em que você está de parabéns esta semana?

_____

Quem você fará questão de agradecer esta semana?

_____

O que você poderia fazer diferente na próxima semana?

_____

O que está fazendo que está consumindo o seu tempo? Trabalha com isso? O que é então? É importante? Quanto? Por quê?

_____

O que ganha e o que perde não usando essas horas? E usando?

_____

Quanto ganha por hora? Quanto investe no tempo que perde? Quantas horas úteis gasta por dia com isso? Por semana? Por mês? Por ano? Quanto isso custa efetivamente, com base no quanto ganha por hora? (Multiplique o quanto ganha por hora pela quantidade de horas que gasta por dia, semana, mês e ano com essa atividade e terá o custo real)

_____

Quanto estaria disposto a renunciar? Quanto poderia substituir?

_____

Como poderia manter o que gosta e usar mais tempo para as ações que levarão à sua meta? Como saberá melhor o que pode ser feito na semana que vem?

_____

7.4 – Gestão do tempo

Use as tabelas abaixo para ajudar em sua gestão do tempo em continuidade à ferramenta anterior.

Perguntas	1	2	3	4	5	6	7
Quais são as tarefas que farão muita diferença para o seu resultado?							
Qual a data de início?							
Qual a data final?							
Quais os riscos envolvidos que podem atrapalhar?							
O que fazer para minimizar os riscos?							
Quais são as habilidades que já têm para realizar essas tarefas?							
Quais são as habilidades que precisa desenvolver para realizar essas tarefas?							
O que está em suas mãos?		O que depende de alguém?		Depende de quem?		O que depende dessa pessoa?	

FAÇA DE PROPÓSITO!

Para ajudar a especificar ainda mais o que precisa ser feito, diga, em relação a cada atividade:

O quê?	Quem?	Onde?	Por quê?	Como?	Quanto?	Quando?

Use o calendário abaixo para ajudar ainda mais no planejamento da semana:

Hora	Domingo	2ª	3ª	4ª	5ª	6ª	Sábado	U	I	DL	DN
00:00											
01:00											
02:00											
03:00											
04:00											
05:00											
06:00											
07:00											
08:00											

09:00										
10:00										
11:00										
12:00										
13:00										
14:00										
15:00										
16:00										
17:00										
18:00										
19:00										
20:00										
21:00										
22:00										
23:00										

LEGENDAS: U = Urgente | I = Importante | DL = Delegável | DN = Desnecessário

7.5 – Linha da vida

Sua função é fazer com que se tenha uma consciência de como a vida vem funcionando ao longo da sua história, comparando a satisfação pessoal e profissional em um período de tempo preestabelecido, permitindo que se verifique como a satisfação ou insatisfação pessoal influi no trabalho e vice-versa.

Essa ferramenta também proporcionará uma visão mais abrangente da sua vida, desta vez, analisando seu histórico e visão de futuro, fornecendo mais elementos do que é importante para você, e algumas peças do quebra-cabeças do propósito.

Em primeiro lugar você vai ter que criar alguma medida/métrica para analisar a vida pessoal e a profissional.

FAÇA DE PROPÓSITO!

Como gostaria que fossem as métricas? Idade, ano ou se-mestre? Que escala prefere usar?

_____

Por que ano (ou idade) quer começar? Pessoal ou profissional primeiro?

_____

Então basta ir colocando um ponto de nota de satisfação, de 0 a 10, para cada unidade de medida/métrica que escolheu (ano, idade, etc.) e depois interligar os pontos de cada linha, de preferência, com cores diferentes. Exemplo:

Ano ou Idade	Vida	Carreira
16	10	3
17	10	4
18	8	5
19	7	6
20	6	7
21	5	8
22	4	9
23	3	10
24	2	10
25	1	10
26	0	6
27	1	4
28	8	2
29	6	1
30	3	0
31	5	10
32	4	10

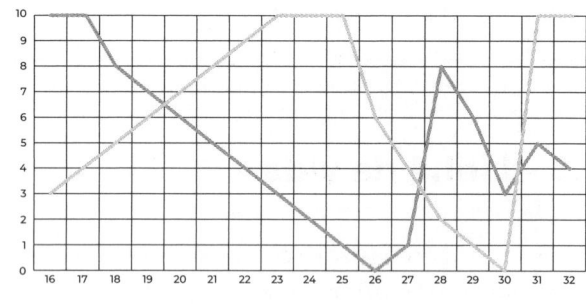

Agora é a sua vez:

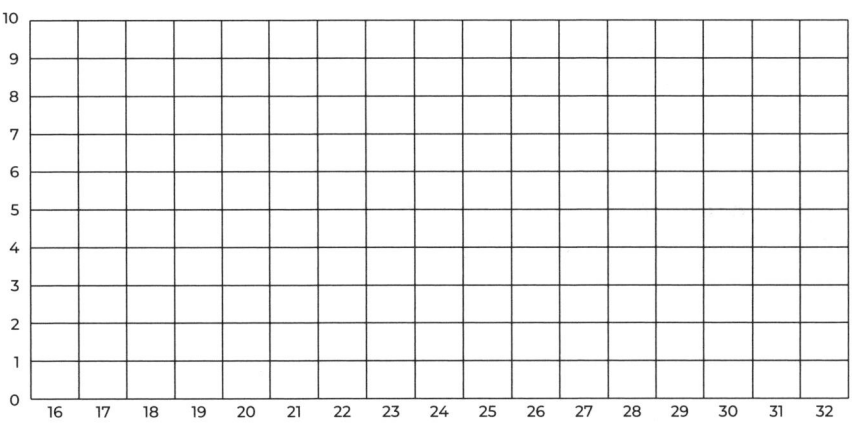

Agora, depois de preencher o gráfico, responda:

Qual o nível de satisfação neste primeiro ponto identificado?

_____

Qual o próximo ponto? Qual o nível de satisfação? Faça o mesmo até acabar, depois comece a segunda linha e repita o procedimento.

_____

Olhando para os pontos de estabilidade comuns nas duas linhas (a cada dois pontos), qual a relação entre eles? O que foi determinante para isso?

_____

Olhando para os pontos de estabilidade em uma única linha, qual a relação entre eles? O que foi determinante para isso?

_____

Olhando para as quedas comuns nas duas linhas, qual a relação entre elas? O que foi determinante para isso?

_____

Olhando para as quedas comuns em uma única linha, qual a relação entre elas? O que foi determinante para isso?

_____

Olhando para as subidas comuns nas duas linhas, qual a relação entre elas? O que foi determinante para isso?

_____

Olhando para as subidas comuns em uma única linha, qual a relação entre elas? O que foi determinante para isso?

_____

O que há de comum nos pontos de estabilidade? O que há de diferente?

_____

O que há de comum nos pontos de descida? O que há de diferente?

_____

O que há de comum nos pontos de subida? O que há de diferente?

_____

O que aprendeu com isso?

_____

O que as linhas ou o desenho geral querem dizer?

_____

Como tem tomado as decisões na sua vida? E na carreira?

_____

Quem ou o que tem ajudado nas decisões?

_____

Nos pontos baixos, o que teria ajudado você?

_____

O que poderia ter feito diferente?

_____

Que pontos fortes o ajudaram nos momentos difíceis?

_____

Nos pontos altos, que forças estavam evidentes? Que condições externas ajudaram?

_____

Ao analisar tudo, quais características julga serem mais importantes na vida? E no trabalho? Como equilibrar mais a vida e o trabalho?

_____

O que projeta para a vida e trabalho no futuro com base no que aprendeu?

_____

O que precisa aprender? Dar poder? Ajustar? Improvisar? Que comportamentos precisa desenvolver?

_____

Que ambientes tem frequentado? Com quem tem passado mais tempo?

_____

As pessoas e ambientes são condizentes com o que pretende atingir?

_____

Que ambientes precisa frequentar? Que tipo de pessoas precisa encontrar e conhecer?

_____

O que vai fazer para alcançar a meta agora?

_____

Uma extensão interessante dessa ferramenta é continuar projetando os pontos de sucesso no futuro, com base nas suas metas, em tudo o que imagina ou deseja alcançar.

Com os mesmos parâmetros que utilizou para marcar os pontos do passado, passe agora a apontar os sucessos futuros que pretende alcançar e o nível de satisfação com eles.

Após, faça novamente o questionário acima, desta vez, focado nos pontos marcados no futuro.

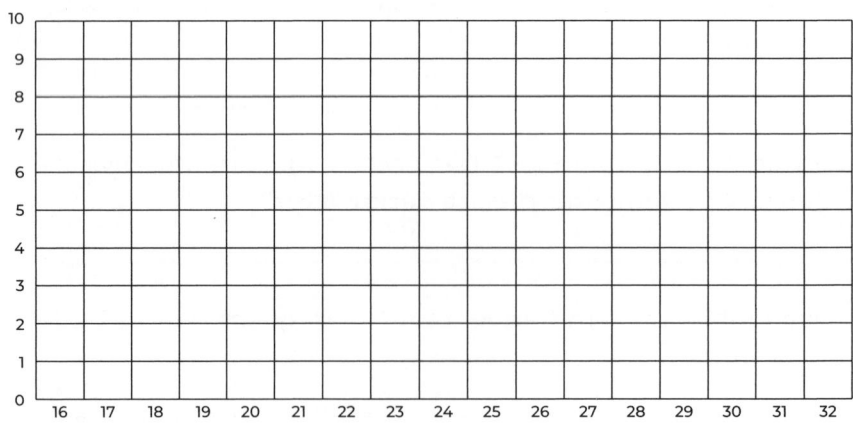

7.6 – Perdas e ganhos

Essa é uma das ferramentas que uso quase a todo momento. Visa fundamentalmente verificar o que você ganha e/ou perde com cada opção, ação, escolha, mindset, etc.

É uma espécie de balança mental. Pode ser usada para qualquer coisa. É uma ferramenta esclarecedora e pode nos poupar de muitas escolhas e decisões precipitadas.

Responda ao quadro abaixo indicando o que você ganha e o que perde, permanecendo como está (estado atual) e fazendo o que está pretendendo fazer ou alcançar (estado desejado).

	PERDAS	GANHOS
ESTADO ATUAL		
	PERDAS	GANHOS
ESTADO DESEJADO		

Após preencher o quadro acima, responda:

O que acontecerá se você continuar como está?

_____

O que acontecerá se você não continuar como está?

_____

O que não acontecerá se você continuar como está?

_____

O que não acontecerá se você não continuar como está?

_____

O que acontecerá se você fizer o que pretende?

_____

O que acontecerá se você não fizer o que pretende?

_____

O que não acontecerá se você fizer o que pretende?

_____

O que não acontecerá se você não fizer o que pretende?

_____

7.7 – SWOT

É uma ferramenta estrutural da administração creditada a Albert S. Humphrey, consultor americano de negócios e gestão especializado em gestão organizacional e mudança cultural, que foi líder de pesquisa na Universidade de Stanford nas décadas de 1960 e 1970. A princípio se chamava análise SOFT (Satisfactory, Opportunity, Fault e Threat), mas em 1964, Urik e Orr, em conferência, mudaram o F (Fault) para um W (Weaknesses).

Outras referências atribuem conceitos semelhantes à Kenneth Andrews Richmond, Roland Christensen e Guth professores estadunidenses e mestres em Harvard no curso de Kenneth Andrews Richmond.

Ela é formada pelo acrônimo das palavras:

Strenghts (Forças)
Weaknesses (Fraquezas)
Opportunities (Oportunidades)
Threats (Ameaças)

Tem como objetivo levantar seus pontos fortes, fraquezas, ameaças e oportunidades, além de opções. Traz grandes elementos para o autoconhecimento e costuma gerar muitos insights. Essa ferramenta proporcionará muitos elementos que futuramente serão utilizados na construção do "o que", "como", "onde" e "com quem", e algumas peças do quebra-cabeças do propósito.

A ordem de respostas é: Forças, Fraquezas, Ameaças e Oportunidades, ou SWOT. Depois que finalizar o quadro da página seguinte, responda:

Como podemos usar cada força?

_____

Como podemos aproveitar as oportunidades?

_____

Como os pontos fortes e as oportunidades podem destruir as fraquezas? (Analisar isso uma a uma até eliminar todas).

_____

Como os pontos fortes e as oportunidades podem destruir as ameaças? (Analisar isso uma a uma até eliminar todas).

_____

INTERNO		
Forças	**Fraquezas**	
Quais suas forças? O que você faz bem? Exemplo. Como sabe?	Quais as suas fraquezas? O que você precisa melhorar? Exemplo. Como sabe? Como vai desenvolver isso?	
Para quais recursos (internos e externos) únicos você pode apelar/contar? Exemplo. Como sabe? Como pode contar com isso?	Onde você tem menos recursos (internos e externos) que os demais? O que fazem melhor que você? Exemplo. Como sabe? Quem faz isso? O que você aprendeu com essa pessoa?	
Quais pontos fortes os outros lhe atribuem? Exemplo. Como sabe? Quem disse? Como pode contar com isso?	Quais são as fraquezas que os outros podem lhe apontar? Exemplo. Como sabe? Quem disse isso? O que você aprendeu disso e com essa pessoa?	
Como ter levantado seus pontos fortes o aproxima da sua meta?	Como ter levantado suas fraquezas o aproxima da sua meta?	
Oportunidades	**Ameaças**	
Quais são as oportunidades que estão se abrindo? Como sabe? Exemplo.	Quais as ameaças/tendências podem lhe afetar? Exemplo. Como sabe? Como pode o afetar? Como pode evitar que aconteça?	
Quais são as tendências que você pode aproveitar? Exemplo. Como sabe? Como pode aproveitar isso?	Quem é sua concorrência? O que sua concorrência faz? Exemplo. Como sabe? O que aprendeu com a concorrência?	
Como você pode transformar seus pontos fortes em oportunidades? Exemplo. Como?	Suas fraquezas lhe expõem a que ameaças? Exemplo. Como sabe? O que quer ao invés disso? O que aprendeu com isso?	
Como ter levantado suas oportunidades o aproxima da sua meta?	Como ter levantado suas ameaças o aproxima da sua meta?	
EXTERNO		

POSITIVO

NEGATIVO

7.8 – Janela de JOHARI

Janela de Johari é uma ferramenta criada por Joseph Luft e Harrington Ingham em 1955, que tem como objetivo auxiliar no entendimento da comunicação interpessoal e nos relacionamentos em grupo. Este conceito pode aplicar-se ao estudo da interação e das relações interpessoais em várias situações, nomeadamente, entre indivíduos, grupos ou organizações. A palavra Johari tem origem na composição dos prenomes dos seus criadores: **Jo** (seph) e **Hari** (Harrington).

Essa ferramenta lida com elementos internos, visando clarificar ainda mais o que você sabe sobre você. Preencha o quadro a partir das perguntas abaixo. Ao analisar os resultados, talvez se surpreenda com os padrões que vai encontrar. Você encontrará muitos elementos que futuramente serão utilizados na construção do "o que", "como", "onde" e "com quem", e algumas peças do quebra-cabeças do propósito.

X	Conhecido ao Eu	Não Conhecido ao Eu
Conhecido a Outros	Aberto	Cego
Não Conhecido a Outros	Escondido	Desconhecido

O que todos sabem sobre você? O que é? O que quer?

_____

O que outras pessoas sabem sobre você? O que está aprendendo ao pedir feedback? O que pode aprender ao pedir feedback?

_____

O que está disposto a revelar sobre si mesmo? O que os outros podem gostar de saber?

_____

O que está descobrindo sobre si mesmo que ninguém sabia?

_____

O que está disposto a revelar sobre si mesmo? O que os outros podem gostar de saber?

_____

O que você sabe sobre você que todos sabem?

_____

O que você sabe sobre você que os outros não sabem ainda?

_____

O que você não sabia sobre você e descobriu por outros?

_____

O que nem você e nem os outros sabiam sobre você?

_____

7.9 – Feedback 360°

A primeira utilização desse método de avaliação sob múltiplas perspectivas foi durante a Segunda Guerra Mundial pelas forças armadas alemãs. Embora não tivesse esse nome o conceito era exatamente o mesmo: soldados foram avaliados pelos colegas, supervisores e subordinados para fornecer informações e recomendações de como melhorar o desempenho.[36]

Os militares dos EUA usaram um conceito de avaliação de desempenho semelhante durante a Primeira Guerra Mundial, mas não utilizavam as participações dos subordinados incorporados pelos alemães. Entretanto, as avaliações diretas por mérito correspondiam aos sistemas de remunerações e promoções. A primeira utilização documentada da avaliação 360° foi na década de 1950, pela Esso Research e Engineering Company.

Essa ferramenta trará elementos externos, visando conhecer o que os outros sabem sobre você, como as pessoas lhe veem. Ao analisar os resultados, talvez se surpreenda com os padrões que vai encontrar. Essa ferramenta proporcionará muitos elementos que futuramente serão utilizados na construção do "o que", "como", "onde" e "com quem", e algumas peças do quebra-cabeças do propósito.

Você vai precisar enviar o convite abaixo para pelo menos cinco pessoas. É interessante que sejam pessoas com quem você tenha diferentes níveis de relacionamentos (exemplo: pais, irmãos, primos, amigos próximos, amigos distantes, pessoas do trabalho, pessoas de níveis hierárquicos semelhantes e diferentes, etc.). Reflita antes:

Qual o critério para escolher esta pessoa?

Como esta pessoa contribui para a meta?

Como sabe que fornecerá um feedback sincero e satisfatório?

Caro XXXXX (nome da pessoa),

Eu estou trabalhando em um plano de desenvolvimento pessoal e gostaria de entender melhor como as outras pessoas me percebem para que eu possa ser mais eficaz. Eu valorizo e realmente aprecio sua opinião sincera. Gostaria de saber como você vê:
1. Meus pontos fortes e talentos. O que você mais valoriza em mim?
2. Minhas fraquezas. Como posso melhorar?
3. Em que situação você pode sempre contar comigo?
4. Em que situação você nunca pode contar comigo?
5. O que todo mundo sabe sobre mim?
6. O que me vê fazer? (Profissão, trabalho, curso, faculdade, etc.)
7. O que diria que eu faço da vida se não nos conhecêssemos?

Por favor, acrescente anotações, exemplos específicos para que eu possa entender melhor seus comentários e ponto de vista. Ficaria muito grato se você pudesse me entregar essas respostas até XX/XX/XXXX (data).

Desde já agradeço sua atenção.

XXXXXXX (seu nome)

Leia as respostas que receber e responda:

O que você aprendeu de mais valioso nas respostas que recebeu do seu feedback?

_____

O que o deixou mais surpreso?

_____

Em que você percebeu que está sendo mais valorizado? Em que você percebeu que precisa melhorar?

_____

Como suas descobertas positivas podem contribuir com a sua meta?

_____

Como suas descobertas negativas podem contribuir com a sua meta?

_____

Que semelhanças e diferenças verifica nas respostas?

_____

Como o feedback pode ser alinhado com a forma como vê a si mesmo?

_____

O que observou sobre si mesmo a partir do feedback?

_____

O que vai fazer agora, para alcançar sua meta, em vista do que aprendeu?

_____

Como vai usar os pontos fortes para se alavancar?

_____

Pretende trabalhar os pontos fracos ou simplesmente vai se permitir a si mesmo deixar de ser alguém que não é?

_____

É interessante comparar esses resultados aos obtidos com as ferramentas anteriores (SWOT e Janela de JOHARI).

O que percebe de semelhante? E de diferente? Como explicaria as semelhanças e as diferenças?

7.10 – Crenças

Todos possuímos crenças, elas vêm como pensamentos automáticos que podem nos motivar ou nos limitar, podem nos permitir ou nos limitar na hora de fazer algo. Porém, por se tratarem de pensamentos automáticos, são difíceis de se perceber.

As crenças são abordagens para a percepção, pré-formadas, pré-organizadas, que filtram nossa comunicação para nós mesmos, de maneira consistente. Suas fontes são: os ambientes em que vivemos e frequentamos, os acontecimentos de nossas vidas (pequenos ou grandes), o conhecimento que adquirimos, os resultados passados que obtivemos e as criações que nossas mentes fazem das experiências que desejamos para o futuro, como se estivesse aqui agora.

Importante esclarecer que sempre há algum ganho por trás dessas crenças, pois elas são parte do sistema de autopreservação do nosso cérebro. Logo, isso é perfeitamente normal, então não se martirize se identificar algumas, simplesmente trabalhe com elas e seja feliz.

Vou dar um exemplo. Imagine que você está andando e torce o tornozelo. Talvez isso já tenha acontecido. Devido ao seu medo de se machucar, você acabaria, ainda que temporariamente, perdendo a confiança naquele tornozelo e começaria a mancar devido ao trauma. Até que se sentisse seguro novamente não andaria normal.

O mesmo ocorre com nossos pensamentos, porém, como o "se sentir seguro" é muito relativo, acabamos por nos "acostumar" a pensar e agir de determinadas maneiras por muito tempo, e isso pode nos limitar. Entretanto, quando identificamos essas crenças, e quando elas nos limitam, é interessante conhecermos a fundo o que pode ser feito para que não nos limitem mais e nos permitam alcançar nossas metas.

O que indica que isso está ocorrendo é quando pensamos sobre algo, mas não conseguimos agir. Ou ainda, quando envolve um tema ou assunto sobre o qual sequer conseguimos considerar hipóteses de solução, seja lá por qual razão. O que nos ajuda a encontrar é comparar onde estamos e o que temos feito para alcançar a meta. Analise:

Você está evoluindo?

Se não, por quê?

Se sim, mas não o suficiente, por quê?

O que está motivando essa não evolução ou evolução abaixo do que gostaria?

Essa ferramenta visa flexibilizar esse paradigma que está limitando seu desempenho. As ações geradas vão reforçar o novo caminho até quebrar o paradigma, reforçando o caminho neural que permite ao invés do que limita. **Por isso somente utilize essa ferramenta se perceber alguma dessas questões.**

Sobre a mesma crença, uma vez identificada a situação, conforme acima, responda até o final (se quiser depois pode fazer tudo de novo com outras):

Que fatos e evidências comprovam que isso é verdade? O que valida isso? Por quê?

Quando começou? A quanto tempo acredita nisso? Qual a fonte disso? Quem lhe disse isso? Onde isso começou? Quem mais acredita nisso? Quantos mais?

Já aconteceu algo em sua vida que era de uma forma, depois simplesmente mudou e nunca mais aconteceu da mesma forma? Algo que fazia? Que acontecia sempre? Pode acontecer o mesmo com isso? Isso pode mudar ou simplesmente não ser mais assim? Como seria se não fosse assim?

Quais foram os ganhos em acreditar nisso para a meta? Quais são os ganhos hoje? Quais serão os ganhos no futuro?

Qual a expectativa negativa em relação à meta (E nos próximos 3 meses, 6, 9, 12, 18, 24, 30, 36, 48 e 60 meses) em continuar acreditando nisso? Qual a experiência negativa no passado (e nos últimos 3 meses, 6, 9, 12, 18, 24, 30, 36, 48 e 60 meses) em relação à meta por acreditar nisso?

Qual o estado emocional negativo de acreditar nisso em relação à meta? Detalhe o que sente. Que estado emocional gera?

O que valoriza em acreditar nisso em relação à meta? Qual a expectativa positiva em continuar acreditando nisso em relação à meta?

Qual o estado emocional positivo em acreditar nisso em relação à meta? Detalhe o que sente. Que estado emocional gera?

Qual é a intenção positiva em acreditar nisso?

_____

O que acreditar nisso faz por você? Se você deixar de acreditar nisso, que falta fará?

_____

É útil continuar acreditando nisso? O que você ganha acreditando nisso?

_____

Se fosse diferente, como seria? Que outras palavras você pode usar para suavizar isso que acredita? Descreva de novo, com outras palavras (Repita isso várias vezes e de formas diferentes).

_____

Que outras perspectivas você poderia ter sobre a mesma situação? Como seria? Qual seria o contexto? E em outro? Em que tempo? Sempre? Nunca? Para quem? E sob a ótica de outra pessoa? Quem mais acredita nisso?

_____

Que exemplo poderia ser dado de uma situação em que ela não se aplica? Um exemplo contrário?

_____

Se pudesse comparar a algo, compararia ao quê? Todos são assim? Formule analogias.

_____

Quais são as consequências, para a meta, em acreditar nisso?

_____

Explicite verbalmente isso que acredita. Como isso lhe parece agora que ouviu?

_____

O que motiva ou causa acreditar nisso? O que é importante para você em acreditar nisso?

_____

Que preço já pagou por acreditar nisso? Quanto acreditar nisso está custando agora?

_____

Sua vida seria diferente se fosse capaz de deixar de acreditar nisso? Se pudesse transformar isso? Como seria? Descreva.

_____

Eu não posso ver isso que você acredita, mas, se pudesse me explicar, como eu veria isso que acredita se fosse você? O que vê? O que ouve? Como sente no corpo? E se isso que pensa ficasse pequeno, quase branco, desfocado, cada vez mais longe, cada vez mais baixo, e esse sentimento do seu corpo se movimentasse da forma contrária? Como se sentiria?

_____

Ao ter levantado os aspectos negativos e positivos em acreditar nisso, o que vale mais a pena? Em que você decide acreditar?

_____

Como pode alcançar a meta e manter os ganhos que tem em acreditar nisso?

_____

E o que vai fazer até semana que vem para reforçar isso?

_____

7.11 – Gestão da mudança

A essa altura do campeonato você já viu bastante coisa. Entretanto, deve ter percebido que algumas opções e ações que você têm gerado são mais fáceis, simples ou agradáveis de ser realizadas do que outras e, por conta disso, você pode ter deixado algumas de lado, o que é perfeitamente normal.

O que essa ferramenta proporciona é a oportunidade de modificar, adaptar ou eliminar opções e ações que você não têm feito, ou não gosta, de forma a substituir, adaptar ou eliminar, para que se realizem ou deixem de aparecer como opções a serem consideradas. Responda a primeira coluna, depois a segunda.

FAÇO		
GOSTO	O que faz e gosta em relação à meta?	O que faz e não gosta em relação à meta?
	Manter	**Transformar ou Eliminar**
	Como isso pode ser mantido?	Como isso pode ser transformado ou eliminado? O que poderia pensar diferente? Como fazer isso o aproxima da meta? Se não faz e não gosta por que não elimina? Como eliminar o aproxima da meta?

(coluna lateral direita: **NÃO GOSTO**)

Agora, responda à segunda coluna, depois a primeira.

NÃO FAÇO		
GOSTO	O que não faz e gosta em relação à meta?	O que não faz e não gosta em relação à meta?
	Realçar	**Eliminar ou Transformar**
	Como isso pode ser realçado e realizado?	Como isso pode ser eliminado ou transformado? O que poderia pensar diferente? Como fazer isso o aproxima da meta? Se não faz e não gosta por que não elimina? Como eliminar o aproxima da meta?

(coluna lateral direita: **NÃO GOSTO**)

Das ações que separou, o que é prioridade a:

Curto Prazo (Uma semana)	Médio Prazo (Duas semanas)	Longo Prazo (Um mês)

Sugiro após o término da ferramenta uma reflexão:

Por que você não estava fazendo as ações que eram importantes para a meta?

_____

O que o estava impedindo?

_____

Por que algumas ações eram mais fáceis do que outras?

_____

Por que não gostava de algumas ações?

_____

Observa algum padrão?

_____

Se esse inventário pudesse lhe dizer algo, o que seria?

_____

É interessante avaliar esses resultados e verificar se algo se encaixa no conceito de crenças. Se sim, vá até aquela ferramenta e faça os questionamentos, visando superá-la.

7.12 – Necessidades

Já falamos bastante sobre as necessidades, elas são uma espécie de bússola interior que nos mostra o que estamos tentando satisfazer com nossas ações. Elas são importantes indicadores que podem nos mostrar muito do porquê fazemos o que fazemos.

Essa ferramenta proporciona muitos elementos que, futuramente, serão utilizados na construção do "o quê", "como", "onde" e "com quem", e algumas peças do quebra-cabeças do propósito.

Escolha as 10 palavras que você acredita serem necessidades pessoais (as que desejar) e coloque na tabela abaixo. Para escolher pergunte a si mesmo:

Se eu tivesse/conseguisse/sanasse isso, seria capaz de perseguir minhas metas sem me preocupar mais com isso?

Não ter/conseguir/sanar isso me limita a buscar minhas metas?

Se tiver dúvidas sobre o que são necessidades, volte ao Capítulo 3 e releia este tópico.

1	
2	
3	
4	
5	
6	
7	
8	
9	
10	

Agora reflita sobre cada uma delas:

Qual critério utilizou para escolher essas 10?

_____

O que significa cada uma delas para você?

_____

Lembre-se de um momento na vida em que vivenciou esta necessidade sendo atendida (Pense em um momento positivo). O que estava fazendo? Onde estava? Quando foi isso? Com quem estava? O que pensava? O que sentia? O que via? O que ouvia? Quem você era nessa época? Quais eram suas inteligências e habilidades? Em que acreditava?

_____

Qual foi o momento mais importante que validou que esta necessidade estava sendo atendida?

_____

Como se sente ao lembrar deste momento? Dê uma nota de 0 a 10 para esta memória.

_____

Depois de responder as questões acima para todas as necessidades, responda:

Os feitos que mencionou foram mais fáceis ou mais difíceis que a meta atual?

_____

Como a meta atual se alinha com as suas necessidades?

_____

Escolha duas necessidades para trabalhar essa semana. Aquelas que saltam aos olhos, que julgue serem mais importantes e relevantes.

_____

O que vai fazer essa semana para atender estas necessidades?

_____

Agora que conhece suas necessidades, comece a reparar o que motiva suas atitudes. Veja quais necessidades estão sendo supridas em cada ação. Comece a direcionar suas ações, conforme as necessidades, em direção de sua meta.

7.13 – Valores

Também já falamos muito sobre os valores, eles são uma espécie de bússola interior que nos mostra o que está por trás de nossas ações, quais valores estamos satisfazendo com nossas ações. Eles são importantes indicadores que podem nos mostrar muito do porquê fazemos o que fazemos.

Essa ferramenta proporciona muitos elementos que futuramente serão utilizados na construção do "o quê", "como", "onde" e "com quem", e algumas peças do quebra-cabeças do propósito.

Escolha 10 valores à sua escolha e coloque-os na tabela abaixo. Para escolher reflita:

O que é importante para mim?

Por que eu faço o que faço, como faço?

Por que eu não faço o que eu não faço?

Se tiver dúvidas sobre o que é um valor, volte ao Capítulo 3 e releia este ponto.

1	
2	
3	
4	
5	
6	
7	
8	
9	
10	

Para todos eles, tal como nas necessidades, reflita:

Qual critério para escolher esses 10 valores?

_____

O que significa cada um deles?

_____

Lembre-se de um momento na vida em que vivenciou este valor sendo atendido (Pense em um momento positivo). O que estava fazendo? Onde estava? Quando foi isso? Com quem estava? O que pensava? O que sentia? O que via? O que ouvia? Quem você era nessa época? Quais eram suas inteligências e habilidades? Em que acreditava?

_____

Qual foi o momento mais importante que validou que este valor estava sendo atendido?

_____

Como se sente ao lembrar deste momento? Dê uma nota de 0 a 10 para esta memória.

_____

Agora coloque os valores em ordem de prioridade:

1	
2	
3	
4	
5	
6	
7	
8	
9	
10	

Depois responda:

Os feitos que mencionou, foram mais fáceis ou mais difíceis que a meta? Por quê?

_____

Como a meta se alinha com os valores?

_____

A hierarquia dos valores condiz com a meta? Com o que precisa ser feito para alcançar a meta? Se não, qual seria a hie-

rarquia ideal? Como pode fazer para passar a viver segundo essa nova hierarquia? Como se sente ao imaginar sua vida com essa nova hierarquia? Como precisa se sentir? O que vai fazer para isso?

Em quais outras áreas da vida esses valores podem ser aplicados? Se faz para uma área, por que não faz para as outras?

Pense nas vezes em que você ficou bravo, chateado ou irritado. Quais valores não estavam sendo atendidos?

Pense nas vezes em que você foi realmente feliz. Que valores estavam sendo atendidos?

Escolha dois valores para trabalhar essa semana. Aqueles que saltam aos olhos, que sejam os mais importantes, relevantes e significativos.

O que vai fazer essa semana para atender estes valores?

Tente se lembrar de uma época em que tomou a decisão errada. Você decidiu rápido demais ou demorou demais? Pensou bastante ou pensou pouco no impacto que essa decisão teria sobre outras pessoas?

Tinha noção de quais seriam as consequências? A longo prazo? A médio prazo? A curto prazo?

O que você acha que as pessoas importantes para você pensavam a seu respeito enquanto estava tomando essa decisão?

_____

Quais foram os motivos que o levaram a tomar tal decisão? Por que não voltaria a tomar essa mesma decisão?

_____

Quais foram, na época, os valores que o levaram a fazer essa escolha? Revendo os fatos, que outra decisão você teria tomado?

_____

Que lição você tira dessa experiência?

_____

Tente se lembrar de uma época em que tomou a decisão certa (aquela cujos resultados o satisfazem até hoje). Você tomou a decisão rapidamente ou levou algum tempo pensando? Que valores o levaram a tomar tal decisão?

_____

O que as pessoas do seu meio pensaram da sua escolha?

_____

Como você soube na época que era a decisão certa? Revendo os fatos, o que lhe mostra que foi uma decisão certa?

_____

O que decide então?

_____

O que aprendeu com a ferramenta?

_____

Agora que conhece seus valores, comece a reparar quais estão por trás de suas ações. Veja quais valores estão sendo atendidos em cada ação. Verifique se os valores que utiliza estão condizentes com sua hierarquia. Comece a direcionar suas ações, conforme os valores, em direção de sua meta.

7.14 – Ambição e Papel

Uma das ferramentas mais esclarecedoras e negligenciadas nos processos, visa clarificar o que você realmente quer alcançar na sua vida. Essa ferramenta proporciona muitos elementos que futuramente serão utilizados na construção do "o quê", "como", "onde" e "com quem", e algumas peças do quebra-cabeças do propósito.

AMBIÇÃO
Que tipo de vida você quer criar para si mesmo?
Qual status você quer alcançar na vida?
Que tipo de desempenho você quer ter? (Em relação a você e às outras pessoas).
O que você precisa para criar a vida que deseja? Para alcançar o status que deseja? Para ter o desempenho que deseja?
PAPEL
Que tipo de pessoa você precisa ser para criar a vida que você quer?
Quais são as competências essenciais para ser este tipo de pessoa?

Quais são os comportamentos essenciais para ser este tipo de pessoa?
O que esta pessoa tem que você ainda precisa? Como vai fazer para conseguir isso?

7.15 – Visão e Missão

Acredito que essa seja a ferramenta mais esclarecedora e negligenciada nos processos, visa clarificar o que você realmente quer realizar na sua vida. Não se confunde com o propósito por tudo o que já vimos até aqui. Se ainda estiver em dúvida, reveja os Capítulos 1 a 3.

Essa ferramenta proporciona muitos elementos que futuramente serão utilizados na construção do "o quê", "como", "onde" e "com quem", e algumas peças do quebra-cabeças do propósito.

VISÃO
O que quer criar na sua vida através de você que está além de você?
O que você quer que esteja mais presente e menos presente na sua vida?
Qual o mundo que você quer pertencer?
O que você precisa fazer para que tudo isso se concretize? Como fará isso?
MISSÃO
Qual será sua contribuição exclusiva para fazer a sua visão acontecer?

Quais são os dons que você tem ou fará para ajudar alcançar a sua visão?
Quais são os recursos (internos e externos) que você tem para ajudar alcançar a sua visão?
Quais são as capacidades que você tem para ajudar alcançar a sua visão?
Que ações especiais, ou eventos únicos e/ou periódicos, você fará para ajudar alcançar a sua visão?
Como utilizará tudo isso para alcançar sua visão?

7.16 – Propósito e Legado

Através de vários questionamentos, essa ferramenta visa gerar os insights que faltam para construir o seu propósito, além de apoiá-lo a estruturar o seu legado.

Não se preocupe em levar alguns dias ou semanas nessa ferramenta. Ela é bem longa, mas poderosa. Ela proporcionará as últimas peças para a construção do quebra-cabeças do propósito.

Você saberá quando parar. É o momento em que você chegou a uma frase, ou um verbo, que não mais pode ser reduzido. Que preenche os requisitos dos Capítulos 2 e 3, mas, mais do que isso, você sente que é o certo. Você se vê no que encontrou. Quando imagina sua vida com isso, através disso, em função disso, tudo parece fazer sentido e valer a pena.

Não pense que depois acabou. Como mencionei ao longo do livro todo, isso é só o começo. Com as peças que irá encontrar já será possível começar a construir algo. E é disso que tratam as ferramentas seguintes.

O que mais gosta em você? Por quê?

_____

Como se sente sobre você? Por quê? Como os outros fazem você se sentir sobre si mesmo? Por quê?

_____

Que parte sua está reprimindo ou negando? Por quê? Que parte sua gostaria de colocar para fora? Por quê?

_____

Que parte sua não está respeitando? Por quê? Que parte sua não está sendo reconhecida? Por quê?

_____

Que parte sua gostaria de expressar ou trabalhar mais? Por quê?

_____

Do que tem mais orgulho em sua vida? Por quê?

_____

Quando se sentiu realizado? O que e como fez? Por quê?

_____

Com quantos anos se sente agora? Por quê?

O que não seria como é se você não tivesse feito parte? Por quê?

_____

Em que você é bom? Por quê? Que habilidades incomuns você tem? Por quê?

_____

O que mais gosta de fazer? Por quê? Qual sua atividade favorita? Por quê?

_____

O que menos gosta de fazer? Por quê?

_____

O que tem vontade de fazer? Por quê?

_____

O que ainda não tem e deseja muito? Por quê? O que tem e deseja menos? Por quê?

_____

Que tipo de escolha mais gosta de fazer? Por quê? Que tipo de escolha menos gosta de fazer? Por quê?

_____

O que você poderia parar de fazer? Fazer menos? Fazer mais? Continuar fazendo? Por quê?

_____

O que emociona e/ou inspira você? Por quê?

_____

O que tem interesse? Por quê?

_____

O que o faz feliz? Por quê?

_____

Quando você não percebe o tempo passar? Por quê?

_____

Quando decide agir? Por quê? E não agir? Por quê?

_____

Quem o inspira? Por quê?

_____

Se você tivesse que dizer qual seria seu propósito de vida, olhando para sua vida do início até hoje, qual seria? É isso que você quer como propósito? Por quê?

_____

O quanto estar sendo "realista" ou "responsável" tem afastado você da vida que deseja? Por quê?

_____

O quanto ter feito o que você "deveria" resultou em experiências inferiores ou arrependimento de não ter feito algo mais? Por quê?

_____

E se você fizesse o oposto das pessoas ao seu redor?

_____

O que sacrificará se continuar nesse caminho por 5, 10 ou 20 anos? Por quê?

_____

O que você realmente quer? Por quê?

_____

O que o empolga fazer? Por quê?

_____

Você gostaria de ser famoso? Como? Por quê?

_____

Se pudesse escolher qualquer pessoa no mundo, quem você convidaria para jantar? Por quê?

_____

O que seria um dia perfeito para você? Por quê?

_____

Pelo que em sua vida você sente mais gratidão? Por quê?

_____

Se você fosse viver plenamente sua vida, qual é a primeira mudança que faria? Por quê?

_____

Quais são as três coisas que fazem a maior diferença em sua vida? Por quê?

_____

Quais são as três coisas que você está fazendo que poderiam ser descartadas porque não ajudam em nada? Por quê?

_____

Se você pudesse acordar amanhã e ganhar qualquer qualidade ou habilidade, qual seria? Por quê?

_____

Qual é a sua memória mais querida? Por quê?

_____

Qual é a maior realização de sua vida? Por quê?

_____

Se você soubesse que vai morrer de repente, em um ano, você mudaria algo no modo como vive hoje? Por quê?

_____

Imagine que sua casa, que contém tudo o que possui, pega fogo. Depois de salvar quem você ama e seus animais de estimação, você pode salvar um último item. O que seria? Por quê?

_____

E se fosse uma habilidade, experiência ou conhecimento, qual salvaria? Por quê?

_____

O que você faria se não houvesse possibilidade de falhar? Por quê?

_____

E que você faria se fosse 10 vezes mais inteligente do que o resto do mundo? Por quê?

_____

O que você faria, dia a dia, se tivesse R$ 100 milhões em sua conta bancária? Por quê?

_____

O que gostaria de fazer se dinheiro não existisse? Por quê? Como gostaria de viver sua vida se dinheiro não existisse? Por quê?

_____

O que o deixa mais empolgado para acordar de manhã cedo no dia seguinte? Por quê?

_____

Quando acorda empolgado, por que acordou empolgado?

_____

Se a felicidade fosse a moeda nacional, o que você faria que lhe tornaria milionário? Por quê?

_____

O que você faria de graça? Ou até pagaria para fazer? Por quê?

_____

Para ser quem você deseja se tornar, o que você precisa fazer? Por quê?

_____

Se a sua vida, ou a de alguém que você ama, dependesse de você ter sucesso na sua vida e na carreira, o que você faria? Por quê?

_____

E se você fosse investir em seu futuro "você"/"eu", em que investiria? Por quê?

_____

Se pudesse voltar no tempo, o que faria? O que faria diferente? O que faria igual? Por quê?

_____

Quando era criança, o que queria ser quando crescesse? Por quê?

_____

O que deixou de ser depois que cresceu? Por quê?

_____

Se pudesse se dar um conselho, qual seria? Por quê?

_____

Se você morresse hoje, quais sonhos, talentos, habilidades, dons e ideias morreriam com você? Por quê?

_____

O que você é? Por quê?

_____

Quem você é agora? Por quê?

_____

Para que você trabalha? Por quê?

_____

Por que, e por quem você faz o que faz? Por quê?

_____

Que ambientes têm frequentado? Com quem tem passado mais tempo? Por quê?

_____

As pessoas e ambientes são condizentes com o que pretende atingir? Por quê?

_____

Que ambientes precisa frequentar? Que tipo de pessoas precisa encontrar e conhecer? Por quê?

_____

Que atividades o interessavam quando você era uma criança ou adolescente e que talvez tenha colocado de lado, mas que ainda adora ou adoraria fazer? Por quê?

_____

Se ganhasse hoje na loteria, sairia do trabalho? Por quê?

_____

O que você gostaria de ter mais no seu trabalho? E menos? Por quê?

_____

O que você tem que ter impreterivelmente para ser feliz no trabalho? Por quê?

_____

O que você quer nos próximos trabalhos? E o que não quer mais? Por quê?

_____

O que você sempre achou fácil e que os outros acham difícil? Por quê?

_____

O que o motiva e dá a você muita satisfação? Por quê?

_____

O que você pode dar aos outros ao mesmo tempo que a si mesmo? Por quê?

_____

O que você gostaria de abandonar que não representa o que você é de verdade? Por quê?

_____

Em seus sonhos, o que você realmente adoraria estar fazendo? Por quê?

_____

Pense em um momento em que foi mais feliz no trabalho. O que estava acontecendo? Por que isso o deixou feliz? Que tipo de lugar era este, e que tipo de pessoas estavam com você (ou você estava sozinho)? Por quê? Que atividades você desempenhava? Por quê? Quais das suas habilidades específicas você utilizou? Por quê? O que era mais importante para você? Por quê? Como você estava? Como era a percepção que tinha de si mesmo? Por quê? Qual foi a sua contribuição para os outros? Por quê?

_____

Responda ao seguinte: No meu trabalho eu realmente quero... (escreva livremente tudo, lugares, habilidades, sentimentos, pessoas, etc.)

_____

Como essa visão de trabalho se encaixa com suas necessidades, valores, papel, ambição, missão e visão de vida? Por quê?

_____

Quais são os elementos absolutamente essenciais? Por quê?

_____

Como eles se misturam? Por quê?

_____

Qual é o resultado final? Por quê? Descreva a experiência.

_____

Por que está aqui, neste local, agora, lendo esse livro?

_____

Em que deve trabalhar hoje? Por quê?

_____

O que você está se tornando? Por quê?

_____

Como a sua identidade se relaciona com os sistemas maiores e as comunidades em que vive? Por quê?

_____

O que quer corrigir no mundo? Por quê?

_____

Pelo que você vai à luta? Por quê?

_____

Pelo que você arriscaria sua reputação? E a sua vida? Por quê?

_____

O que você faria se não tivesse que viver com as consequências? Por quê?

_____

Quem é seu público? Por quê? Quem está tentando agradar? Como? Por quê?

_____

Como seria sua vida se pensasse e fizesse apenas coisas que lhe dão prazer? Por quê?

_____

Imagine a carreira que mais lhe interessa no momento sendo escolhida e desempenhada por 1, 5, 10, 20, 30 e 50 anos. Quais as consequências dela para você e todos à sua volta? Por quê?

_____

Se você tivesse 90 anos e olhasse para trás, do que você teria mais orgulho? Por quê? Imagine-se com 90 anos de idade, feliz, saudável e sentado em uma cadeira de balanço. Que conselho daria a si mesmo nesse momento? Por quê?

_____

Imagine-se com 16 anos novamente. Que conselho daria a si mesmo hoje? Por quê? Se pudesse viajar no tempo e encontrar com você ainda adolescente, quais as 3 coisas que você diria para você mesmo? Por quê?

_____

Se você fosse confiar completamente em sua intuição, o que você diria a si mesmo? Por quê?

_____

Qual seria o seu epitáfio hoje? E qual seria daqui 20, 30, 50 anos? Por quê? O que quer que falem de você após a sua morte? Por quê?

_____

Imagine que você tem todo o tempo necessário. O que você faria? Por quê?

_____

Pense em alguém que você admira. Essa pessoa olharia diferente a sua situação atual? Como? Por quê?

_____

Imagine ter uma conversa com a pessoa mais sábia do universo. O que ela lhe diria para fazer agora? Por quê?

_____

O que você aconselharia seu melhor amigo se estivesse nessa mesma situação que está hoje? Por quê?

_____

O que você aconselharia seu filho se estivesse essa mesma situação que está hoje? Por quê?

_____

Qual seria uma opção impossível para essa situação que está hoje? Por quê?

_____

Se onde você está agora fosse uma parte de uma escada de 10 degraus até o seu propósito. Em que degrau diria que está hoje? Por quê? O que precisa fazer para chegar ao topo?

_____

Se fosse escrever um livro sobre a sua vida, como seria? Por quê? Dê um título e faça uma breve introdução à sua obra. Qual é o nome do primeiro capítulo? Por quê? Em qual capítulo está a sua vida hoje? Qual o nome dele? Por quê? Qual é o nome do próximo capítulo? Por quê? Quais são as características do protagonista no início do livro? Por quê? O protagonista mudará de comportamento até o final? Como? Por quê? Qual é a passagem do livro que mais tocará o leitor? Por quê? Qual é a conclusão dessa obra? Por quê?

_____

O que vai faria você continuar quando os demais parariam? Por quê?

_____

Qual é o seu legado? Por quê? O que há de importante nisso para você? Por quê?

_____

Descreva o tipo de pessoas ou organizações com as quais você trabalha, completando a frase: Eu trabalho com...

_____

Descreva os tipos de trabalho que você faz melhor ao completar a frase: O que eu faço é...

_____

Descreva os benefícios que outros obtém ao trabalhar com você, completando a frase: De modo que...

_____

Descreva como você traz seus talentos únicos para a situação completando a frase: O que me faz diferente é...

_____

Combine todas as quatro frases anteriores para formar uma única afirmação. Você terá o começo para uma ótima história, além de muito do porquê você trabalha.

_____

Destaque cinco palavras-chaves entre todas as respostas anteriores. Há alguma correlação entre as respostas? E entre as palavras? Que sentimentos evocam? Por quê?

_____

Qual o seu propósito? Construa a sua descrição com base em tudo o que aprendeu. Por que chegou a essa conclusão?

_____

Escreva uma afirmação de propósito, reunindo pensamentos em uma frase simples que comece focando em sua identidade. Ela pode ser metafórica ou real. Exemplo: Eu sou alguém que...

_____

Acrescente um verbo e um objeto a sua frase que descreva um pouco mais o que você faz. Exemplo: *"Eu sou um polidor que molda joias humanas"*...

_____

Acrescente algumas palavras para conectar sua identidade e ações com pessoas, lugares e situações. Exemplo: *"Eu sou um orientador que cria harmonia e compreensão nas escolas"*.

_____

Quando estiver satisfeito com a sua afirmação, coloque-a em um lugar onde possa vê-la todos os dias. Leia, leia em voz alta, sinta, viva essa mensagem, até que se torne parte de você e se incorpore a todos os aspectos de sua vida.

_____

Como tornar seus planos de 10 anos em realidade em 12 meses? Em 6 meses? Em 3 meses? Em 1 mês? Em 1 semana? Hoje?

_____

Cite um pequeno passo para que você possa avançar. Que tipo de ação levaria você a dar um salto? Que ação está chamando por você?

_____

Agora que você já respondeu as questões acima analise as respostas. Tire um tempo para refletir sobre elas, então responda:

Como se sente com o que encontrou? Com o que construiu?

_____

Que imagens consegue criar? O que ouve? O que sente?

_____

Como seria seu passado se tivesse isso? Como será seu futuro com isso?

_____

Após esta reflexão, espere ao menos um dia, então questione-se:

Você é a pessoa certa para o que escolheu? Por quê? O que falta para ser a pessoa certa? Por quê?

_____

Esse lugar, é o certo? Por quê? O que falta para ser o lugar certo? Por quê?

_____

É a hora certa? Por quê? O que falta para ser a hora certa? Por quê?

_____

É a coisa certa? Por quê? O que falta para ser a coisa certa? Por quê?

_____

É para a finalidade certa? Por quê? O que falta para ser a finalidade certa? Por quê?

_____

O que falta para você se tornar a sua melhor versão? Por quê?

_____

O que falta aprender para que você possa se aprimorar diariamente? Por quê?

_____

O que você vai fazer agora? Por quê?

_____

7.17 – Canvas

Essa metodologia foi criada por Alexander Osterwalder, teórico empresarial suíço, autor, palestrante, consultor e empreendedor, e foi introduzida no mercado por meio do seu livro *Business Model Generation* (geração dos modelos de negócios).

Ela consiste em representar o modelo de negócio graficamente em um quadro, dividido em nove blocos que representam os principais pontos que devem ser levados em consideração quando se pensa em novos negócios.

O modelo foi criado para ser um quadro dinâmico, em contraste com a tradicional descrição linear. A utilização de blocos segregados auxilia a compreensão das relações complexas entre os pontos vitais de um modelo de negócio.

A ferramenta Canvas vai trazer, de forma didática, o seu propósito à realidade. Independentemente de você desejar abrir um negócio, ser autônomo ou arrumar um emprego, essa ferramenta vai deixar claro para você o que você precisa fazer para isso.

Uma vez construído seu propósito (com as peças identificadas), é hora de transformá-lo em algo real. Aqui você vai usar todas as peças que encontrou, ou seja, peças de "porquê", "o quê", "como", "onde" e "com quem".

Aqui há um detalhe crucial. Esse não é o modelo final. Não será gravado em pedra e nem tatuado em seu corpo, portanto, não se preocupe que ele não fique bom de primeira. Isso não vai limitar você. Não se preocupe que faltem informações. O importante é colocar suas ideias no papel e aprimorar a cada dia.

Cada uma das colunas será preenchida com vários itens, que são suas opções. Em relação a cada um dos itens de cada coluna é possível e desejável que seja elaborado um plano de ação. Tudo para levar você mais próximo de tornar seu propósito real. Preencha todos os campos da direita para a esquerda, de cima para baixo.

Ao invés de anotar na ferramenta, use post-its e cole-os sobre cada ponto, assim fica mais fácil de atualizar constantemente. Ressalto novamente: a cada dia, olhe novamente para esse modelo e pense em como aprimorá-lo.

Que outras opções não considerou?

Onde poderia conseguir mais opções?

Como?

E não se esqueça dos planos de ação para cada uma delas!

* Observação: se não estiver conseguindo preencher essa ferramenta passe para a ferramenta "Gerando uma boa ideia" ou para "uma ajudinha para encontrar o(s) seu(s) o que(s)". Elas podem ajudar você fornecendo os elementos iniciais. Após conseguir os elementos que precisa, retome essa ferramenta.

Depois de pronto, deixe-o sempre à vista, para que possa sempre ser atualizado e melhorado.

Como?		O quê?	Para quem?	
Parcerias Principais	**Atividades Principais**	**Proposta de Valor**	**Relacionamento com o cliente**	**Canais**
Quem são os fornecedores e parceiros que podem ajudar?	Que ações importantes devem ser realizadas para fazer seu modelo de negócios funcionar?	Qual seu pacote de produtos e serviços? Qual o valor que ele possui?	Quais são os tipos de relação que estabelece com clientes para conquistá-los e mantê-los?	Como se comunica e como alcança seus clientes para entregar sua proposta de valor?
Recursos Principais			**Segmento de Clientes**	
Quais são os recursos mais importantes para fazer o modelo de negócios funcionar?			Quem são os clientes que você pretende atender? Eles têm um perfil específico? Como eles estão agrupados? Onde estão localizados?	

	Quanto?	
Estrutura de Custos		**Fontes de Receitas**
Quais são os custos envolvidos na operação do seu modelo de negócios?		Quanto, quando e como você vai receber? De quem?

7.18 – Effectuation

Uma vez que você já possui um plano, ainda que rudimentar, essa ferramenta criada por Saras Sarasvathy, professora e pesquisadora indiana, em 2001 vai ajudar você a identificar as falhas de forma rápida, ser flexível e adotar um mínimo produto viável que possa ser corrigido e adaptado ao longo do caminho.

Novamente, independentemente de você desejar abrir um negócio, ser autônomo ou arrumar um emprego, essa ferramenta vai deixar claro para você o que você precisa fazer para isso. Aqui você também vai usar todas as peças que encontrou, ou seja, peças de "porquê", "o quê", "como", "onde" e "com quem". Se já tiver feito o Canvas, use aquelas informações como ponto de partida.

Aqui há um detalhe crucial, semelhante ao do Canvas: esse não é o modelo final. Não se preocupe que ele não fique bom de primeira. Isso não vai limitar você. Não se preocupe que faltem informações. O importante é tirar da sua cabeça para o papel e ir aprimorando a cada dia.

Cada uma das colunas será preenchida com vários itens, que são suas opções. Em cima de cada um dos itens, de cada uma das colunas é possível e desejável que seja elaborado um plano de ação. Tudo para levar você mais próximo de tornar seu propósito real.

Ao invés de anotar na ferramenta, use post-its e cole-os sobre cada ponto, assim fica mais fácil de atualizar constantemente. Preencha todos os campos da direita para a esquerda, de cima para baixo.

Ressalto novamente: a cada dia, olhe novamente para esse modelo e pense em como aprimorá-lo.

Que outras opções não considerou?
Onde poderia conseguir mais opções?
Como?

E não se esqueça dos planos de ação para cada uma delas!

* Observação: se não estiver conseguindo preencher essa ferramenta passe para a ferramenta "Gerando uma boa ideia". Ela pode ajudar você fornecendo os elementos iniciais. Após conseguir os elementos que precisa, retome essa ferramenta. Depois de pronto, deixe-o sempre à vista, para que possa sempre ser atualizado e melhorado.

Propósito do Negócio	Visão de Futuro	Meta do Negócio	Informações Disponíveis sobre o Negócio	Complexidade do Negócio	Mudanças Necessárias para o Negócio Existir
Quem você é? Origem, formação, hobbies, situação atual, experiência profissional, gostos, preferências.	**O que sabe?** Competências, habilidades, coisas que sabe fazer, coisas que pode fazer, talentos.		**Quem conhece?** Principais amigos, amigos "importantes", conhecidos "importantes", colegas de trabalho, contatos anteriores.		
O que pode fazer a partir de quem você é?	O que pode fazer a partir do que você sabe?		O que pode fazer a partir de quem você conhece?		
Como pode encontrar seus amigos mais próximos?	Como pode encontrar seus amigos mais distantes?		Como pode encontrar os colegas e conhecidos?		
O que você já tem para usar?	O que está preparado para perder?		O que vai investir no próximo passo?		
Quem pode dar suporte a sua ideia?	Quem são seus futuros parceiros?		Quais compromissos quer atingir?		
O que vai fazer em seguida?	O que essa mudança significa?		Como isso pode mudar a meta? Como pode ajudar a meta?		
Como pode adaptar a meta à perda que pode assumir? O que isso significa para o modelo de negócios?	Como pode explorar sua rede de network? Quem precisa conhecer? Em quais lugares?		Como pode detectar falhas cedo no seu modelo de negócios? Como se tornar mais ágil?		
Como as ideias anteriores se relacionam?	Qual o mínimo produto viável que se conclui?		Como ele será operacionalizado?		

7.19 – Gerando uma boa ideia

Pode ser que encontrar "o que", "como", "onde" e "com quem" não seja muito fácil. Para isso, essa ferramenta pode trazer alguma clareza. Responda as perguntas abaixo em cada coluna respectiva, indicando o máximo de opções possíveis. Não se limite às perguntas.

Como você já sabe bastante sobre si mesmo, liste o que souber, mesmo além das perguntas, conforme os temas das colunas. Leve, no máximo, 15 minutos para cada etapa (use um cronômetro ou celular para marcar ok?!). Aqui você vai usar todas as peças que encontrou, ou seja, peças de "porquê", "o quê", "como", "onde" e "com quem".

1. Com o que você está mais animado agora? 2. Quais são as coisas que você vê e pensa "isso seria legal!" 3. Quais eram as suas paixões quando criança / adolescente / hoje? 4. O que você faria amanhã se não tivesse responsabilidades?	1. Em que você se tornou bom ao longo dos anos? 2. Quais habilidades você adquiriu? 3. Para que os outros pedem ajuda a você? 4. O que você faz rapidamente que outros levam muito tempo?
Curiosidades/Paixões/Interesses	Habilidades/Competências/Dons

Conecte as respostas entre as colunas: **O que faz sentido? Com o que se conecta?**

Curiosidades/Paixões/Interesses		Habilidades/Competências/Dons
	+	
	+	
	+	
	+	
	+	
	+	
	+	
	+	
	+	
	+	
	+	
	+	
	+	
	+	
	+	
	+	
	+	
	+	
	+	
	+	

Faça uma lista de pelo menos cinco conexões. Em seguida, crie frases que as representem:

Agora, selecione as três melhores:

Agora, faça uma análise de Perdas e Ganhos para cada uma das três ideias selecionadas:

Primeira	
Perdas	Ganhos

Segunda	
Perdas	Ganhos

FAÇA DE PROPÓSITO!

Terceira	
Perdas	Ganhos

Agora, compare as três análises das ideias, como que usando uma balança, e decida: **Qual a sua boa ideia?**

O que você vai fazer para colocar a sua boa ideia em prática?

Agora, volte ao Canvas com ela e estruture!

7.20 – Alavancagem

Uma vez que você já tem um plano e um produto (seja ele um emprego, uma carreira de autônomo, voluntário, ou até uma ideia para uma empresa ou negócio), é hora de alavancá-lo e extrair o máximo dele.

Mais uma vez, independentemente de você desejar abrir um negócio, ser autônomo ou arrumar um emprego, essa ferramenta vai deixar claro para você o que você precisa fazer para isso. Aqui você vai usar todas as peças que encontrou de "com quem".

Mas para isso você precisa pedir especificamente. Você deve descrever o que quer, tanto para você quanto para os outros. Alto, longe, quanto? Quando, onde, como, com quem? Você deve definir com exatidão o que precisa, por que precisa e quando precisará.

E não basta pedir, é importante pedir para alguém que possa ajudá-lo. Alguém que tenha os recursos. Não basta encontrar algum ouvinte simpático, que goste de ouvir suas ideias e esperar que isso se traduza em resultados. Não acontecerá nada a menos que a simpatia seja combinada com habilidade, conhecimento, capacidade e recursos.

Você também precisa criar valor para a pessoa a quem está pedindo. Em primeiro lugar, antes de pedir, imagine como isso também ajuda a quem está pedindo ajuda. Alguém que possa ajudar e também ter proveito.

Quando for pedir ajuda, peça acreditando no que está dizendo, seja coerente. Se você não está convencido sobre o que está pedindo, como pode convencer alguém a ajudar? Portanto, quando pedir, faça-o com absoluta convicção.

Por fim, peça até conseguir o que quer. Isso não significa pedir à mesma pessoa e da mesma maneira, nem insistir onde não existe possibilidade. Isso implica em adaptar-se conforme as demandas e necessidades, fazendo o que for preciso para alcançar o que precisa.

Faça primeiro um inventário das pessoas que conhece ou já conheceu que poderiam, de alguma forma, ainda que agora você talvez não saiba como, ajudar a alcançar a sua meta. Reflita, para cada uma delas:

Qual o critério para escolher esta pessoa?

_____

Como esta pessoa contribui para a meta?

_____

Como sabe que fornecerá alavancagem?

_____

O que a pessoa ganha?

_____

O que vai fazer para que isso aconteça?

_____

Após responder as perguntas acima para todas as pessoas consideradas, responda:

Como é que você vai alavancar seus talentos, habilidades e ações, aproveitando a energia dos outros? Aproveitando o conhecimento dos outros? O dinheiro dos outros? O sucesso dos outros? As falhas dos outros? As ideias dos outros? Os contatos dos outros?

_____

O que você vai fazer com base no que aprendeu?

_____

Que ambientes têm frequentado? Com quem tem passado mais tempo?

_____

As pessoas e ambientes são condizentes com o que pretende atingir?

_____

Que ambientes precisa frequentar? Que tipo de pessoas precisa encontrar e conhecer?

_____

O que vai fazer para que isso aconteça?

_____

Como vai gerar valor para essas pessoas a quem vai pedir ajuda? Como vai estabelecer uma boa relação de ganha versus ganha?

_____

7.21 – Visualização e Autossugestão

Essa é uma das ferramentas adicionais que gostaria de deixar a você. Trata-se de um exercício simples, mas que pode não ser fácil de ser realizado nas primeiras oportunidades, o que é perfeitamente normal. Trata-se de um exercício que você já praticou algumas vezes se fez todas as ferramentas anteriores e que, conforme continuar a praticar, mais fácil se tornará e mais resultados conseguirá obter.

* Observação: esse exercício pode ser utilizado para qualquer finalidade, qualquer tipo de meta. Funciona melhor se alguém puder conduzir o processo para você, mas também funcionará muito bem se conseguir seguir o roteiro sozinho em sua mente.

Procure sempre evocar sentimentos bons. Pode ocorrer de você pensar em coisas negativas, ou ainda de se deparar com dúvidas e incertezas. Se esse for o caso, e estiver com dificuldade de focar em bons sentimentos, faça o exercício de crenças com base no que encontrou.

Agora, para começar, pare um momento e sente-se em algum local confortável.

Coloque suas mãos sobre as coxas e feche seus olhos.

Concentre-se agora apenas em sua respiração.

Enquanto se concentra em sua respiração inspire e expire profundamente.

Enquanto você inspira e expira perceba que seu corpo relaxa cada vez mais.

Cada parte do seu corpo relaxa enquanto você se concentra em sua respiração.

Comece agora a imaginar o que deseja.

O que você vê? É uma imagem clara ou escura? Está próxima ou distante? Está focada ou desfocada? Está em preto e branco ou colorida? É estática ou um em movimento? Ela está à sua frente? Ao seu lado? Abaixo ou acima? Está dentro da imagem?

Que sons ouve? Qual o volume? Qual o timbre? Qual a entonação?

Há algum cheiro? Como é este cheiro? É agradável? Lembra algo?

Há algum gosto? Como é este gosto? É agradável? Lembra algo?

O que sente? Onde sente no corpo? Como é essa sensação?

Experimente obter o máximo de detalhes possível dessa visualização em todos os aspectos, para todos os seus sentidos: visão, audição, sensações, olfato e paladar.

Agora, imagine como você gostaria que fosse essa imagem.

Enriqueça-a com o máximo de detalhes possível, para todos os seus sentidos: visão, audição, sensações, olfato e paladar.

Imagine-se entrando nessa nova imagem, fazendo parte do cenário, interagindo com tudo o que vê, ouve e sente.

Agora amplifique todas essas percepções e sensações.

Imagine-as duas vezes mais intensas.

Agora quatro vezes mais intensas.

Agora, enquanto faz parte deste lindo cenário, sentindo-se da mesma forma, pense sobre o momento atual da sua vida.

O que você sente que necessita fazer para chegar até a imagem que construiu?

Que insights você têm?

Que sensações?

O que você pode fazer a partir de agora para conseguir tudo isso que visualizou?

Reflita um pouco sobre isso.

Depois de refletir e gerar algumas opções, relaxe novamente, deixando de lado a imagem construída por um momento.

Concentre-se em sua respiração.

Na medida em que se concentra em sua respiração comece a dizer para si mesmo em sua mente o que precisa ser feito para alcançar aquela imagem.

Sinta essas ações ocorrendo.

Sinta que você já tem o que precisa para alcançar sua meta.

Diga o que sente para si mesmo.

Diga o que tem para si mesmo.

Pouco a pouco comece a sentir seu corpo, voltando a perceber o ambiente à sua volta, até abrir os olhos devagar.

Anote as sensações e ações que identificou serem necessárias para alcançar sua meta e elabore o plano de ação com base nos critérios que já estudamos.

7.22 – Uma ajudinha para encontrar o(s) seu(s) "o quê(s)"

Essa é mais uma das ferramentas adicionais que gostaria de deixar a você. Trata-se de uma sequência de 19 exercícios. Sugiro que sejam feitos ao longo das semanas, ou seja, um por semana, ou ao longo dos dias (dependendo do rendimento), um a cada dois dias. Se não estiver "rendendo", ou seja, produzindo resultados, aumente o espaço entre os exercícios.

1

Lembre-se de três coisas que você gostava de fazer quando criança. Descreva os lugares onde fazia essas coisas. Descreva cada uma das atividades.

_____

Imagine que você está explicando para outra pessoa por que você amava fazer isso. Feche os olhos e lembre-se da atividade. Descreva os melhores momentos. O que eu particularmente gostei foi...

_____

Agora identifique os porquês. Eu gostei disso porque...

_____

Descreva suas inclinações. Eu sou alguém que gosta de...

_____

2

Pense em uma pessoa que você admira. Faça uma lista de coisas que admira nela. O que, em particular, você admira nessa pessoa? Admira tudo? Ou algumas poucas coisas específicas?

_____

Como você pode trazer essas coisas para a sua vida mesmo não sendo essa pessoa?

_____

Como seria sua vida com essas coisas que admira?

_____

3

Faça uma lista de trabalhos que gostaria de fazer, sem restrições.

_____

Para cada item na sua lista, identifique as principais experiências por trás, e as imagens que vem em sua mente quando pensa neles.

_____

Compare os trabalhos que listou com as experiências e imagens. O que há de semelhante? E de diferente?

_____

Percorra sua lista de experiências e imagens e descreva com mais detalhes o que elas realmente são para você. Por que você se sentiu dessa maneira em relação a elas?

_____

O que você gosta em cada caso?

_____

4

O que você já gostou de fazer na vida?

_____

O que já lhe deu prazer em atividades de trabalho?

_____

Coloque as listas em ordem de prioridade, do mais prazeroso ao menos prazeroso.

_____

Liste qualquer trabalho que tenha passado pela sua cabeça a qualquer momento (mesmo que você nunca tenha levado isso muito a sério).

_____

Esses trabalhos oferecem espaço para os itens das suas listas?

_____

Separe as listas ordenadas de prazeres e trabalhos e marque um café/reunião com um amigo sincero para falar sobre isso.

_____

5

Anote o trabalho, ou trabalhos, você quer gostaria, sem restrições.

_____

Que parte dos trabalhos, em particular, você imagina ser legal? O que atrai?

_____

Imagine um dia em cada um desses trabalhos. Identifique os momentos-chave que representam o que mais lhe atrai.

_____

Identifique as características gerais do prazer nessas atividades.

_____

Imagine como, em torno do trabalho, essas mesmas atividades atraentes poderiam ser buscadas.

_____

Agora, para cada item, faça uma lista de três outros lugares onde poderia encontrar as mesmas coisas.

_____

Escreva seu próprio anúncio de trabalho ideal. Aquele que você acha que melhor se adequaria a quem você é, com base em sua descrição das coisas fundamentais que você deseja desfrutar em um trabalho. Como seria um trabalho que usasse todos os seus talentos e incorporasse o que você considera importante? Pense em um anúncio descrevendo a pessoa ideal (você), os requisitos, a atividade, as responsabilidades, etc., (seu ideal), independentemente de tal trabalho existir. Escreva tudo isso em detalhes.

_____

6

Sem pensar muito, liste alguns trabalhos ou setores que você considera intuitivamente: 1- Excitante; 2- Não excitante; 3- Indiferente; 4- Nunca pensou sobre.

_____

Para cada tipo de trabalho descreva: quais são os principais produtos e serviços?

_____

Então pense, o que é necessário para começar em cada um?

Tente imaginar, com o máximo de detalhes possíveis, os tipos de trabalho que precisam ser executados em segundo plano para que esses produtos e serviços sejam fornecidos.

Como as descrições dos produtos e serviços e as formas de começar em cada trabalho são diferentes? Como são semelhantes?

Use a lista de seus prazeres e compare com as descrições do que é preciso para começar.

Onde seus prazeres podem se juntar?

Agora que você considerou isso, revisite as listas: 1- Excitante; 2- Não excitante; 3- Indiferente; 4- Nunca pensou sobre.

O que percebe? O que é diferente? O que é igual?

7

Faça uma lista de 15 coisas que você gostaria de fazer (trabalhos dos seus sonhos, trabalhos que soam como legais ou interessantes, etc.), sem restrições.

O que há nesses trabalhos que atraem você?

_____

Em que parte de você esses interesses se encaixam?

_____

Pense em um trabalho no qual esteja interessado. Se você pudesse receber respostas totalmente honestas, que perguntas você faria a um funcionário desses locais para descobrir a verdadeira experiência do trabalho? Sua lista pode incluir alguns dos seguintes itens: *"Como você se sente na segunda de manhã? Quais são as ansiedades mais comuns que você sente? Quais são os momentos em que você se sente satisfeito? O que o frustra com seus colegas? Que tipos de conversas você tem no trabalho? Quem você admira no trabalho? O que sobre eles que você admira? Sua experiência com este trabalho mudou muito ao longo do tempo? De que maneiras? Para melhor ou pior? Quando você está longe do trabalho digamos, de férias, pensa no seu trabalho? O que passa pela sua mente? Você acha que está bem adaptado ao seu trabalho? De que maneiras"*? Responda aos questionamentos como imagina que seriam as respostas.

_____

Descreva a experiência em detalhes.

_____

Descreva o que seria o sucesso neste trabalho em detalhes.

_____

Procure alguém que exerce esse trabalho, marque um café com a pessoa e faça essas e outras perguntas que desejar.

_____

8

Faça uma lista dos trabalhos ou tipos de trabalho que eram familiares para você, como coisas feitas por membros da família e pessoas que você conhecia bem.

_____

Quais eram os trabalhos que pareciam óbvios (como o tipo de coisa que alguém da sua família faria naturalmente)?

_____

Quais eram os tipos de trabalho que estavam fora do raio de experiência da sua família?

_____

Que trabalhos estavam fora do raio de experiência da sua família, mas são atraentes para você?

_____

Que trabalhos sua família considerava, consideraria ou considera "ruins"? O que há de errado nesses trabalhos para eles? Qual é a sua opinião?

_____

Algum desses trabalhos "ruins" atrai você? Por quê?

_____

Faça uma lista dos trabalhos que sua família considerava, consideraria ou considera "bons", "ótimos", "excelentes" ou "ideais".

_____

O que eles achavam "bom", "certo", "ótimo", "excelentes ou "ideal" sobre eles? Como você realmente vê esses trabalhos?

_____

O que pode realmente não ser muito satisfatório ou atraente em tais carreiras?

_____

9

Pense nas maneiras pelas quais seus pais mencionaram as lutas e sucessos de seus trabalhos, talvez durante o jantar ou o que eles diziam quando chegavam em casa exaustos alguns dias. Faça uma lista de tudo o que você se lembra que seus pais disseram ou pensaram sobre seus próprios trabalhos, outros tipos de trabalho e trabalho em geral. (Exemplos: *"trabalho cansa", "dinheiro é ruim", "advogados são mentirosos", "estude e será bem-sucedido"*, etc.)

_____

Se um investigador particular investigasse você e os caminhos que você tomou ou sonhou, ele encontraria pistas sobre como essas suposições e opiniões influenciaram sua vida? De que forma?

_____

Existem elementos que não adotou? Que não concordava? Que não seguiu?

_____

Existem elementos que você adotou? Que concordava? Que seguiu?

_____

Quais elementos de sua própria perspectiva vieram de sua própria exploração e raciocínio?

_____

Quais elementos foram passados para você a partir do ambiente criado por sua família?

_____

Pense nas maneiras como seus pais ficaram aborrecidos ou frustrados pelo trabalho que faziam. O que eles diriam que estava faltando em suas carreiras?

_____

Quais foram os problemas das vidas profissionais de seus pais? Para cada problema, pense: que tipo de trabalho você teria que ter para não ter esses problemas que eles tiveram?

_____

O que representaria uma melhoria na experiência de trabalho de seus pais?

_____

10

De que maneira o seu sucesso poderia aborrecer seus pais, mesmo que eles não o dissessem abertamente, e mesmo que, ao mesmo tempo, sentissem orgulho de seu sucesso?

_____

Imagine que você teve muito sucesso e rápido. Você pode imaginar isso deixando alguns de seus amigos com inveja ou com medo de que você pare de se interessar por eles? De que maneira seu sucesso poderia perturbar seus amigos? E colegas? E familiares?

_____

Seus pais seriam favoráveis se anunciasse uma mudança de carreira? E seus parentes? E seus amigos ou colegas? Quem não seria? Por quê?

_____

Como seus pais, parentes, amigos e colegas se sentem com o que você está fazendo agora?

_____

11

Pergunte a si mesmo o que você fala/pensa quando: Tem medo de que algo ruim vai acontecer? Avalia como as coisas estão indo? Está irritado com alguém? Encontra uma tarefa complicada? Percebe que alguém está atrasado? Tem que fazer algo que não quer fazer? Consegue algo?

_____

Como você caracterizaria as coisas que diz para si mesmo? Quais são negativas e quais são positivas e úteis?

_____

Você pode relacionar qualquer uma dessas vozes internas às pessoas do seu passado? Que pessoas? Tente fixar uma pessoa ou pessoas em cada voz identificável.

_____

Pense nas vozes ruins: imagine se elas falassem cada vez mais baixo e com menos frequência.

_____

Pense nas vozes boas: imagine se elas falassem mais alto e com mais frequência.

O que as vozes boas diriam a você? Em que ocasiões?

12

Considere alguém que você admira profundamente na carreira que deseja. Quais as suas maiores conquistas?

Quais são os fracassos dessa pessoa (ainda que tenha que imaginar)?

Desenhe uma trajetória de vida para essa pessoa. Quanto tempo ela gastou com o fracasso? E com as conquistas? E com preparação?

Quando deu errado, mesmo assim as coisas ainda estavam no caminho certo? Por quê?

Como você define falha? As outras pessoas geralmente definem assim também?

Quando você falhou? Quais foram as consequências? Elas foram tão ruins quanto você esperava?

13

Quando você estava crescendo, pensou no trabalho como algo que você deveria desfrutar?

_____

Tente lembrar de ocasiões específicas em que já pensou que teria que conseguir um trabalho um dia enquanto criança ou adolescente. Você imaginou isso como algo excitante, como uma aventura ou mais como uma tarefa, como sempre ter que fazer algo que realmente não queria fazer?

_____

Por que você acha que teve a atitude que teve?

_____

Se você tivesse uma renda adequada, mas tivesse que fazer algo por pelo menos 8 horas por dia e 44 horas por semana, o que seria?

_____

Você se sente mais entusiasmado com hobbies e atividades de lazer do que com trabalho?

_____

Como você se sentiria se tirasse o sentimento de dever do trabalho? Se o dever não fosse um problema, o que você faria da vida?

_____

14

Pense nas falhas, medos e vulnerabilidades que outras pessoas não necessariamente sabem ou esperam que você tenha. Imagine alguém se surpreender ao descobrir certas coisas sobre você. Com o que seriam surpreendidos?

_____

Por que essas falhas, medos e vulnerabilidades nem sempre são óbvias para os outros?

_____

Você os esconde por maldade, por um desejo de se enganar e enganar os outros? Ou existem outras razões? Quais são?

_____

Agora pense em uma pessoa que você admira e tente imaginá-la sem deixar transparecer sobre seus problemas, por razões simples. Quais poderiam ser suas falhas, vulnerabilidades, medos, etc.?

_____

15

Imagine que você tem, 8 anos. O que são 2 anos inteiros para você (com 8 anos)? E se tivesse 20 ou 30 anos? Se você soubesse que iria viver até os 200 anos, aposentar-se por volta de 173, como você veria passar 2 anos se capacitando para outra carreira?

_____

Como relaciona essa relatividade do tempo com seu momento atual?

_____

Pense nas conversas que você teve com pessoas que conhece bem, que são 20 ou 30 anos mais velhas do que você, além de seus pais e familiares. O que pode ser bom em ter 50, 60 ou 80 anos?

_____

O que acha que pode se arrepender ou com o que acha que pode se preocupar quando tiver 50, 60 ou 80 anos?

_____

O que pode fazer para evitar isso?

_____

16

Passe um dia percebendo e registrando as coisas que lhe agradam ou incomodam.

_____

O que pode ser observado do que lhe incomoda?

_____

E do que lhe agrada?

_____

Para onde essas frustrações e prazeres apontam em termos de produtos e serviços? E de trabalho?

_____

Como você pode usar isso?

_____

17

O que mais o incomoda no mundo (guerra, fome, novelas, escola, trânsito, etc.)?

_____

Quando assiste TV ou filmes, o que mais lhe dói ouvir? O que o toca? O que o faz chorar? O que o cativa?

_____

Analise os problemas do mundo. O que você poderia contribuir para que eles possam mudar para melhor? O que pode oferecer de diferente?

_____

Que pequenas mudanças você pode fazer para ver se tem talentos em uma área, sem tomar uma atitude drástica como, largar o trabalho atual?

_____

Se você quisesse tirar um ano sabático, o que isso diria sobre o seu trabalho atual? O que faria nesse tempo?

_____

Quantos anos mais você pode ter para viver em relação à média na sua região? Corte 20 anos (por alguma doença grave comum, apenas como exemplo e exercício ok?!). O que faria com os anos restantes?

_____

Se você tivesse apenas 1 ano restante, o que faria? Como gostaria de gastar a maior parte desse ano?

_____

Que trabalho o faria se sentir assim?

_____

O que você quer que as pessoas falem de você no seu funeral?

_____

O que você pode fazer hoje, agora que sabe tudo isso?

_____

18

Imagine a vida como se fosse uma espiral. Desenhe uma espiral em uma folha A4, uma que ocupe a folha de baixo até em cima. Agora, imagine que o começo dessa espiral é o início de sua vida, e o final dela, sua morte. Onde você está agora? Faça uma marca no ponto exato.

_____

Onde você quer chegar? Faça uma marca no ponto exato.

_____

O que quer fazer com o tempo que resta? Reflita.

_____

O que precisa fazer para que essas coisas que pretende fazer aconteçam? Faça uma marca no ponto exato onde deseja que cada uma dessas coisas aconteça.

_____

O que precisa fazer hoje? E amanhã? E depois? Siga o mesmo raciocínio até encontrar o final. Para cada opção verificada, faça uma marca onde elas devem ocorrer.

_____

19

De 0 a 10 você quanto você ama o seu trabalho atual (ou a opção que está considerando)? De 0 a 10, quanto você ama alguma parte do seu trabalho atual (ou de sua opção)? (Aquela parte que lhe traz mais satisfação, quando não vê o tempo passar.) De 0 a 10, quanto você ama algum outro aspecto do seu trabalho (local, pessoas, relacionamentos, pagamento, etc.) que o faz sentir assim?

_____

E se você, na próxima vez que fosse trabalhar, levasse 30% mais de si mesmo ao trabalho? Se entregasse 30% a mais de si mesmo? Como seria?

_____

O que você poderia fazer para, nos próximos 100 dias, deixar seu trabalho atual apenas 1% melhor a cada dia?

_____

O que você pode fazer para se entregar mais? O que você pode fazer para estar mais presente?

_____

O que você pode fazer para aproveitar o que vê de bom onde já está?

_____

7.23 – Meditação para foco, relaxamento e criatividade

Essa é uma das ferramentas adicionais que gostaria de deixar a você. Ela visa auxiliá-lo a melhorar seu foco, capacidade de relaxamento e a sua criatividade através de um método de meditação oriental.

Trata-se de um exercício simples, mas que pode não ser fácil de ser realizado nas primeiras oportunidades, e isso é perfeitamente normal. Conforme continuar a praticar, mais fácil se tornará e mais resultados conseguirá obter.

* Observação: esse exercício pode ser utilizado para qualquer finalidade, qualquer tipo de meta. Funciona melhor se alguém puder conduzir o processo para você, mas também funcionará muito bem se conseguir seguir o roteiro sozinho em sua mente.

Agora, para começar, pare um momento e sente-se em algum local confortável.

Coloque suas mãos sobre as coxas e feche seus olhos.

Concentre-se agora apenas em sua respiração.

O primeiro passo é limpar sua mente e se acalmar.

Para isso, você pode testar duas alternativas. Existem várias técnicas para isso, mas sugiro as duas a seguir pois são as que melhor funcionam para mim e para meus clientes. Use a que melhor se adaptar.

1. Imagine um céu azul. Imagine agora uma nuvem apenas, do lado direito, bem ao extremo. Imagine que, lentamente, essa nuvem se desloca da direita para a esquerda. Até sumir do seu campo de visão.

Observação: obviamente, se preferir, pode inverter os lados. Até mesmo de cima para baixo, o contrário, diagonais... enfim... você entendeu.

Pouco a pouco, conforme a nuvem se movimenta, concentre-se apenas nela. Perceba a calma desse cenário e rejeite toda e qualquer interferência, focando apenas nesse movimento, até se acalmar e limpar completamente sua mente.

2. Imagine-se sentado, na posição em que se encontra, mas com uma bacia com água embaixo de seus pés. Eles se encontram imersos nessa água. Conforme você inspira, imagine que essa água sobre por dentro de seu corpo, preenchendo completamente seu corpo, até o topo de sua cabeça.

Imagine que, conforme você expira, essa água deixa pouco a pouco o seu corpo, levando embora todos os pensamentos, tensões, frustrações, ansiedades, tudo o que estiver pensando ou sentindo nesse momento, deixando apenas uma intensa sensação de relaxamento.

Repita o procedimento até se acalmar e limpar completamente a sua mente.

Agora, uma vez com a mente limpa, e mais calmo, vamos começar a meditação. Essa técnica é oriental e se chama seiza. Ela pode ser feita em qualquer posição, mas, originalmente, é feita sentado sobre os pés, ajoelhado, com os dedões dos pés entrecruzados, o esquerdo sobre o direito (posição também chamada de seiza), como na imagem[37] abaixo:

SEIZA

Estando na posição, já tendo feito o exercício para limpar sua mente, comece a perceber o seu corpo.

Comece a focar toda a sua atenção nos dedos de seus pés.

Sinta tudo o que os tocam, o calor do seu corpo, as sensações internas e externas, e imagine que eles relaxam completamente.

Imagine que todas as tensões se desfazem.

Todas as lesões, os músculos e tendões se rearranjam da melhor maneira possível, deixando uma sensação de relaxamento profundo.

Passe então a fazer o mesmo, focando em seus pés.

Depois tornozelos, panturrilhas, coxas, quadril, abdômen, costas, ombros, braços, antebraços, mãos, dedos, pescoço, cabeça, rosto, olhos, língua, tudo.

Até que se sinta totalmente relaxado, com as tensões desfeitas.

.Quando sentir as expressões do seu rosto relaxadas, sua língua solta, tudo completamente solto, sem qualquer esforço de sua parte para manter nessa ou naquela posição.

Atingindo esse estado, foque sua atenção em seu corpo como um todo.

Sinta-o relaxar como um todo, aproveitando a sensação.

Comece a direcionar sua atenção apenas para a respiração, direcionando seu olhar para o centro de sua testa, ligeiramente para cima.

Permita que seu foco seja apenas nesse ponto, e na sua respiração.

Sinta o momento em que vive, tente não pensar em nada.

Se surgirem pensamentos neste ponto, faça o seguinte: pergunte a si mesmo, em relação a esses pensamentos, por que eles estão aparecendo?

O que querem lhe dizer?

Faça isso com todos os pensamentos.

Questione o porquê de eles aparecerem em sua mente.

Vá a fundo nos questionamentos em cada um dos pensamentos, até que sejam todos eliminados.

Normalmente, depois do terceiro por que as respostas já não se sustentam, e os pensamentos começam a ir embora.

A prática desse método lhe proporcionará uma ferramenta incrível de relaxamento, que poderá ser feito em qualquer lugar, além de uma melhora expressiva no foco e em sua capacidade criativa.

Ressalto que, quanto mais praticar, melhor será a sua performance durante o processo, bem como os resultados do exercício.

Por fim, sempre anote as sensações e ações que identificou serem necessárias para alcançar sua meta e elabore o plano de ação com base nos critérios que já estudamos.

Muito bem!

Quero lhe dar os parabéns por ter chegado até aqui, por ter se desafiado, por ter tido a coragem de olhar para dentro de si mesmo e ter se permitido percorrer um caminho que nem sempre é prazeroso, simples ou fácil, mas muitas vezes doloroso, complexo, difícil e que poucos se propõem a percorrer.

Acredite, por si só essa jornada já é uma grande conquista!

Você se conhece agora em um nível que poucos se conhecem e realizou o que poucos conseguiram!

Espero que essas ferramentas lhe conduzam pelo processo da construção do seu propósito e manifestação em uma atividade profissional da melhor maneira possível e que, com isso, possa viver seu propósito e ser uma pessoa plenamente realizada, trabalhando com propósito, de propósito!

Além dessas ferramentas existem diversas avaliações de perfis comportamentais, assessment e inteligência emocional que podem auxiliar no autoconhecimento e autodesenvolvimento, apoiando você no desenvolvimento de recursos para alcançar quaisquer metas.

Saiba mais sobre essas ferramentas, outras técnicas e serviços que podem lhe apoiar entrando em contato:

contato@gabrielcalzado.com.br

"É meu dever saber das coisas. Talvez eu tenha treinado para ver aquilo que os outros olham apenas superficialmente."
Arthur Conan Doyle

CONCLUSÃO

Gostaria que você refletisse: Que falta o mundo sentiria se você não existisse?

Se você pensou que "nenhuma falta", você está muito enganado.

Você não imagina a quantidade de coisas que precisaram dar "certo", em um nível de estatística humanamente impossível de se compreender, para que você estivesse aqui hoje lendo esse livro.

Nada pode substituí-lo.

Você é único.

O que você é, o que você tem, e o que você pode proporcionar aos outros e ao mundo é somente seu, único e exclusivo, impossível de ser substituído.

Por isso eu lhe digo, **você faria muita falta, pois o mundo não seria o mesmo sem você!**

Imagine tudo o que deixaria de ser possível, quantas pessoas não deixariam de ser impactadas, como o mundo seria diferente, in-dependentemente do tamanho do impacto, do mínimo ao global, tudo o que hoje é possível graças à sua existência insubstituível.

E o que é possível para você, na sua vida, só você pode dizer.

E esse não é um livro apenas para ser lido.

É para ser vivido.

Para ser colocado em prática.

Para ser exercitado, melhorado, aperfeiçoado a cada dia.

Como eu disse no início desta obra, ela não é perfeita, mas precisava ser concluída em algum momento. Amanhã ela já será aprimorada, e assim pretendo continuar a aprimorá-la, assim como tudo o que faço, até onde minha capacidade permitir.

Lembre-se sempre do Kaizen: "**hoje melhor que ontem, amanhã melhor do que hoje.**"

Só assim você será a cada dia a sua melhor versão e poderá, finalmente, realizar o propósito, ser o melhor que pode ser naquilo que se propôs a fazer na vida.

O propósito é um mindset, uma escolha, um caminho, único para cada um de nós, que nos permite ser "a pessoa certa, no lugar certo, na hora certa, fazendo a coisa certa (ação), para a finalidade certa (para outros, com compaixão), da melhor forma possível, cada dia melhor (continuamente, mantendo-se sempre curioso)!"

"Você quer ser bem-sucedido, né? Então, há uma coisa nesse mundo, que tem a habilidade de mudar sua vida toda em um instante. Você sabe o que é? É a AÇÃO! O primeiro passo. Você apenas precisa tomar a decisão. Pergunte-se: daqui a um ano, daqui a cinco anos, o que você desejará ter feito hoje? O segredo de estar à frente neste mundo é primeiramente iniciar algo. Você não pode deixar o medo ficar na frente de seus sonhos. Você não pode pensar: "Poxa e se isso não der certo?" Se você acredita no processo e no resultado, o sucesso vai chegar a você. Ele vai! Você só precisa ter a vontade de ver até o fim. Mas primeiro você precisa pular de cabeça. Pois o que começa com um movimento continua se movimentando. O processo por si só alimenta o fogo, você não pode cair na armadilha do medo. Medos são como ilusões. Ignore

isso. Se a sua paixão está presente você irá a toda velocidade e não resta dúvidas, você será bom nisso! Por que o que faz alguém ser bom em algo? É dedicação. Trabalho duro. E fazer isso com a direção e metodologias corretas. Então, de qualquer jeito, você será bom. Mas o que torna alguém profissional em algo? É o conceito de pegar aquela pequena ideia, aquela pequena decisão que você tomou, e executá-la levando isso o mais longe que a sua imaginação pode levar. Dedicando cada respiração do seu corpo para aquela causa. Vendo a grande imagem no fim da estrada, para ser absolutamente o melhor e não se acomodar por motivo nenhum. Não é talento. Não é habilidade. Simplesmente se resume em: "Quanta fome você tem?" Qual é sua fome para o aperfeiçoamento? Qual o tamanho de seu apetite pelo sucesso? O que você está disposto a fazer para alcançar seus sonhos? Os profissionais, os melhores no que eles fazem, eles não ligam para a opinião de terceiros, eles não ligam para as dificuldades, eles não tiram dias de folga. Eles estão 100%, preparando seu caminho em fazer o que eles fazem melhor. Porque é tudo por um propósito muito maior do que qualquer faísca de felicidade de uma gratificação imediata proporciona. Alcançar seus objetivos, isso é pura benção! Quanto maior as expectativas, quanto maior o objetivo, mais esse sentimento se amplifica. Então qual é a diferença entre você e eles? Os profissionais, eles são aqueles que estão dispostos a baterem na porta da exaustão completa. Todo santo dia. Então vou definir exaustão para você. Exaustão é aquele ponto onde é tão doloroso que você não consegue mais, que machuca tanto que você não consegue nem pensar direito. É chegar nesse ponto que faz você saber que fez absolutamente tudo em seu poder, que não há mais nada que você poderia ter feito. Então, qual é a diferença entre você e eles? O que você está fazendo neste presente momento? Pergunte-se isso: Você está caminhando para mais perto de seus objetivos, ou você está se afastando deles? Você está batendo nas portas da exaustão, ou você está apenas desconfortável? Sabe, estar desconfortável, não é exaustão. Estar desconfortável é sua mente desistindo antes do corpo. Estar desconfortável, só diz que você deve tentar de novo. Alcançar a excelência acontece quando você vai fazer alguma coisa que vai matá-lo só para fazer de você melhor naquilo. Sabe, é mais fácil comprar ingressos para um jogo do que é preparar-se para o jogo. É mais fácil passar o tempo com seus amigos do que passar o tempo com as escadas por uma hora. É mais fácil dormir até tarde do que acordar cedo para fazer cem tiros de corrida. É mais fácil ir a uma festa do que fazer agachamentos forçados. É mais fácil assistir atletas do sofá do que ser o cara atrás do troféu. Mas também é muito mais fácil de olhar para trás na sua vida saber que você fez de tudo do que viver com arrependimentos. Não ter desperdiçado seu potencial do que ter deixado esse peso nos seus ombros por uma vida toda. Ninguém nunca disse que ser bem-sucedido seria fácil. Mas eu te digo uma coisa. Pode ter certeza que vale a pena. Você é o seu próprio criador nesse mundo. E não existe "falha". Você só precisa dizer para si mesmo: "não foi dessa vez". Não comigo, mas eu vou tentar de novo, e de novo, e de novo, e eu vou olhar para a "falha" diretamente nos olhos e eu vou falar que eu estou disposto a fazer todo e qualquer esforço para alcançar meus objetivos. Porque sem esforço nunca haverá nenhum progresso. Tudo se resume a: quando você quer isso? Qual é o tamanho de seu apetite pelo sucesso? Você apenas quer? Ou está morrendo de fome por isso? Continue no seu objetivo. Continue direcionado. Continue com fome."

Autor Desconhecido[38]

Espero ter conseguido demonstrar a importância de nos educar-mos sobre nós mesmos, para o trabalho e para a vida. Educação esta que, assim como nossas mudanças, não acabará nunca, o que torna esta vida tão interessante e dinâmica.

Saiba que, se está passando por um processo de mudança, de insatisfação, de busca, **você não está sozinho**. Esta é uma tendência mundial, como já mencionei, e estas são metas que podem ser alcançadas com sucesso. Para alcançá-las você precisa apenas dos instrumentos adequados, dedicação e atitudes à altura.

Ao invés de focar na grande maioria que não gosta de seus trabalhos, façamos uma escolha diferente:

Como seria o mundo se a maioria das pessoas amassem seus trabalhos? O que seria diferente? Quanto seria diferente? Como seria diferente?

Como seria um mundo onde todos tivessem construído seus propósitos e estivessem trabalhando para manifestá-los nas obras de suas vidas?

Espero que os questionamentos, ferramentas e exercícios desse livro possam lhe ser úteis, seja como apoio em um processo de mudança, na construção de seu propósito, no alcance de um trabalho que ame verdadeiramente, ou ainda para que possa compreender melhor seu estado atual, suas metas, e alinhar tudo com o que faz em sua vida com um objetivo maior.

Mas antes de me despedir vou lhe pedir um último favor.

Não prive o mundo de seus talentos, habilidades e contribuições únicas, pois, do contrário, o mundo será muito menos sem você!

Também gostaria de compartilhar também uma reflexão do Dr. Lair Ribeiro:

"Imagine você que o ser humano não precisasse morrer. Imagine que o ser humano tivesse sido criado para viver eternamente. Mas como toda regra tem exceção, no começo, bem no começo da existência humana as exceções foram ocorrendo, uma seguida da outra e da outra. Imagine que os homens que presenciaram esses fatos, tal qual as crianças da tribo haitiana vendo as pessoas morrendo com o "toque mágico do pajé", chegaram à conclusão de que a morte era inevitável para todos os seres humanos, fazendo parte integrante do viver. Imagine que você e todos nós, os seres humanos, na realidade, possuímos a imortalidade física. O que ocorre é que ainda estamos todos hipnotizados com a morte e morremos para confirmação da crença que nos governa. O homem, sabendo que vai morrer, traz consigo o desejo inconsciente da

morte. Essa sensação faz parte do seu viver 24 horas por dia. Para morrer, consome-se uma tremenda energia vital. Muitas pessoas, na plenitude de sua força, com uma idade em que conhecimento e sabedoria se somam, deixam de contribuir para o Universo pensando que a morte se aproxima. Veja o caso do seu pai, morrendo aos 66 anos, sem nenhuma visão de futuro. O indivíduo, a sociedade, ou a nação, sem visão, constituem um indivíduo, uma sociedade, uma nação em perigo. Viva a sua vida de uma forma extraordinária. Tenha uma visão maior que o seu interesse individual. Acredite na sua imortalidade física (enquanto viver) e faça deste planeta um lugar melhor para aqueles que virão depois de você."

Não deixe passar a vida e não deixe de se tornar melhor que pode ser, de fazer o que ama e deseja. Só temos uma vida, façamos valer a pena!

"Você não se torna feliz perseguindo a felicidade.
Você se torna feliz ao viver uma vida que significa algo."
Harold S. Kushner

Vamos juntos construir um mundo em que mais pessoas construam seus propósitos, amem seus trabalhos e realizem as obras de suas vidas.

"Ouse fazer e o poder lhe será dado!"
Dr. Lair Ribeiro

Muito obrigado a todos vocês que leram este livro e/ou indicaram a pessoas para as quais vocês acreditam que possa servir de inspiração, apoio ou ajuda de alguma forma.

Quando mais pessoas aprenderem sobre o propósito, sobre a possibilidade de construí-lo e, quanto mais pessoas trabalharem duro para manifestá-lo em suas vidas, mais todos nós seremos capazes de mudar, e mudaremos o mundo para melhor, sendo nossas melhores versões, cada dia melhores.

Por isso eu digo que estão muito enganados aqueles que pensam que o mundo é apenas um planeta azul boiando no universo vazio, e não os seres humanos.

Cada ser humano é também um mundo.

Um mundo que é criado quando nascemos e acaba quando morremos. Um mundo no qual somente cada um de nós pode fazer algo a respeito. Onde somente cada um de nós pode criá-lo. Pode mudá-lo. Pode salvá-lo.

E o que você vai fazer pelo seu mundo?

"Busque por algo tão importante que, mesmo se você falhar, o mundo estará melhor por você ter tentado."
Tim O' Reilly

Se me permite uma última dica, adote o mindset do propósito, faça a escolha de seguir seu caminho único e seja a pessoa certa, no lugar certo, na hora certa, fazendo a coisa certa, para a finalidade certa, da melhor forma possível, cada dia melhor!

"Eu vivo à espera de inspiração com uma avidez que não dá descanso. Cheguei mesmo à conclusão de que escrever é a coisa que mais desejo no mundo, mesmo mais que amor."
Clarice Lispector

Se ainda tiver alguma dúvida sobre o que, como, quando, onde e com quem deve fazer alguma coisa, questione-se:

"De quantas maneiras outras pessoas poderiam se beneficiar de seus esforços de hoje?"

Se não fizer por você, faça por elas.

Faça pelo mundo.

Por seu propósito.

Faça de propósito!

Você gostou do livro? **Se gostou, indique a alguém que você saiba que possa ajudar, nunca sabemos quem realmente pode estar precisando de ajuda.**

Você gostaria de compartilhar sua experiência, sua história, fornecer algum feedback? Fique à vontade para fazê-lo enviando um e-mail para: **contato@gabrielcalzado.com.br**. Se não quiser que sua mensagem, história e/ou experiência seja publicada, basta avisar no e-mail.

Se puder, **avalie o livro**. Isso me ajuda muito a saber o que posso melhorar, como posso continuar agregando valor e ajudando outras pessoas.

Acesse o site https://gabrielcalzado.com.br/ e **inscreva-se em minha newsletter**. Siga também os perfis das redes sociais: **@gabrielcalzadoc** (Instagram, LinkedIn e Facebook) e a **hashtag** do livro: **#facadeproposito**. Estou sempre postando coisas interessantes, e, se gostou do livro, certamente vai gostar dos conteúdos também.

Ouça também o meu Podcast no Spotify: **https://spoti.fi/2vdgECn** ou no YouTube: **https://bit.ly/2KSOmI9**. Com o objetivo de compartilhar **perspectivas diferentes sobre como encarar o propósito de vida, a carreira profissional e a vida como um todo**, além de fornecer **dicas práticas**, este podcast vai lhe ajudar você a ampliar seus horizontes e desafiar sua compreensão sobre este tema cada vez mais debatido, o **propósito**.

Tenho também um **grupo no Telegram** onde discutimos os temas abordados no livro. Se quiser participar, basta acessar o link **https://bit.ly/2Xpdp7m**. Talvez seja interessante conhecer e conversar com outras pessoas que também passaram, ou estão passando, pelos mesmos processos.

REFERÊNCIAS BIBLIOGRÁFICAS

Antes de referenciar, quero dizer que indico todos esses conteúdos para aprimoramento pessoal e/ou profissional. Cada obra em sua vertente, em sua especialidade, foi essencial para que meu autoconhecimento, desenvolvimento e compreensão amadurecesse o suficiente para que essa obra fosse possível.

Baba, Sri Prem. Propósito. Rio de Janeiro: Sextante, 2016.

Bach, Richard. A história de Fernão Capelo Gaivota. Rio de Janeiro: Nórdica, 2001.

Back, Frederick.. Psicologia aplicada no cotidiano. São Paulo: Hunter Books, 2016.

Bonder, Nilton. A alma imoral: traição e tradição através dos tempos. Rio de Janeiro: Rocco, 1998.

Byrne, Rhonda. The secret: O segredo. Rio de Janeiro: Ediouro, 2007.

Cortela, Mario Sergio. Por que fazemos o que fazemos?: aflições vitais sobre trabalho, carreira e realização. São Paulo: Planeta, 2016.

Cortela, Mario Sergio. Qual é a tua obra?: inquietações propositivas sobre gestão, liderança e ética. 24. ed. Petrópolis: Vozes, 2015.

Dweeck, Carol S. Mindset: a nova psicologia do sucesso. São Paulo: Objetiva, 2017.

Eker, T. Harv. Os segredos da mente milionária. Rio de Janeiro: Sextante, 2006.

Ferris, Timothy. Ferramentas dos titãs: as estratégias, hábitos e rotinas dos bilionários, celebridades e atletas de elite. Rio de Janeiro: Intrínseca, 2018.

Ferris, Timothy. Trabalhe 4 horas por semana: fuja da rotina, viva onde quiser e fique rico. 2. ed. São Paulo: Planeta do Brasil, 2016.

França, Sulivan. PCC – Professional Coach Certification: livro de metodologia. São Paulo: SF Treinamentos e Editora Ltda., 2014.

Freud, Sigmund. O essencial da psicologia. São Paulo: Hunter Books, 2016.

Gladwell, Malcolm. 163 - Fora de Série: Outliers. Rio de Janeiro: Sextante, 2008.

Goleman, Daniel, Ph.D. Inteligência emocional: a teoria revolucionária que define o que é ser inteligente. 2. ed. Rio de Janeiro: Objetiva, 2012.

Goleman, Daniel, Ph.D. Foco: a atenção e seu papel fundamental para o sucesso. Rio de Janeiro: Objetiva, 2014.

Guimarães, Jorge. A arte de enfrentar o desconhecido: revelações sobre a vida, obtidas com uma espada samurai. São Paulo: T. A. Queiroz, 1984.

Herrigel, Eugen. A arte cavalheiresca do arqueiro zen. São Paulo: Pensamento, 1975.

Hill, Napoleon. As 16 leis do sucesso: o livro que mais influenciou líderes e empreendedores em todo o mundo. Barueri: Faro Editorial, 2017.

Hunter, James C. O monge e o executivo. Rio de Janeiro: Sextante, 2004.

Jung, Carl Gustav. O essencial da psicologia. São Paulo: Hunter Books, 2016.

Khanna, Parag. Como governar o mundo. Rio de Janeiro: Intrínseca, 2011.

Kleinman, Paul. Tudo que você precisa saber sobre filosofia: de Platão a Sócrates até a ética e metafísica, o livro essencial sobre o pensamento humano. São Paulo: Gente, 2014.

Kleinman, Paul. Tudo que você precisa saber sobre psicologia: um livro prático sobre o estudo da mente humana. São Paulo: Gente, 2015.

Machiavelli, Niccolò. O príncipe. São Paulo: Martin Claret, 2007.

Manson, Mark. A sutil arte de ligar o f*da-se. Rio de Janeiro: Intrínseca, 2017.

Marcousé, Ian. O livro dos negócios. São Paulo: Globo Livros, 2014.

Merlevede, Patrick E.; Bridoux, Denis C. Dominando o mentoring e o coaching com inteligência emocional. Rio de Janeiro: Qualitymark, 2013.

Murphy, Joseph. O poder do subconsciente. 82. ed. Rio de Janeiro: BestSeller, 2018.

Musashi, Myamoto. Um livro de cinco anéis. São Paulo: Tecnoprint, 1984.

Clifton O., Donald. Descubra seus pontos fortes. Rio de Janeiro: Sextante, 2008.

Peterson, Jordan B. 12 regras para a vida: um antídoto para o caos. Rio de Janeiro: Alta Books, 2018.

Robins, Tony. Desperte o seu gigante interior: como assumir o controle de tudo em sua vida. 34. ed. Rio de Janeiro: BestSeller, 2018.

Robins, Tony. Dinheiro: domine esse jogo – 7 passos para a liberdade financeira. Rio de Janeiro: BestSeller, 2017.

Robins, Tony. Poder sem limites: a nova ciência do sucesso pessoal. 29. ed. Rio de Janeiro: BestSeller, 2018.

Saint-Exupéry, Antoine de. O pequeno príncipe. 19. ed. Rio de Janeiro: Agir, 1977.

Sarasvathy Saras D. Effectuation: elements of entrepreneurial expertise. Bodmin, Cornwall, England: MPG Books, 2008.

Sinek, Simon; Mead, David; Docker, Peter. Encontre seu porquê. Rio de Janeiro: Sextante, 2018.

Sinek, Simon. Comece pelo porquê. Rio de Janeiro: Sextante, 2018.

Tzu, Sun. A arte da guerra. Rio de Janeiro: Record, 1983.

TEDs – Palestras online:

- 20 horas para aprender qualquer coisa – Josh Kaufman.
- A maneira que pensamos sobre trabalho está falida – Barry Schwartz.
- A matemática do amor – Hanna Fry.
- A orientação profissional que você provavelmente não teve – Susan Colantuono.
- A poderosa revelação pelo derrame – Jill Bolte Taylor.
- Alimentando a criatividade – Elizabeth Gilbert.
- Como a linguagem modela a maneira como nós pensamos – Lera Boroditsky.
- Como encontrar um trabalho que você ame – Scott Dinsmore.
- Como ganharemos dinheiro em um futuro sem empregos – Martin Ford.
- Como fazer escolhas difíceis – Ruth Chang.
- Como me tornei empresário aos 66 anos – Paul Tasner.
- Como o tédio pode nos levar às ideias mais brilhantes – Manoush Zomorodi.
- Como voltar ao trabalho depois de uma pausa na carreira – Carol Fishman Cohen.
- Do que é feita uma vida boa? Lições do mais longo estudo sobre felicidade – Robert Waldinger.
- Em busca de momentos "ahá"! – Matt Goldman.
- Fale sobre a sua morte enquanto ainda estiver com saúde – Michelle Knox.
- Minha missão fracassada de encontrar Deus e o que eu encontrei em seu lugar – Anjali Kumar.
- O evangelho da dúvida – Casey Gerald.
- O poder das palavras – Javed Akhtar.
- O que nos faz sentir bem em nosso trabalho – Dan Ariely.
- O segredo feliz para trabalhar melhor – Shawn Achor.
- O segredo para as grandes oportunidades? A pessoa que você não conhece – Tanya Menon.
- Os benefícios da empresa em fazer o bem – Wendy Woods.
- Os empregos que vamos perder para as máquinas – e os que não vamos – Anthony Goldbloom.

- Os hábitos surpreendentes dos pensadores originais – Adam Grant.
- Por que devemos buscar a perfeição e parar de ter medo do fracasso – Jon Bowers.
- Por que fazemos o que fazemos? – Tony Robins.
- Por que os empregos do futuro não serão como trabalho – David Lee.
- Por que o segredo do sucesso é definir as metas certas – John Doerr.
- Por que somos felizes – Dan Gilbert.
- Por que vale a pena ouvir as pessoas das quais discordamos – Zachary R. Wood.
- Por que você deveria fazer coisas inúteis – Simone Giertz.
- Quer ser mais criativo? Faça uma caminhada – Marily Oppezzo.
- Será que a vida é realmente tão complexa – Hannah Fry.
- Será que você sabe por que faz o que faz? – Peter Johansson.
- Três mitos sobre o futuro do trabalho (e por que eles não são verdadeiros) –Daniel Susskind.
- Você não precisa ser um especialista para resolver grandes problemas – Tapiwa Chiwewe.
- Você quer ser excelente no que faz? Arranje um "coach" – Atul Gawande.

NOTAS

1   https://produto.mercadolivre.com.br/MLB-840494217-album-chocolates-surpre-
     sa-dinossauros-_JM
     https://produto.mercadolivre.com.br/MLB-1000121513-album-numero-3-dinossau-
     ros-dos-chocolates-surpresa-completo-_JM
     https://produto.mercadolivre.com.br/MLB-1088985485-album-dinossauros-el-
     ma-chips-chipssauros-_JM

2   https://produto.mercadolivre.com.br/MLB-1066645704-coleco-revistas-dinossau-
     ros-n-1-ao-8-anos-90-_JM
     Conteúdos meramente ilustrativos, sem finalidade comercial.

3   Adaptado a partir das informações do seguinte artigo: http://patrocinados.esta-
     dao.com.br/techvisionbrasil/saiba-quais-sao-as-diferencas-nos-perfis-dos-profis-
     sionais-das-geracoes-x-y-e-z/

4   Kleinman, Paul. Tudo que você precisa saber sobre psicologia: um livro prático
     sobre o estudo da mente humana. São Paulo: Gente, 2015.

5   Sinek, Simon. Comece pelo porquê. Rio de Janeiro: Sextante, 2018.

6   https://www.dicio.com.br/proposito/

7   https://www.youtube.com/watch?v=sfiToT6S0j8

8   Kleinman, Paul. Tudo que você precisa saber sobre filosofia: de Platão a Sócrates
     até a ética e metafísica, o livro essencial sobre o pensamento humano. São Paulo:
     Gente, 2014.

9   Idem.

10   Kleinman, 2015, op. cit.

11   Idem.

12   Cortela, Mario Sergio. Por que fazemos o que fazemos?: aflições vitais sobre tra-
     balho, carreira e realização. São Paulo: Planeta, 2016.

13 https://personalexcellence.co/blog/emotional-journey-creating-infographic/

14 https://produto.mercadolivre.com.br/MLB-1087153208-quebra-cabeca-a-palavra-
    -e-1985-estrela-lacrado-_JM - Imagem utilizada apenas para ilustrar a analogia,
    sem finalidade comercial ou de indicação de compra.

15 https://bronnieware.com/

16 https://revistagalileu.globo.com/blogs/buzz/noticia/2015/07/conheca-arvore-que-
    -produz-40-tipos-diferentes-de-frutas.html

17 http://www.planalto.gov.br/ccivil_03/Decreto-Lei/Del5452.htm

18   Algumas dicas do Coach de Vendas Jaques Grinberg Costa, autor do livro "84
    Perguntas que Vendem"
    https://economia.uol.com.br/empreendedorismo/noticias/redacao/2016/01/12/
    autor-de-livro-lista-6-perguntas-que-ajudam-a-vender-mais.htm?cmpid=copiae-
    cola

19 Kleinman, Paul – Tudo que você precisa saber sobre psicologia: um livro prático
    sobre o estudo da mente humana/Paul Kleinman – São Paulo – Gente, 2015.

20 https://www.ted.com/talks/tanya_menon_the_secret_to_great_opportunities_the_
    person_you_haven_t_met_yet?language=pt-br

21 Ferris, Timothy. Ferramentas dos titãs: as estratégias, hábitos e rotinas dos bilio-
    nários, celebridades e atletas de elite. Rio de Janeiro: Intrínseca, 2018.

22 Kleinman, 2015, op. cit.

23 https://www.youtube.com/watch?v=5MgBikgcWnY

24 Goleman, Daniel, Ph.D. Foco: a atenção e seu papel fundamental para o sucesso.
    Rio de Janeiro: Objetiva, 2014.

25 https://www.youtube.com/watch?v=tOoMOB2-s0g

26 Herrigel, Eugen. A arte cavalheiresca do arqueiro zen. São Paulo: Pensamento,
    1975.

27 Gladwell, Malcolm. 163 - Fora de Série: Outliers. Rio de Janeiro: Sextante, 2008.

28 Kleinman, 2015, op. cit.

29 https://www.ted.com/talks/jon_bowers_we_should_aim_for_perfection_and_stop_
    fearing_failure?language=pt-br

30 https://www.ted.com/talks/atul_gawande_want_to_get_great_at_something_ge-
    t_a_coach?language=pt-br

31 Herrigel, Eugen. A arte cavalheiresca do arqueiro zen. São Paulo: Pensamento,
    1975.

32 https://futuroexponencial.com/estudos-futuro-trabalho/

33 http://www3.weforum.org/docs/WEF_Future_of_Jobs_2018.pdf

34 https://www.ted.com/talks/david_lee_why_jobs_of_the_future_won_t_feel_like_
    work/transcript?language=pt-br

35 De acordo com pesquisas do Project Zero, projeto da Graduate School of Educa-
    tion de Harvard que desenvolve estudos voltados para uma educação para com-
    preensão, a simples mudança na linguagem utilizada em casa, nas escolas ou
    também na vida adulta pode estimular as pessoas a pensarem de forma crítica e
    tornarem visíveis seus pensamentos e aprendizados.

36 https://www.ehow.com.br/historia-avaliacao-360-graus-sobre_322313/ e https://
    pubs.acs.org/doi/abs/10.1021/c160035a005.

37 https://sadame.wordpress.com/2008/03/22/seiza/

38 https://www.youtube.com/watch?v=0MTlohPLIL4

www.dvseditora.com.br